Selected Essays
Essais choisis

Selected Essays
Essais choisis

A Dual-Language Book

Michel de Montaigne

Edited and Translated by
STANLEY APPELBAUM

DOVER PUBLICATIONS, INC.
Mineola, New York

Bibliographical Note

This Dover edition, first published in 2007, is a new selection of seven essays (or "chapters"), plus the note "Au lecteur," from the author's *Essais,* the components and versions of which were originally published between 1580 and 1920 (see Introduction for details). The French text, reprinted from a standard edition, is accompanied by a new English translation by Stanley Appelbaum, who also made the selection and wrote the Introduction and footnotes.

Library of Congress Cataloging-in-Publication Data

Montaigne, Michel de, 1533–1592.
    [Essais. English & French. Selections]
    Selected essays = Essais choisis / Michel de Montaigne ; edited and translated by Stanley Appelbaum.
        p. cm. — (A dual-language book)
    ISBN 0-486-45744-3
    I. Appelbaum, Stanley. II. Title.

PQ1642.E6A67 2007
844'.3—dc22

2007000127

Manufactured in the United States of America
Dover Publications, Inc., 31 East 2nd Street, Mineola, N.Y. 11501

CONTENTS

INTRODUCTION

Michel de Montaigne

In 1477, after growing rich as a wholesaler and exporter of food and wine in Bordeaux, Ramon Eyquem, great-grandfather of the essayist, bought an estate, some thirty miles east of that city, to which a title of nobility was attached. The property was located in what is now the *département* of Dordogne (capital: Périgueux) within the region of Aquitaine (capital: Bordeaux). It was named Montaigne, for the hill on which the château stood. The essayist's father, with no further trace of the tradesman, had fought in Italy from 1519 to 1528 in France's dynastic wars there, before the birth of his heir, and was later mayor of Bordeaux from 1554 to 1556. Michel was born in the château in 1533; a thorough nobleman and gentleman, he was the first of his line to drop the surname Eyquem and name himself after his estate.

His father had returned from the homeland of the Renaissance, then the most sophisticated land in Europe, with advanced ideas about education. Michel himself tells us all we know about his extremely early training in Latin, and about his secondary schooling, from age six to age thirteen, at the prestigious Collège de Guyenne in Bordeaux, in "On the Education of Children," included in this Dover volume.[1] Where he hasn't informed us himself, things are dubious: thus, he must have taken a law degree, but it's unclear whether this was in Toulouse (more likely) or in Paris.

In 1554 he took over from an uncle a magistrate's post in a taxation

---

1. Biographers have taken directly from the essays many details of the author's life for which there are no other sources; but, though his account is no doubt substantially correct, it might be unsafe to consider every word as gospel.

court in Périgueux; in 1557 that county court was incorporated into the Parlement of the metropolis Bordeaux, one of the eight regional high courts of France. By 1558 Michel de Montaigne had met there his colleague Étienne de la Boétie (born 1530), a conservative Catholic thinker. They became the fastest of friends, and Montaigne was devastated when Étienne died in 1563 (for further details, see "On Friendship" in this volume); a letter to his friend's father on that occasion would appear to be Montaigne's earliest known literary effort.

Montaigne made many trips to Paris and the north; it was in Rouen in 1562 that he interviewed the Tupinambá Indians who had come there (see "On the Cannibals" in this volume). In 1565 he married a woman with a large dowry; attentive to every heartbeat of his own, he seems to have been blasé as a husband and father. He inherited the family estate when his father died in 1568; the old man's dying request, with which Michel filially complied, was that he translate from Latin into French the *Theologia naturalis* of the fifteenth-century Spanish-born Toulousan monk Raymond Sebond, which offered proofs of God's existence based on human reason; the translation was published in 1569. Montaigne's longest essay (Book II, No. 12) was to be an apologia, or defense, of Sebond's somewhat heretical viewpoint.

In 1570 Montaigne sold his post in the Parlement and in 1571 he retired from professional duties, although almost to the end of his life he was employed by rulers in both the north and south of France in delicate diplomatic negotiations (these were years of severe religious wars in France; see also "On Expediency and Uprightness" in this volume). From the early 1570s to his last days (with unavoidable interruptions) he was engaged on his epoch-making, incredibly influential *Essays*, a true classic of world literature (see the discussion in the second section of this Introduction).

When the first edition of the *Essays* appeared in 1580, Montaigne took a copy to the king in Paris; from there, he made an extensive journey through parts of France, Germany, Switzerland, and especially Italy, frequenting spas because of the kidney stones that had begun to bother him in 1578. (The delightful, informal diary he kept during the trip wasn't discovered until 1774.) He was summoned back to Bordeaux in the latter part of 1581 because he had been elected mayor of Bordeaux in absentia; he served an unprecedented two consecutive terms, from 1581 to 1585. In 1592 he died in his château of a severe inflammation of the tonsils.

The Essays

Books I and II of the *Essays* (57 items in Book I, chiefly written between 1572 and 1574; and 37 in Book II, chiefly written from 1576 to 1579) were first published in two separate volumes in 1580 by Simon Millanges in Bordeaux. The same publisher brought out a revised edition in one volume in 1582. A greatly enlarged edition, including some six hundred additions and—for the first time—the 13 essays comprising Book III, was published in Paris in 1588 by Abel L'Angelier (or Langelier).

Montaigne kept adding and emending, however, and it was a considerably larger version that was published after the author's death by L'Angelier in 1595, the editors being the poet Pierre de Brach (1549–1605) and Montaigne's "adoptive daughter" Marie Le Jars de Gournay (ca. 1566–1645; herself later a writer), whom he had met in Paris in 1588. For centuries editors of the *Essays* used this 1595 edition as the basis for their text, but ever since the end of the nineteenth century many editors have preferred to make direct (and more accurate) use of Montaigne's personal marked copy, preserved in the main library in Bordeaux. A facsimile of that copy was first published in 1912, and its full text was first formally published in new type between 1906 and 1920. (It is the basis of the French text used in this volume.)

The word *essai* connotes an experiment, or a trial effort; as a title, it was a novelty in Montaigne's day. (Strictly speaking, the 107 items in the three books are called "chapters," but—not to mention the fact that they aren't generally sequential, and don't appear in the order in which they were written—it would be pedantic to refer to them here in any way but as "essays.") They were "attempts" to formulate his thought on a number of humanistic subjects, and to digest his voracious reading in all kinds of literature, ancient and modern (poetry, philosophy, theology, law, classics, accounts of recent explorations, etc.), in a personal, somewhat random, almost conversational way. And, after all, Montaigne had had vast experience as a courtier, administrator, diplomat, lawyer, and traveler.

The handwritten marginalia that so considerably swelled the 1595 and later editions naturally add much new matter, but they are sometimes inserted in an effort to "play safe" or "hedge bets": in Rome, on his Italian journey, Montaigne had been reprimanded for his liberal stance on Sebond's theology and on other matters (in fact, the *Essays* were later placed on the Vatican's *Index of Prohibited Books*, remaining there from 1676 to 1945!). The insertion of these new passages

into the previously existing text can be intrusive, occasionally giving rise to contradictions or repetitiousness.

Critics disagree as to whether a progress or development is discernible in Montaigne's thought from the earliest to the latest essays. Those who see one, see Book I as embodying stoicism, Book II as embodying Pyrrhonism (philosophical skepticism), and Book III as containing the best constructed and, at the same time, the most introspective (but not self-indulgent) essays. The other critics find no steady development, merely shifts in emphasis. But all concur in their praise for Montaigne's celebration of literacy, friendship, and the thorough enjoyment of life in this world.

The *Essays* are full of aphorisms and anecdotes, and their sometimes ambivalent irony is enlivened by frequent folksiness and word play. An unmistakable feature is their use of quotations (over 1,200 in all), chiefly from the Greco-Roman classics Montaigne so deeply revered, but also from then-recent Italian literature. (He uses his sources freely, though, sometimes adapting their wording to his immediate purposes.)

The first English translation of the *Essays,* by John Florio, was first published in 1603, only eleven years after Montaigne's death. (Inexplicably, a great number of reference books in French and English continue to repeat the incorrect year 1613.)

The seven essays included in this Dover volume (in addition to the note "To the Reader") come from all three books and are individually mentioned and quoted in standard encyclopedias and literary reference books; they also exemplify the variation in length among the essays, though regrettably two of the longest, which are among the finest, couldn't be accommodated here: "On Experience" (III, 13), in French and English, would occupy a full half of a volume of this length, while the "Defense of Raymond Sebond" (II, 12) would on its own need one and a half such volumes.

"To the Reader" was written in 1580, for the first edition, which appeared in that year.

"Our Reactions to Good and Bad Things Largely Depend on Our Evaluation of Them" (I, 14) was written within the period 1572–1574. It exhibits some characteristics of Montaigne's earliest style: the syntax is a little rugged, and the progression from one idea to another is a little unsteady (it's largely a string of anecdotes), but it's already full of splendid insights, cogently formulated. Deploring the inconsistency of human behavior and our tendency to freeze our imaginings into dogmas, it argues for the acceptance of our human limitations.

"On the Education of Children" (I, 26), written in the period 1579–1580, when Montaigne's style had become glowingly lucid, is included in just about every critic's list of the best essays. Montaigne acted as proxy for the groom's parents at the 1579 wedding of the noblewoman to whom the essay is dedicated. This piece is the source of our knowledge of Montaigne's unusual education from age two to age thirteen.

"On Friendship" (I, 28), written in the periods 1572–1576 and 1578–1580, is on *every* critic's list of the best; it has been called Montaigne's most famous essay. He decided not to quote from his friend's juvenile essay after learning that it had been "misused"—published by Protestants as if it espoused their cause.

"On the Cannibals" (I, 31), written in the period 1578–1580, and inspired by Montaigne's encounter with Brazilian Indians in 1562 (the French had established the colony of "Antarctic France" in Brazil in 1557), is a prime example of his relativist outlook. It's a remarkably tolerant work for the era of hatred in which it was written, and it's probably the earliest basic formulation of what would become the "noble savage" theme in literature—romantic utopianism that still persists in some people's minds today, when much more is known about "unspoiled" people's reverence for nature. (For instance, before the arrival of any Europeans, the Maori had burned extensive tracts of New Zealand forest in pursuit of the moa, no less wantonly than the rulers of the United States are giving away our natural resources to big business, in pursuit of power.)

"On Judging the Death of Others" (II, 13), written sometime between 1572 and 1580, is a skeptical approach to evaluating a man's heroism, or lack thereof, at the time of his death. When Montaigne says he knows he can face death if he's unconscious and blind to it, he's referring to the serious riding accident he reports in the essay "On Practice" (II, 6).

"On Freedom of Conscience" (II, 19), written in the period 1578–1580, was inspired by edicts issued in 1576 guaranteeing freedom of worship. The bulk of the brief essay is a rehabilitation of the Roman (Byzantine) emperor Julian (born 332; reigned 361–362), for which the Vatican took Montaigne to task with particular vehemence. (He later deleted a passage, but ultimately restored it in a different part of the essay.)

"On Expediency and Uprightness" (III, 1), written in the period 1585–1588, concerns public morality, and contains many references to Montaigne's distinguished career as a diplomat operating at the

highest levels; he describes himself as too squeamish to be a supine tool of his masters. The essay includes an interesting reference to the psychological phenomenon now known as schadenfreude.

The Nature of This Edition

Each of the essays herein is unabridged; in fact, reprinted in the longest version available. The French text is that of Montaigne's personal "Bordeaux copy," but is here divided into paragraphs, and given modernized punctuation and spelling (the basic wording and syntax are unaltered). Warning: the meaning of numerous words has changed!

The new English translation strives to be as full and accurate as possible.[2] There is no attempt to indicate the various strata in the text (passages that originally appeared in 1580, 1582, 1588, 1595, etc.). The numerous quotations in Latin (and a couple in Greek and Italian) are rendered directly into English (not using any intermediary version); the names of the original authors are given in footnotes, but not the works the passages are from; moreover, only direct quotations are treated even to that extent, not Montaigne's paraphrased references; the very few footnotes that serve a different purpose merely give a little information immediately needful for understanding the text. To have identified historical, geographical, mythological (etc.) references would have required an additional volume of this size, and has not been attempted.[3]

---

2. I have consulted the admirable translation by Donald M. Frame, first published as a whole in 1957; just about matchless in its interpretation of difficult passages, it has a tendency to use gallicisms and to render idioms too literally. I detected amazingly few errors and omissions, which are really only "spots on the sun."   3. The interested reader should consult a good one-volume encyclopedia and/or a good classical dictionary. The specific works from which the direct quotations come (but not the line or chapter numbers!), as well as the sources for most of the paraphrased references, together with a variety of other data, can be found in some currently available French editions of the *Essays*, particularly the three-volume pocket-book edition annotated by Pierre Michel and published by Gallimard in the series "Folio classique" in 1965.

Selected Essays
Essais choisis

Au lecteur

C'est ici un livre de bonne foi, lecteur. Il t'avertit dès l'entrée, que je ne m'y suis proposé aucune fin, que domestique et privée. Je n'y ai eu nulle considération de ton service, ni de ma gloire. Mes forces ne sont pas capables d'un tel dessein. Je l'ai voué à la commodité particulière de mes parents et amis: à ce que m'ayant perdu (ce qu'ils ont à faire bientôt) ils y puissent retrouver aucuns traits de mes conditions et humeurs, et que par ce moyen ils nourrissent plus entière et plus vive, la connaissance qu'ils ont eue de moi. Si c'eût été pour rechercher la faveur du monde, je me fusse mieux paré et me présenterais en une marche étudiée. Je veux qu'on m'y voie en ma façon simple, naturelle et ordinaire, sans contention et artifice: car c'est moi que je peins. Mes défauts s'y liront au vif, et ma forme naïve, autant que la révérence publique me l'a permis. Que si j'eusse été entre ces nations qu'on dit vivre encore sous la douce liberté des premières lois de nature, je t'assure que je m'y fusse très volontiers peint tout entier, et tout nu. Ainsi, lecteur, je suis moi-même la matière de mon livre: ce n'est pas raison que tu emploies ton loisir en un sujet si frivole et si vain. Adieu donc; de Montaigne, ce premier de mars mil cinq cent quatre-vingt.

Que le goût des biens et des maux dépend en bonne partie de l'opinion que nous en avons (I, 14)

Les hommes (dit une sentence grecque ancienne) sont tourmentés par les opinions qu'ils ont des choses, non par les choses mêmes. Il y aurait un grand point gagné pour le soulagement de notre misérable condition humaine, qui pourrait établir cette proposition vraie tout partout. Car si les maux n'ont entrée en nous que par notre jugement, il semble qu'il soit en notre pouvoir de les mépriser ou contourner à bien. Si les choses se rendent à notre merci, pourquoi n'en chevirons-nous, ou ne les accommoderons-nous à notre avantage? Si ce que

To the Reader

Reader, this book is written in good faith. From the outset it informs you that the only goal I have set myself is a domestic, private one. In it I have had no concern to serve you or glorify myself. Such a purpose is beyond my capacities. I have dedicated it to the private benefit of my relatives and friends; so that, after losing me (which they soon will), they can find in it some features of my nature and traits, and by that means can foster their former acquaintance with me more fully and vividly. If it had been written in order to seek the world's good graces, I would have adorned myself more and I would present myself in a studied fashion. I want to be beheld in my simple, natural, usual status, without special efforts or artifice: for it's myself that I'm depicting. My faults will be read here clearly, and my true condition, to the extent permitted by my respect for the public. For if I had spent my life among those peoples who are said still to be living in the sweet freedom of the pristine laws of nature, I assure you that I would most gladly have depicted myself here altogether, and completely naked. And so, reader, I myself am the subject of my book: it isn't reasonable for you to spend your spare time on such a trivial, empty topic. Farewell, then. Written at the château of Montaigne, March first, fifteen-hundred eighty.

Our Reactions to Good and Bad Things Largely Depend on Our Evaluation of Them (I, 14)

Human beings (according to an ancient Greek saying) are tormented by their feelings about things, not by the things themselves. It would be a great step taken to relieve our wretched human condition if someone could establish the unvarying truth of that statement. For, if evils have no hold over us except through our judgment, it seems to be within our power to scorn them or turn them to our advantage. If things surrendered to us, why wouldn't we overcome them or adapt them to suit our purposes? If what we call evil

3

nous appelons mal et tourment n'est ni mal ni tourment de soi, ains seulement que notre fantaisie lui donne cette qualité, il est en nous de la changer. Et en ayant le choix, si nul ne nous force, nous sommes étrangement fols de nous bander pour le parti qui nous est le plus ennuyeux, et de donner aux maladies, à l'indigence et au mépris un aigre et mauvais goût, si nous le leur pouvons donner bon, et si, la fortune fournissant simplement de matière, c'est à nous de lui donner la forme. Or que ce que nous appelons mal ne le soit pas de soi, ou au moins tel qu'il soit, qu'il dépende de nous de lui donner autre saveur et autre visage, car tout revient à un, voyons s'il se peut maintenir.

Si l'être originel de ces choses que nous craignons, avait crédit de se loger en nous de son autorité, il logerait pareil et semblable en tous; car les hommes sont tous d'une espèce, et sauf le plus et le moins, se trouvent garnis de pareils outils et instruments pour concevoir et juger. Mais la diversité des opinions que nous avons de ces choses-là montre clairement qu'elles n'entrent en nous que par composition; tel à l'aventure les loge chez soi en leur vrai être, mais mille autres leur donnent un être nouveau et contraire chez eux.

Nous tenons la mort, la pauvreté et la douleur pour nos principales parties.

Or cette mort que les uns appellent des choses horribles la plus horrible, qui ne sait que d'autres la nomment l'unique port des tourments de cette vie? le souverain bien de nature? seul appui de notre liberté? et commune et prompte recette à tous maux? et comme les uns l'attendent tremblants et effrayés, d'autres la supportent plus aisément que la vie.

Celui-là se plaint de sa facilité:

> *Mors, utinam pavidos vita subducere nolles,*
> *Sed virtus te sola daret!*

Or laissons ces glorieux courages. Théodore répondit à Lysimaque menaçant de le tuer: «Tu feras un grand coup, d'arriver à la force d'une cantharide! . . .» La plupart des philosophes se trouvent avoir ou prévenu par dessein ou hâté et secouru leur mort.

Combien voit-on de personnes populaires, conduites à la mort, et non à une mort simple, mais mêlée de honte et quelquefois de griefs tourments, y apporter une telle assurance, qui par opiniâtreté, qui par simplesse naturelle, qu'on n'y aperçoit rien de changé de leur état ordinaire; établissant leurs affaires domestiques, se recommandant à

and torment isn't evil or torment in itself, but that quality is only lent to it by our imagination, it's in our power to change it. And, having this choice, if no one constrains us, we'd be really mad to fight on the side most vexatious to us, and to give illnesses, poverty, and scorn a bitter taste if we can give them a good one, and if, fortune supplying merely the matter, it's up to us to give it its form. Now, if what we call evil isn't intrinsically so—or at least, no matter what it is, we have the power to give it a different flavor and aspect (for it comes down to the same thing)—let's see if this can be carried through.

If the original essence of these things that we fear were capable of lodging itself in our mind on its own authority, it would be the same and equal in everybody, because all human beings are of the same species and, except for a little variety, are equipped with the same tools and instruments of perception and reasoning. But the diversity of opinions that we entertain of such things shows clearly that they enter our mind merely by convention: one man, perhaps, harbors them in their true essence, but a thousand others lend them a new, contrary aspect in their minds.

We consider death, indigence, and pain to be our chief adversaries.

Now, who is unaware that death, which some call the most horrible of all horrible things, is called by others the sole refuge from the torments of this life, nature's sovereign blessing, the sole support of our freedom, and the common, swift remedy for all ills? Just as some await it trembling with fright, others endure it more easily than life.

One writer complains that it comes too readily:

> O Death, I wish you'd refuse to remove cowards from life,
> and would be bestowed by valor alone![1]

Now, let us leave aside such glorious courage. Theodorus replied to Lysimachus, who was threatening to kill him: "What a great exploit it will be for you, to match the strength of a venomous insect!" It seems that most philosophers have either anticipated their death intentionally, or else have hastened and aided it.

How many commoners do we see who, led to their death, and not a simple death, but one involving shame and sometimes grievous suffering, face it so confidently, one out of stubbornness, another out of his natural simplicity, that no one can detect any change from their usual state; they settle their domestic business, take leave of their friends,

---

1. Lucan.

leurs amis, chantant, prêchant et entretenant le peuple; voire y mêlant quelquefois des mots pour rire, et buvant à leurs connaissances, aussi bien que Socrate. Un qu'on menait au gibet, disait que ce ne fût pas par telle rue, car il y avait danger qu'un marchand lui fît mettre la main sur le collet, à cause d'une vieille dette. Un autre disait au bourreau qu'il ne le touchât pas à la gorge, de peur de le faire tressaillir de rire, tant il était chatouilleux. L'autre répondit à son confesseur, qui lui promettait qu'il souperait ce jour-là avec Notre-Seigneur: «Allez-vous-y-en, vous, car de ma part, je jeûne.» Un autre, ayant demandé à boire, et le bourreau ayant bu le premier, dit ne vouloir boire après lui, de peur de prendre la vérole. Chacun a ouï faire le conte du Picard, auquel, étant à l'échelle, on présenta une garce, et que (comme notre justice permet quelquefois) s'il la voulait épouser, on lui sauverait la vie: lui, l'ayant un peu contemplée, et aperçu qu'elle boitait: «Attache, attache, dit-il, elle cloche.» Et on dit de même qu'en Danemark un homme condamné à avoir la tête tranchée, étant sur l'échafaud, comme on lui présenta une pareille condition, la refusa, parce que la fille qu'on lui offrit avait les joues avalées et le nez trop pointu. Un valet à Toulouse, accusé d'hérésie, pour toute raison de sa créance se rapportait à celle de son maître, jeune écolier prisonnier avec lui; et aima mieux mourir que se laisser persuader que son maître pût faillir. Nous lisons de ceux de la ville d'Arras, lorsque le roi Louis onzième la prit, qu'il s'en trouva bon nombre parmi le peuple qui se laissèrent pendre, plutôt que de dire: «Vive le roi!».

Au royaume de Narsinque, encore aujourd'hui les femmes de leurs prêtres sont vives ensevelies avec leurs maris morts. Toutes autres femmes sont brûlées vives non constamment seulement, mais gaiement aux funérailles de leurs maris. Et quand on brûle le corps de leur roi trépassé, toutes ses femmes et concubines, ses mignons et toute sorte d'officiers et serviteurs qui font un peuple, accourent si allégrement à ce feu pour s'y jeter quand et leur maître, qu'ils semblent tenir à honneur d'être compagnons de son trépas.

Et de ces viles âmes de bouffons il s'en est trouvé qui n'ont voulu abandonner leur gaudisserie en la mort même. Celui à qui le bourreau donnait le branle s'écria: «Vogue la galère!» qui était son refrain ordinaire. Et l'autre qu'on avait couché, sur le point de rendre sa vie, le long du foyer sur une paillasse, à qui le médecin demandant où le mal le tenait: «Entre le banc et le feu», répondit-il. Et le prêtre, pour lui donner l'extrême-onction, cherchant ses pieds, qu'il avait resserrés

sing, sermonize, and converse with the bystanders, sometimes even telling some jokes and drinking to their acquaintances, just as Socrates did. One man being led to the gallows requested not to be taken down a certain street, because he'd risk having a merchant collar him for an outstanding debt. Another man asked the executioner not to touch him on the throat, lest he make him shake with laughter, he was so ticklish. Another replied to his confessor, who was promising him that he'd sup with Our Lord that evening: "Go yourself, because *I'm* fasting." Another, having asked for a drink, and the executioner having drunk first, said he didn't want to drink after him for fear of catching the pox. Everyone has heard the story of the man from Picardy who, on the gallows, was shown a whore (if, as our law sometimes allows, he wanted to marry her, his life would be saved) and, having looked her over for a while and noticed that she limped, said: "Tie the noose, tie the noose, she's lame." And it is also said that when a man in Denmark, sentenced to be beheaded, was on the scaffold and the same terms were granted to him, he refused them because the tart offered to him had sagging cheeks and a nose that was too pointy. A servant at Toulouse, accused of heresy and asked the reason for his beliefs, merely referred to those of his master, a young student imprisoned along with him; he preferred to die rather than be convinced that his master might be wrong. We read about the inhabitants of the city of Arras that, when it was taken by King Louis XI, a great number among the populace let themselves be hanged rather than exclaim, "Long live the king!"

In the kingdom of Narsingh,[2] even today the wives of their priests are buried alive with their dead husbands. All other women are burned alive, not merely with fortitude but cheerfully, at their husbands' funerals. And when they burn the body of their deceased king, all his wives and concubines, his favorites and all types of officers and servants, amounting to the population of a country, run up to that fire so readily to throw themselves into it along with their master that they seem to consider it an honor to be the companions of his demise.

And even among those base souls of jesters there have been some unwilling to give up their buffoonery even in death. One whom the hangman was giving the fatal shove called out "Let's chance it!," which was his regular catchword. And another, who, on the verge of giving up the ghost, had been stretched out on a straw mattress alongside the hearth and was asked by the doctor where he felt the pain, answered, "Between the bench and the fire." And when the priest, desiring to

---

2. "Narsingh" is an element in several place names in various parts of India.

et contraints par la maladie: «Vous les trouverez, dit-il, au bout de mes jambes.» A l'homme qui l'exhortait de se recommander à Dieu: «Qui y va?» demanda-t-il; et l'autre répondant: «Ce sera tantôt vous-même, s'il lui plaît.—Y fussé-je bien demain au soir, répliqua-t-il.—Recommandez-vous seulement à lui, suivit l'autre, vous y serez bientôt.—Il vaut donc mieux, ajouta-t-il, que je lui porte mes recommandations moi-même.»

Pendant nos dernières guerres de Milan et tant de prises et rescousses, le peuple, impatient de si divers changements de fortune, prit telle résolution à la mort, que j'ai ouï dire à mon père, qu'il y vit tenir compte de bien vingt-cinq maîtres de maison, qui s'étaient défaits eux-mêmes en une semaine. Accident approchant à celui de la ville des Xanthiens, lesquels, assiégés par Brutus, se précipitèrent pêle-mêle, hommes, femmes et enfants, à un si furieux appétit de mourir, qu'on ne fait rien pour fuir la mort, que ceux-ci ne fissent pour fuir la vie; en manière qu'à peine put Brutus en sauver un bien petit nombre.

Toute opinion est assez forte pour se faire épouser au prix de la vie. Le premier article de ce beau serment que la Grèce jura et maintint en la guerre médoise, ce fut que chacun changerait plutôt la mort à la vie que les lois persiennes aux leurs. Combien voit-on de monde, en la guerre des Turcs et des Grecs, accepter plutôt la mort très âpre que de se décirconcire pour se baptiser? Exemple de quoi nulle sorte de religion n'est incapable.

Les rois de Castille ayant banni de leurs terres les Juifs, le roi Jean de Portugal leur vendit à huit écus pour tête la retraite aux siennes, en condition que dans certain jour ils auraient à les vider; et lui, promettait leur fournir de vaisseaux à les trajeter en Afrique. Le jour venu, lequel passé il était dit que ceux qui n'auraient obéi demeureraient esclaves, les vaisseaux leur furent fournis escharsement, et ceux qui s'y embarquèrent, rudement et vilainement traités par les passagers, qui, outre plusieurs autres indignités, les amusèrent sur mer, tantôt avant, tantôt arrière, jusques à ce qu'ils eussent consommé leurs victuailles et fussent contraints d'en acheter d'eux si chèrement et si longuement qu'ils fussent rendus à bord après avoir été du tout mis en chemise. La nouvelle de cette inhumanité rapportée à ceux qui étaient en terre, la plupart se résolurent à la servitude; aucuns firent contenance de changer de religion. Emmanuel, venu à la couronne, les mit premièrement en liberté; et, changeant d'avis depuis, leur donna temps de vider ses pays, assignant trois ports à leur passage. Il espérait, dit l'évêque Osorio, le meilleur historien latin de nos siècles, que la

give him extreme unction, was looking for his feet, which were drawn up, contracted by his ailment, he said, "You'll find them at the end of my legs." To the man urging him to commend himself to God, he asked, "Who's going there?" When the man replied, "*You* will be soon, if it pleases him," he replied, "I wish I could be there tomorrow night." "Just commend yourself to him," the man continued, "and you'll soon be there." "And so it will be better," he added, "if I take along my commendations when I go."

During our last Milanese wars and so many captures and rescues of the city, the populace, impatient of so many reversals of fortune, became so resolved to die that my father told me he had seen a list of some twenty-five heads of households who had killed themselves in a week's time. This incident is reminiscent of that in the city of the Xanthians, who, besieged by Brutus, plunged pell-mell, men, women, and children, into such a rabid lust for death that no one ever does as much to flee death as they did to flee life; so that Brutus was scarcely able to save a very small number of them.

Any opinion is strong enough to make itself adopted at the expense of one's life. The first article in that beautiful oath which the Greeks swore and upheld in the Persian Wars was that each man would sooner welcome death in place of life than Persian laws in place of their own. How many people do we find, in the war between the Turks and the Greeks, accepting a very harsh death rather than give up circumcision and be baptized? An example of what no kind of religion is incapable of.

When the kings of Castile exiled the Jews from their territories, King John of Portugal sold them refuge in his land at eight *écus* a head, on condition of their compulsory departure by a certain day, and he promised to supply them with ships for crossing over to Africa. When that day came after which, by decree, those who hadn't obeyed would become slaves, the ships were furnished to them stingily, and those who boarded them were roughly and meanly treated by the crew, who, on top of several other insults, delayed them on the sea, sailing back and forth, until they had depleted their provisions and were compelled to purchase some from them so dearly and for so long that they were down to their shirtsleeves when they disembarked. When the news of that inhumane treatment reached those still on land, most of them decided to be slaves, while some made a show of changing their religion. After Manuel came to the throne, he at first set them free, but later changing his mind, he gave them a deadline for leaving his country, naming three ports of embarkation. He was hoping, says Bishop Osorio, the best Latin-language historian of our

faveur de la liberté, qu'il leur avait rendue, ayant failli de les conver-
tir au christianisme, la difficulté de se commettre, comme leurs compagnons, à la volerie des mariniers, d'abandonner un pays où ils
étaient habitués avec grandes richesses, pour s'aller jeter en région inconnue, et étrangère, les y ramènerait. Mais, se voyant déchu de son
espérance, et eux tous délibérés au passage, il retrancha deux des
ports qu'il leur avait promis, afin que la longueur et incommodité du
trajet en ravisât aucuns; ou pour les amonceler tous à un lieu, pour
une plus grande commodité de l'exécution qu'il avait destinée. Ce fut
qu'il ordonna qu'on arrachât d'entre les mains des pères et des mères
tous les enfants au-dessous de quatorze ans, pour les transporter hors
de leur vue et conversation, en lieu où ils fussent instruits à notre religion. Ils disent que cet effet produisit un horrible spectacle; la naturelle affection d'entre les pères et les enfants et de plus le zèle à leur
ancienne créance combattant à l'encontre de cette violente ordonnance. Il y fut vu communément des pères et mères se défaisant eux-
mêmes; et, d'un plus rude exemple encore, précipitant par amour et
compassion leurs jeunes enfants dans des puits pour fuir à la loi. Au
demeurant, le terme qu'il leur avait préfix expiré, par faute de
moyens, ils se remirent en servitude. Quelques-uns se firent chrétiens; de la foi desquels, ou de leur race, encore aujourd'hui cent ans
après peu de Portugais s'assurent, quoique la coutume et la longueur
du temps soient bien plus fortes conseillères que toute autre contrainte. «*Quoties non modo ductores nostri*, dit Cicéron, *sed universi
etiam exercitus ad non dubiam mortem concurrerunt.*»

J'ai vu quelqu'un de mes intimes amis courir la mort à force, d'une
vraie affection et enracinée en son cœur par divers visages de discours, que je ne lui sus rabattre, et, à la première qui s'offrit coiffée
d'un lustre d'honneur, s'y précipiter hors de toute apparence, d'une
faim âpre et ardente.

Nous avons plusieurs exemples en notre temps de ceux, jusques aux
enfants, qui, de crainte de quelque légère incommodité, se sont don-
nés à la mort. Et à ce propos, que ne craindrons-nous, dit un Ancien,
si nous craignons ce que la couardise même a choisi pour sa retraite?
D'enfiler ici un grand rôle de ceux de tous sexes et conditions et de
toutes sectes ès siècles plus heureux, qui ont ou attendu la mort constamment, ou recherchée volontairement, et recherchée non seulement pour fuir les maux de cette vie, mais aucuns pour fuir simplement la satiété de vivre, et d'autres pour l'espérance d'une meilleure

era, that, the favor of freedom, which he had restored to them, having failed to convert them to Christianity, the burden of exposing themselves like their friends to being pillaged by the sailors, and of abandoning a land where they were accustomed to dwelling in great wealth in order to cast themselves into an unknown foreign region, would bring them to it. But finding himself disappointed of his hopes, since they were all determined to leave, he withdrew two of the ports he had promised them, so that the length and discomfort of the crossing might make some of them have second thoughts; or to pile them all up in one place, for greater ease in carrying out the plan he had made. To wit: he ordered that all children under fourteen should be snatched from their parents' arms and carried away from their sight and proximity, to a place where they would be educated in our religion. This deed is said to have caused a horrible sight, the natural love between parents and children, in addition to their loyalty to their old creed, combating that violent decree. All over, fathers and mothers were seen killing themselves and, giving an even harsher example, lovingly and compassionately hurling their young children into wells to cheat the law. Furthermore, after the expiration of the deadline he had set them, for lack of means they became slaves again. A few became Christians; even today, a hundred years later, few Portuguese are sure in their minds about these people's faith or race, even though custom and length of time are much stronger counsellors than any other constraint. "How often," says Cicero, "have not only our field officers, but even entire armies, raced toward certain death!"

I have seen one of my close friends court death furiously, out of a true affection planted in his heart by various lines of reasoning which I was unable to talk him out of; at the first aspect of death which was adorned by an aura of honor, he flung himself into it in the unlikeliest way with a keen, burning hunger.

We have several examples in our day of those, even children, who for fear of some slight displeasure, have given up their lives. And on this subject, what won't we fear, an ancient writer[3] asks, if we fear what even cowardice has chosen as its refuge? If I wanted to insert here a long list of those of both sexes, of all walks of life and of all sects, who in happier eras have either awaited death with fortitude or sought it out voluntarily, and sought it out not merely to escape the ills of this life, but in some cases solely to escape the satiety of living, and in other cases in hopes of a better condition elsewhere, I would never

---

3. Seneca.

condition ailleurs, je n'aurais jamais fait. Et en est le nombre si infini, qu'à la vérité j'aurais meilleur marché de mettre en compte ceux qui l'ont crainte.

Ceci seulement. Pyrrhon le Philosophe, se trouvant un jour de grande tourmente dans un bateau, montrait à ceux qu'il voyait les plus effrayés autour de lui, et les encourageait par l'exemple d'un pourceau, qui y était, nullement soucieux de cet orage. Oserons-nous donc dire que cet avantage de la raison, de quoi nous faisons tant de fête, et pour le respect duquel nous nous tenons maîtres et empereurs du reste des créatures, ait été mis en nous pour notre tourment? A quoi faire la connaissance des choses, si nous en perdons le repos et la tranquillité, où nous serions sans cela, et si elle nous rend de pire condition que le pourceau de Pyrrhon? L'intelligence qui nous a été donnée pour notre plus grand bien, l'emploierons-nous à notre ruine, combattant le dessein de nature, et l'universel ordre des choses, qui porte que chacun use de ses outils et moyens pour sa commodité?

Bien, me dira-t-on, votre règle serve à la mort, mais que direz-vous de l'indigence? Que direz-vous encore de la douleur, que Aristippe, Hieronymus et la plupart des sages ont estimé le dernier mal; et ceux qui le niaient de parole, le confessaient par effet? Possidonius étant extrêmement tourmenté d'une maladie aiguë et douloureuse, Pompée le fut voir, et s'excusa d'avoir pris heure si importune pour l'ouïr deviser de la philosophie: «Jà à Dieu ne plaise, lui dit Possidonius, que la douleur gagne tant sur moi, qu'elle m'empêche d'en discourir et d'en parler!» et se jeta sur ce même propos du mépris de la douleur. Mais cependant elle jouait son rôle et le pressait incessamment. A quoi il s'écriait: «Tu as beau faire, douleur, si ne dirai-je pas que tu sois mal.» Ce conte qu'ils font tant valoir, que porte-t-il pour le mépris de la douleur? Il ne débat que du mot, et cependant si ces pointures ne l'émeuvent, pourquoi en rompt-il son propos? Pourquoi pense-t-il faire beaucoup de ne l'appeler pas mal?

Ici tout ne consiste pas en l'imagination. Nous opinons du reste, c'est ici la certaine science, qui joue son rôle. Nos sens même en sont juges,

Qui nisi sunt veri, ratio quoque falsa sit omnis.

Ferons-nous accroire à notre peau que les coups d'étrivière la chatouillent? Et à notre goût que l'aloès soit du vin de Graves? Le pourceau de Pyrrhon est ici de notre écot. Il est bien sans effroi à la

finish. And their number is so infinite that truly it would be easier for me to total up those who have feared it.

Let me just add this. When the philosopher Pyrrho was once on a ship in a great storm, he showed those around him who were most frightened, heartening them by that example, a pig that was on board and was in no way worried by that tempest. Shall we then dare to say that this advantage of rational thought, of which we boast so much and because of which we deem ourselves the masters and emperors of all other creatures, was given to us to torment us? Why become familiar with things, if our knowledge makes us lose the repose and calm we'd enjoy without it, and if it makes us worse off than Pyrrho's pig? Shall we use for our ruin that intelligence bestowed on us for our greater advantage, by thwarting nature's plan and the universal order of things, which decrees that each of us use his tools and means for his own benefit?

"All right," someone may say, "let your ruling be valid as far as death is concerned, but what do you say about poverty? And then what will you say about pain, which Aristippus, Hieronymus, and most sages esteemed the ultimate evil, while those who denied this in words admitted it in practice?" When Posidonius was grievously tormented by a severe, painful ailment, Pompey went to see him and apologized for choosing such an inopportune time to hear him discuss philosophy. "God forbid," Posidonius replied, "that pain should get such a grip on me that it prevents me from reasoning and speaking about it!" And he flung himself into the very topic of scorning pain. But meanwhile it was playing its part and oppressing him constantly. Whereupon he exclaimed: "It's no use, pain, even so I shall not say that you are an evil." This story which they make so much of: what does it convey as to scorning pain? He is only quibbling about the word, and yet if those shooting pains don't affect him, why does he interrupt his discourse on their account? Why does he think he's accomplishing a lot by refusing to call them an evil?

Here, things are not entirely in our imagination. On other things we have opinions, here it is firm knowledge that we're dealing with. Our very senses are the judges of it,

> and if they aren't truthful, all reasoning is false, too.[4]

Shall we make our skin believe that blows with a thong tickle it? Or our sense of taste, that aloe is Graves wine? Here, Pyrrho's pig is of our party. Yes, he has no fear of death, but if you beat him, he squeals

---

4. Lucretius.

mort, mais si on le bat, il crie et se tourmente. Forcerons-nous la générale habitude de nature, qui se voit en tout ce qui est vivant sous le ciel, de trembler sous la douleur? Les arbres mêmes semblent gémir aux offenses qu'on leur fait. La mort ne se sent que par le discours, d'autant que c'est le mouvement d'un instant:

> *Aut fuit, aut veniet, nihil est præsentis in illa*
> *Morsque minus pœnæ quam mora mortis habet.*

Mille bêtes, mille hommes sont plus tôt morts que menacés. Et à la vérité ce que nous disons craindre principalement en la mort, c'est la douleur, son avant-coureuse coutumière.

Toutefois s'il en faut croire un saint père: «*Malam mortem non facit, nisi quod sequitur mortem.*» Et je dirai encore plus vraisemblablement que ni ce qui va devant, ni ce qui vient après, n'est des appartenances de la mort. Nous nous excusons faussement. Et je trouve par expérience que c'est plutôt l'impatience de l'imagination de la mort qui nous rend impatients de la douleur, et que nous la sentons doublement griève de ce qu'elle nous menace de mourir. Mais la raison accusant notre lâcheté de craindre chose si soudaine, si inévitable, si insensible, nous prenons cet autre prétexte plus excusable.

Tous les maux qui n'ont autre danger que du mal, nous les disons sans danger; celui des dents ou de la goutte, pour grief qu'il soit, d'autant qu'il n'est pas homicide, qui le met en compte de maladie? Or bien présupposons-le, qu'en la mort nous regardons principalement la douleur. Comme aussi la pauvreté n'a rien à craindre que cela, qu'elle nous jette entre ses bras, par la soif, la faim, le froid, le chaud, les veilles, qu'elle nous fait souffrir.

Ainsi n'ayons affaire qu'à la douleur. Je leur donne que ce soit le pire accident de notre être et volontiers; car je suis l'homme du monde qui lui veux autant de mal, et qui la fuis autant, pour jusques à présent n'avoir pas eu, Dieu merci! grand commerce avec elle. Mais il est en nous, sinon de l'anéantir, au moins de l'amoindrir par la patience, et, quand bien le corps s'en émouvrait, de maintenir ce néanmoins l'âme et la raison en bonne trempe.

Et s'il ne l'était, qui aurait mis en crédit parmi nous la vertu, la vaillance, la force, la magnanimité et la résolution? Où joueraient-elles leur rôle, s'il n'y a plus de douleur à défier: «*avida est periculi virtus*». S'il ne faut coucher sur la dure, soutenir armé de toutes pièces la chaleur du midi, se paître d'un cheval ou d'un âne, se voir détailler en

and writhes. Shall we overcome the general habit of nature, seen in all living things under the sun, of trembling at pain? Even trees seem to groan when they are injured. Death is only felt in our reason, inasmuch as it's a momentary event:

> *Either it has been, or it will come; there is no present in it.*[5]
> *And death causes less pain than does the delayed expectation of death.*[6]

A thousand animals, a thousand men are no sooner threatened than they're dead. And in truth what we say we chiefly fear in death is pain, its customary forerunner.

And yet, if we are to believe a Church Father: "Death is only an evil because of what may follow death."[7] And I shall say with even more probability that neither what precedes it nor what follows it is an integral part of death. Our excuses are beside the point. And I find from experience that it is rather our intolerance of imagining death that makes us intolerant of pain, and that we feel pain to be doubly grievous because it threatens us with death. But, our reason accusing us of cowardice for fearing something so sudden, so inevitable, so painless, we adopt that other pretext, which is more pardonable.

All those ills which present no other danger than that of discomfort we call "not dangerous"; no matter how severe the pain of toothache or gout, seeing that it doesn't kill us, who classifies it as an illness? Now, let us suppose that, when thinking of death, we are chiefly concerned with pain. Just as poverty, too, has only that to fear, since it throws us into the arms of pain through the thirst, hunger, cold, heat, and insomnia that it makes us suffer.

And so, let us deal with pain only. I accept the statement that it's the worst thing that can befall us, and I do so readily, for I'm the man in the world who curses it most and avoids it most, because up to now, thank God, I haven't had much to do with it. But it's within our power, if not to extinguish it, at least to lessen it by patience, and, even if our body is affected by it, we can nevertheless keep our soul and mind in good shape.

And if this weren't the case, who would have made virtue, valor, strength, highmindedness, and determination so prestigious in our eyes? Where would they play their part if there were no more pain to defy? "Virtue is eager for danger." [8] If we didn't have to sleep on the ground, undergo the heat of noon in full armor, dine off a horse or donkey, watch ourselves being cut to pieces, pull a bullet out from be-

---

5. Étienne de La Boétie.   6. Ovid.   7. St. Augustine.   8. Seneca.

pièces, et arracher une balle d'entre les os, se souffrir recoudre, cautériser et sonder, par où s'acquerra l'avantage que nous voulons avoir sur le vulgaire? C'est bien loin de fuir le mal et la douleur, ce que disent les Sages, que des actions également bonnes, celle-là est plus souhaitable à faire, où il y a plus de peine. «*Non enim hilaritate, nec lascivia, nec risu aut ioco comite levitatis, sed sæpe etiam tristes firmitate et constantia sunt beati.*» Et à cette cause il a été impossible de persuader à nos pères que les conquêtes faites par vive force, au hasard de la guerre, ne fussent plus avantageuses, que celles qu'on fait en toute sûreté par pratiques et menées:

Lætius est, quoties magno sibi constat honestum.

Davantage, cela doit nous consoler: que naturellement, si la douleur est violente, elle est courte; si elle est longue, elle est légère, «*si gravis brevis, si longus levis*». Tu ne la sentiras guère longtemps, si tu la sens trop; elle mettra fin à soi, ou à toi: l'un et l'autre revient à un. Si tu ne la portes, elle t'emportera. «*Memineris maximos morte finiri; parvos multa habere intervalla requietis; mediocrium nos esse dominos: ut si tolerabiles sint, feramus; sin minus, e vita quum ea non placeat, tanquam e theatro exeamus.*»

Ce qui nous fait souffrir avec tant d'impatience la douleur, c'est de n'être pas accoutumés de prendre notre principal contentement en l'âme, de ne nous attendre point assez à elle, qui est seule et souveraine maîtresse de notre condition et conduite. Le corps n'a, sauf le plus et le moins, qu'un train et qu'un pli. Elle est variable en toute sorte de formes, et range à soi et à son état, quel qu'il soit, les sentiments du corps et tous autres accidents. Pourtant la faut-il étudier et enquérir, et éveiller en elle ses ressorts tout-puissants. Il n'y a raison, ni prescription, ni force, qui puisse contre son inclination et son choix. De tant de milliers de biais qu'elle a en sa disposition, donnons-lui-en un propre à notre repos et conservation, nous voilà non couverts seulement de toute offense, mais gratifiés même et flattés, si bon lui semble, des offenses et des maux.

Elle fait son profit de tout indifféremment. L'erreur, les songes, lui servent utilement, comme une loyale matière à nous mettre à garant et en contentement.

Il est aisé à voir que ce qui aiguise en nous la douleur et la volupté, c'est la pointe de notre esprit. Les bêtes, qui le tiennent sous boucle, laissent aux corps leurs sentiments, libres et naïfs, et

tween our bones, and endure being sewn up, canterized, and probed, where would we gain the advantage we wish to possess over the ruck of humanity? Far from avoiding ills and pain, wise men tell us that among actions equally good, the one we should most wish to perform is the one involving most trouble. "For happiness lies not in gaiety, or pleasures, or laughter and sport, the companions of frivolity, but also often in firmness and fortitude when we are sad."[9] And for that reason it was impossible to convince our forebears that forceful conquests, running the risks inherent in war, weren't more advantageous than those made in complete safety by ruses and ploys:

Honor is more pleasing the more it costs.[10]

In addition, this should console us: by nature, if pain is violent, it's brief; if it lasts long, it's mild: "if heavy, short; if lengthy, light."[11] You'll hardly feel it for long if you feel it too much; it will put an end to itself, or to you: it comes down to the same thing. If you can't bear it, it will bear you off. "Recall that the greatest pains are ended by death; small ones have many intervals of repose; we are masters of the moderate ones: so that, if they're tolerable, let's bear them; if not, when life no longer pleases us, let us leave it as if leaving a play."[12]

What makes us undergo pain with so much intolerance is that we aren't used to deriving our chief satisfaction from our soul; we don't heed it sufficiently, though it's the sole and sovereign mistress of our temperament and conduct. More or less, the body has only one pace and one inclination, but the soul can take on every kind of shape, and makes the sensations of the body and all other events adapt themselves to it and to whatever condition it may be in. Therefore, it should be studied and investigated, and its all-powerful resources should be awakened. No reasoning, rule, or force can withstand its leanings and choices. Among the so many thousands of expedients it has at its disposal, let's give it one advantageous to our peace of mind and preservation, and thereby we shall not only be protected from every injury, but even pleased and gratified by our injuries and ills, if it so wishes.

It turns everything, without distinctions, to its profit. Error and dreams serve it usefully as faithful means of guarding and contenting us.

It's easy to see that what makes us feel pain and pleasure keenly is the sharp point of our mind. The animals, who keep it leashed, permit their bodies to have their free, natural feelings, which are conse-

---

9. Cicero.   10. Lucan.   11. Cicero.   12. Cicero.

par conséquent uns, à peu près en chaque espèce, comme nous voyons par la semblable application de leurs mouvements. Si nous ne troublions pas en nos membres la juridiction qui leur appartient en cela, il est à croire que nous en serions mieux et que nature leur a donné un juste et modéré tempérament envers la volupté et envers la douleur. Et ne peut faillir d'être juste, étant égal et commun. Mais puisque nous nous sommes émancipés de ses règles, pour nous abandonner à la vagabonde liberté de nos fantaisies, au moins aidons-nous à les plier du côté le plus agréable.

Platon craint notre engagement âpre à la douleur et à la volupté, d'autant qu'il oblige et attache par trop l'âme au corps. Moi plutôt au rebours, d'autant qu'il l'en dépend et décloue.

Tout ainsi que l'ennemi se rend plus aigre à notre fuite, aussi s'enorgueillit la douleur à nous voir trembler sous elle. Elle se rendra de bien meilleure composition à qui lui fera tête. Il se faut opposer et bander contre. En nous acculant et tirant arrière, nous appelons à nous et attirons la ruine qui nous menace. Comme le corps est plus ferme à la charge en le raidissant, aussi est l'âme.

Mais venons aux exemples, qui sont proprement du gibier des gens faibles de reins, comme moi, où nous trouverons qu'il va de la douleur, comme des pierres qui prennent couleur ou plus haute ou plus morne selon la feuille où l'on les couche, et qu'elle ne tient qu'autant de place en nous que nous lui en faisons. «*Tantum doluerunt*, dit saint Augustin, *quantum doloribus se inseruerunt.*» Nous sentons plus un coup de rasoir du chirurgien que dix coups d'épée en la chaleur du combat. Les douleurs de l'enfantement par les médecins et par Dieu même estimées grandes, et que nous passons avec tant de cérémonies, il y a des nations entières qui n'en font nul compte. Je laisse à part les femmes lacédémoniennes; mais aux Suisses, parmi nos gens de pied, quel changement y trouvez-vous? Sinon que trottant après leurs maris, vous leur voyez aujourd'hui porter au col l'enfant qu'elles avaient hier au ventre. Et ces Égyptiennes contrefaites, ramassées d'entre nous, vont, elles-mêmes, laver les leurs, qui viennent de naître, et prennent leur bain en la plus proche rivière. Outre tant de garces qui dérobent tous les jours leurs enfants tant en la génération qu'en la conception, cette honnête femme de Sabinus, patricien romain, pour l'intérêt d'autrui supporta le travail de l'enfantement de deux jumeaux, seule, sans assistance, et sans voix et gémissement. Un simple garçonnet de Lacédémone, ayant dérobé un renard (car ils craignaient encore

quently almost the same in each species, as we see from the similar nature of their movements. If we didn't prevent our limbs and organs from exercising their rightful jurisdiction in such matters, it's reasonable to believe we'd be better off, nature having given them a just, moderate means of experiencing pleasure and pain. Since it's equal and shared in common, it must be right. But since we have freed ourselves from nature's rules and have abandoned ourselves to the vagabond freedom of our fancies, at least let's help ourselves turn them in the most pleasant direction.

Plato is afraid of our keen fixation on pain and pleasure, because it places the soul under too much constraint, binding it to the body. Whereas I maintain the opposite: because it loosens and unbinds the soul from it.

Just as the enemy becomes fiercer when we retreat, pain grows proud when seeing us tremble at it. It will become much easier to deal with if we stand up to it. We must oppose and resist it. By backing down and falling to the rear we attract and call down upon ourselves the ruin that threatens us. Just as our body is firmer under attack when it is tensed, so is our soul.

But let's resort to examples, which are just the meat for weak-spined people like me; there we find that pain behaves like those stones which take on a higher or duller coloring depending on the foil they're placed against, and that it occupies only so much room in us as we allow it. "They suffered," says Saint Augustine, "to the extent to which they gave way to pain." We feel a nick from a barber's razor more than ten sword blows in the heat of battle. The pains of childbirth, considered great by doctors and by God himself, and which we undergo with so much ceremony, are accounted as nothing by entire peoples. I leave aside the women of Sparta; but what alteration do you find among the Swiss women who follow our mercenary infantrymen? Merely this: as they trot after their husbands, today you see them carrying in their arms the children they had in their womb yesterday. And those shapeless, squat Gypsy women in our midst go themselves to wash their own newborn babies, and bathe in the nearest stream. Besides all those whores who daily conceal the birth of their children as much as they concealed their conception, that honorable wife of Sabinus, a Roman patrician, looking out for another's interests, endured the birth labors of two twins, alone, without aid, and without screaming or groaning. An ordinary Spartan boy, having stolen a fox (for they feared the shame of being clumsy thieves even more than we fear being punished for stealing) and having put it under his cloak, en-

plus la honte de leur sottise au larcin que nous ne craignons sa
peine) et l'ayant mis sous cape, endura plutôt qu'il lui eut rongé le
ventre que de se découvrir. Et un autre donnant de l'encens à un
sacrifice, le charbon lui étant tombé dans la manche, se laissa brûler
jusques à l'os pour ne troubler le mystère. Et s'en est vu un grand
nombre pour le seul essai de vertu, suivant leur institution, qui ont
souffert en l'âge de sept ans d'être fouettés jusques à la mort, sans
altérer leur visage. Et Cicéron les a vus se battre à troupes, de
poings, de pieds et de dents, jusques à s'évanouir avant que d'avouer
être vaincus. «*Nunquam naturam mos vinceret: est enim ea semper
invicta; sed nos umbris, deliciis, otio, languore, desidia animum in-
fecimus; opinionibus maloque more delinitum mollivimus.*» Chacun
sait l'histoire de Scaevola qui, s'étant coulé dans le camp ennemi
pour en tuer le chef et ayant failli d'atteinte, pour reprendre son
effet d'une plus étrange invention et décharger sa patrie, confessa à
Porsenna, qui était le roi qu'il voulait tuer, non seulement son dessein, mais ajouta qu'il avait en son camp un grand nombre de
Romains complices de son entreprise tels que lui. Et pour montrer
quel il était, s'étant fait apporter un brasier, vit et souffrit griller et
rôtir son bras, jusques à ce que l'ennemi même en ayant horreur
commandât ôter le brasier. Quoi, celui qui ne daigna interrompre la
lecture de son livre pendant qu'on l'incisait? Et celui qui s'obstina à
se moquer et à rire à l'envi des maux qu'on lui faisait: de façon que
la cruauté irritée des bourreaux qui le tenaient, et toutes les inventions des tourments redoublés les uns sur les autres, lui donnèrent
gagné. Mais c'était un philosophe. Quoi? un gladiateur de César endura toujours riant qu'on lui sondât et détaillât ses plaies. «*Quis
mediocris gladiator ingemuit? Quis vultum mutavit unquam? Quis
non modo stetit, verum etiam decubuit turpiter? Quis, cum de-
cubuisset, ferrum recipere jussus, collum contraxit?*» Mêlons-y les
femmes. Qui n'a ouï parler à Paris de celle qui se fit écorcher pour
seulement en acquérir le teint plus frais d'une nouvelle peau? Il y en
a qui se sont fait arracher des dents vives et saines pour en former la
voix plus molle et plus grasse, ou pour les ranger en meilleur ordre.
Combien d'exemples du mépris de la douleur avons-nous en ce
genre? Que ne peuvent-elles? que craignent-elles? pour peu qu'il y
ait d'agencement à espérer en leur beauté:

dured having his stomach gnawed rather than betray himself. And another, when he was placing incense on a sacrifice, and a hot coal fell into his sleeve, let himself be burned to the bone in order not to disturb the ceremony. And a great number of them, merely to test their fortitude, in accordance with their education, were observed at the age of seven allowing themselves to be whipped to the point of death without revealing any sign of pain on their face. And Cicero saw them fighting in troops, with fists, feet, and teeth, until they fainted, before they admitted defeat. "Never could custom subdue nature, for she is always invincible; but *we,* by our fancies, pleasures, leisures, languors, and indolence, have infected our minds; we have weakened and softened them by our judgments and bad habits."[13] Everyone knows the story of Scaevola, who, slipping into the enemy's camp to kill their leader, but failing in his attempt, in order to achieve his goal by means of an odder contrivance, and to unburden his country, not only confessed his plan to Porsenna, the king he had intended to kill, but added that he had in his camp a great number of Romans like him who were accomplices of his mission. And to show the kind of man he was, he had a brazier brought over and watched and endured his arm being grilled and roasted until even the enemy, horrified, ordered the brazier removed. What about the man who didn't deign to interrupt the reading of his book while an incision was being made in him? And the one who persisted in scorning and laughing out loud at the harm being done him, so that the spiteful cruelty of the torturers holding him and all their inventive torments, each worse than the last, proclaimed him the victor? But that man was a philosopher. Well? One of Caesar's gladiators kept on laughing while his wounds were being probed and cut into. "What ordinary gladiator has ever groaned? Which one has ever changed the expression on his face? Which one has not merely stood up, but even fallen down disgracefully? Which one, when he had fallen and was ordered to be stabbed, ever turned away his head?"[14] Let us add some women. Who in Paris hasn't heard about the one who let herself be flayed merely to acquire a new skin of a fresher complexion? There are some who have had living, healthy teeth pulled out to give them a softer, richer voice, or to straighten the rest. How many examples of contempt for pain do we have in this area? What are these women incapable of, what are they afraid of, if only they can hope for an increase in their beauty?

---

13. Cicero.   14. Cicero.

Vellere queis cura est albos a stirpe capillos
Et faciem dempta pelle referre novam.

J'en ai vu engloutir du sable, de la cendre, et se travailler à point nommé de ruiner leur estomac, pour acquérir les pâles couleurs. Pour faire un corps bien espagnolé, quelle gêne ne souffrent-elles, guindées et sanglées, à tout de grosses coches sur les côtés, jusques à la chair vive? oui, quelquefois à en mourir.

Il est ordinaire à beaucoup de nations de notre temps de se blesser à escient, pour donner foi à leur parole; et notre Roi en récite de notables exemples de ce qu'il en a vu en Pologne et en l'endroit de lui-même. Mais, outre ce que je sais en avoir été imité en France par aucuns, j'ai vu une fille, pour témoigner l'ardeur de ses promesses et aussi sa constance, se donner du poinçon qu'elle portait en son poil, quatre ou cinq bons coups dans le bras, qui lui faisaient craqueter la peau et la saignaient bien en bon escient. Les Turcs se font des grandes escarres pour leurs dames; et afin que la marque y demeure, ils portent soudain du feu sur la plaie et l'y tiennent un temps incroyable, pour arrêter le sang et former la cicatrice. Gens qui l'ont vu, l'ont écrit et me l'ont juré. Mais pour dix aspres, il se trouve tous les jours entre eux qui se donnera une bien profonde taillade dans le bras ou dans les cuisses.

Je suis bien aise que les témoins nous sont plus à main, où nous en avons plus affaire; car la Chrétienté nous en fournit à suffisance. Et, après l'exemple de notre saint guide, il y en a eu force qui par dévotion ont voulu porter la croix. Nous apprenons par témoin très digne de foi, que le roi saint Louis porta la haire jusques à ce que, sur la vieillesse, son confesseur l'en dispensât, et que, tous les vendredis, il se faisait battre les épaules par son prêtre de cinq chaînettes de fer, que pour cet effet il portait toujours dans une boîte. Guillaume, notre dernier duc de Guyenne, père de cette Alienor qui transmit ce duché aux maisons de France et d'Angleterre, porta les dix ou douze derniers ans de sa vie, continuellement, un corps de cuirasse, sous un habit de religieux, par pénitence. Foulques, comte d'Anjou, alla jusques en Jérusalem, pour là se faire fouetter à deux de ses valets, la corde au col, devant le Sépulcre de Notre-Seigneur. Mais ne voit-on encore tous les jours le Vendredi Saint en divers lieux un grand nombre d'hommes et femmes se battre jusques à se déchirer la chair et percer jusques aux os? Cela ai-je vu souvent et sans enchantement; et disait-on (car ils vont masqués) qu'il y en avait, qui pour de l'argent

They take care to pluck out gray hairs by the root
and to make themselves a new face by removing their skin.[15]

I have seen some swallow sand and ashes, and to strive intentionally to ruin their stomachs in order to acquire a pale complexion. To achieve a trim, Spanish-style figure, what discomfort won't they endure, belted and strapped, with deep indentations in their sides, down to the living flesh—yes, and sometimes dying of it?

It's customary among many peoples in our day to wound themselves on purpose in order to lend credence to their words; and our king recounts remarkable examples of such things that he has seen in Poland, he himself being involved. But, besides what I know was imitated from this by some people in France, I have seen a girl who, to testify to the warmth of her promises and also to her fortitude, gave herself four or five good jabs in the arm with the big pin she wore in her hair; those jabs made her skin crackle and gave her a thorough bleeding. Turkish men give themselves big gashes for their ladies; in order for the mark to last, they immediately put fire on the wound, holding it there incredibly long, to staunch the bleeding and form a scar. People who have seen this have written about it and have sworn to me that it's true. But for ten small coins someone will be found among them any day who will give himself a really deep cut in the arm or thighs.

I'm very glad that witnesses are more available to us where we have greater need of them; because Christianity furnishes us with them plentifully. And following the example of our Holy Guide, many people out of devotion have consented to bear the cross. We learn from a very trustworthy witness that our saintly king Louis wore a hairshirt until he was getting old and his confessor gave him dispensation, and that every Friday he had his priest beat his shoulders with five small iron chains that he always kept in a box for that purpose. Guillaume, our last duke of Guienne, father of that Eleanor who conveyed this duchy to the courts of France and England, constantly in the last ten or twelve years of his life wore a breastplate under a monk's habit as penance. Foulques, count of Anjou, went all the way to Jerusalem to have himself whipped there by two of his servants, a rope around his neck, before our Lord's sepulcher. But don't we still see in various places, every Good Friday, a great number of men and women beat themselves till their flesh is torn away down to the bone? I've seen that often and without being under a spell; and it was said (for they wear masks) that there were some who for money undertook to en-

15. Tibullus.

entreprenaient en cela de garantir la religion d'autrui, par un mépris de la douleur d'autant plus grand que plus peuvent les aiguillons de la dévotion que de l'avarice.

Q. Maximus enterra son fils consulaire, Marcus Caton le sien préteur désigné; et L. Paulus les siens deux en peu de jours, d'un visage rassis et ne portant aucun témoignage de deuil. Je disais, en mes jours, de quelqu'un en gaussant, qu'il avait choué la divine justice; car la mort violente de trois grands enfants lui ayant été envoyée en un jour pour un âpre coup de verge, comme il est à croire, peu s'en fallut qu'il ne la prît à gratification. Et j'en ai perdu, mais en nourrice, deux ou trois, sinon sans regret, au moins sans fâcherie. Si n'est-il guère accident qui touche plus au vif les hommes. Je vois assez d'autres communes occasions d'affliction qu'à peine sentirais-je, si elles me venaient, et en ai méprisé quand elles me sont venues, de celles auxquelles le monde donne une si atroce figure, que je n'oserais m'en vanter au peuple sans rougir. «*Ex quo intelligitur non in natura, sed in opinione esse ægritudinem.*»

L'opinion est une puissante partie, hardie et sans mesure. Qui rechercha jamais de telle faim la sûreté et le repos, qu'Alexandre et César ont fait l'inquiétude et les difficultés? Térès, le Père de Sitalcès, soulait dire que quand il ne faisait point la guerre, il lui était avis qu'il n'y avait point différence entre lui et son palefrenier.

Caton consul, pour s'assurer d'aucunes villes en Espagne, ayant seulement interdit aux habitants d'icelles de porter les armes, grand nombre se tuèrent: «*ferox gens nullam vitam rati sine armis esse.*» Combien en savons-nous qui ont fui la douceur d'une vie tranquille, en leurs maisons, parmi leurs cognaissants, pour suivre l'horreur des déserts inhabitables; et qui se sont jetés à l'abjection, vilité et mépris du monde, et s'y sont plu jusques à l'affectation. Le cardinal Borromée, qui mourut dernièrement à Milan, au milieu de la débauche, à quoi le conviait et sa noblesse, et ses grandes richesses, et l'air de l'Italie, et sa jeunesse, se maintint en une forme de vie si austère, que la même robe qui lui servait en été lui servait en hiver; n'avait pour son coucher que la paille; et les heures qui lui restaient des occupations de sa charge, il les passait étudiant continuellement, planté sur ses genoux, ayant un peu d'eau et de pain à côté de son livre, qui était toute la provision de ses repas, et tout le temps qu'il y employait. J'en sais qui à leur escient ont tiré et profit et avantage du cocuage, de quoi le seul nom effraye tant de gens. Si la vue n'est plus

sure other people's religion in that way, out of a contempt for pain all the greater because the spur of devoutness is stronger than that of greed.

Q. Maximus buried his son who was a consul; Marcus Cato, his, who was a praetor elect; and L. Paulus, both of his a few days apart, with a calm face and showing no signs of grief. In my day, I used to say of someone in jest that he had hoodwinked divine justice, because the violent death of three grown children having been visited upon him in one day as a harsh blow of the rod (which may readily be believed), he all but took it as a favor. And I have lost two or three, though still in infancy, if not without regret, at least without severe grief. And yet there's hardly any other event that affects people more deeply. I see many other common occasions for sorrow which I'd scarcely feel if they befell me, and I have scorned some when they did, occasions of the type people lend such a terrifying aspect that I wouldn't dare boast of this to others without blushing. "From which it is understood that the bitterness is not intrinsic, but in our mental reactions."[16]

Our opinion of things is a powerful factor, bold and immoderate. Who has ever sought safety and repose so hungrily as Alexander and Caesar sought disquiet and hardships? Teres, the father of Sitalces, used to say that when he wasn't waging war, he thought there was no difference between him and his groom.

Cato, when consul, to secure some cities in Spain, merely forbade their inhabitants to bear arms, and many of them killed themselves: "a fierce nation that deemed life without weapons to be no life at all."[17] How many have we heard of who have shunned the sweetness of a tranquil life, in their homes, among people they knew, to seek out the horror of uninhabitable wildernesses, and have cast themselves into abjectness, baseness, and the world's scorn, taking pleasure in it to the point of predilection? Cardinal Borromeo, who died recently in Milan in the midst of general debauchery, to which he was invited by his noble rank, his great wealth, the atmosphere of Italy, and his youth, nevertheless maintained a life style so austere that he used the same robe in winter which he had used in summer, slept on nothing but straw, and spent the time not occupied by the business of his office in continual study, on his knees, with a little bread and water next to his book; that was the total provision for his meals and the only time he spent on them. I know some men who have deliberately derived both profit and advantage from being cuckolded, though the very word frightens so many people.

---

16. Cicero.   17. Livy.

le nécessaire de nos sens, il est au moins le plus plaisant; mais et les plaisants et utiles de nos membres semblent être ceux qui servent à nous engendrer: toutefois assez de gens les ont pris en haine mortelle, pour cela seulement qu'ils étaient trop aimables, et les ont rejetés à cause de leur prix et valeur. Autant en opina des yeux celui qui se les creva.

La plus commune et la plus saine part des hommes tient à grand heur l'abondance des enfants; moi et quelques autres à pareil heur le défaut.

Et quand on demande à Thalès pourquoi il ne se marie point, il répond qu'il n'aime point à laisser lignée de soi.

Que notre opinion donne prix aux choses, il se voit par celles en grand nombre auxquelles nous ne regardons pas seulement pour les estimer, ains à nous; et ne considérons ni leurs qualités, ni leurs utilités, mais seulement notre coût à les recouvrer; comme si c'était quelque pièce de leur substance; et appelons valeur en elles non ce qu'elles apportent, mais ce que nous y apportons. Sur quoi je m'avise que nous sommes grands ménagers de notre mise. Selon qu'elle pèse, elle sert de ce même qu'elle pèse. Notre opinion ne la laisse jamais courir à faux fret. L'achat donne titre au diamant, et la difficulté à la vertu, et la douleur à la dévotion, et l'âpreté à la médecine.

Tel, pour arriver à la pauvreté, jeta ses écus en cette même mer que tant d'autres fouillent de toutes parts pour y pêcher des richesses. Épicure dit que l'être riche n'est pas soulagement, mais changement d'affaires. De vrai, ce n'est pas la disette, c'est plutôt l'abondance qui produit l'avarice. Je veux dire mon expérience autour de ce sujet.

J'ai vécu en trois sortes de condition, depuis être sorti de l'enfance. Le premier temps, qui a duré près de vingt années, je le passai, n'ayant autres moyens que fortuits, et dépendant de l'ordonnance et secours d'autrui, sans état certain et sans prescription. Ma dépense se faisait d'autant plus allégrement et avec moins de soin qu'elle était toute en la témérité de la fortune. Je ne fus jamais mieux. Il ne m'est oncques advenu de trouver la bourse de mes amis close; m'étant enjoint au-delà de toute autre nécessité la nécessité de ne faillir au terme que j'avais pris à m'acquitter. Lequel ils m'ont mille fois allongé, voyant l'effort que je me faisais pour leur satisfaire; en manière que j'en rendais une loyauté ménagère et aucunement piperesse. Je sens naturellement quelque volupté à payer, comme si je déchargeais mes épaules d'un ennuyeux poids et de cette image de servitude; aussi, qu'il y a quelque contentement qui me chatouille à faire une action juste et contenter autrui. J'excepte les paiements où il faut venir

If sight isn't the most necessary of our senses, at least it's the most delightful, but the most delightful and useful of our organs seem to be the ones used to beget us; nevertheless, many people have conceived a mortal hatred for them, precisely because they gave so much pleasure, and have rejected them because of their worth and value. The man who put out his own eyes had the same opinion of *them.*

The most ordinary and healthy people consider an abundance of children to be a great good fortune; I and a few others take the lack of them to be fortunate.

And when Thales was asked why he never married, his answer was that he didn't want to leave a lineage behind.

That our opinion lends things their value can be seen from those very many things which we value not so much for their own worth as for what they are worth to us; we don't consider their qualities or their usefulness, but merely what it costs us to acquire them, as if that were a part of their substance; and what we call their value is not what they bring to us but what we bring to them. Therefore I deem that we are good managers of our expenses. We weigh them, and their weight determines their usefulness. Our opinion never lets them carry less than their due weight. Our purchasing of a diamond gives it its value, as hardship does to valor, pain to piety, and bitterness to medicine.

One man, in order to become a pauper, threw his money into the same sea that so many others probe everywhere to fish for wealth. Epicurus says that being rich is not a relief from worries but a change of worries. Truly, it isn't want but abundance that creates greed. I want to recount my own experience in this regard.

I have lived in three different degrees of fortune ever since childhood. The first stage, which lasted nearly twenty years, I spent with none but random means, dependent on the commands and assistance of others, without a fixed income and without regulations. I spent my money all the more blithely and carelessly because it all depended on chance. I've never been better off. I never had the experience of finding my friends' purse closed, having enjoined upon myself above all other obligations that of never going beyond the deadline for repayment that I had agreed to. They gave me extensions a thousand times, seeing the effort I was making to satisfy them; so that I repaid them with a fidelity that was thrifty but a little deceptive. I feel some natural physical pleasure in paying up, as if I were lifting a troublesome load, and an image of servitude, off my back; also, I'm tickled by some contentment when I act properly and satisfy others. I except those payments that involve haggling and bargaining; if I can't find someone

à marchander et compter, car si je ne trouve à qui en commettre la charge, je les éloigne honteusement et injurieusement tant que je puis, de peur de cette altercation, à laquelle et mon humeur et ma forme de parler est du tout incompatible. Il n'est rien que je haïsse comme à marchander. C'est un pur commerce de trichoterie et d'impudence: après une heure de débat et de barguignage, l'un et l'autre abandonne sa parole et ses serments pour cinq sous d'amendement. Et si, empruntais avec désavantage; car n'ayant point le cœur de requérir en présence, j'en renvoyais le hasard sur le papier, qui ne fait guère d'effort, et qui prête grandement la main au refuser. Je me remettais de la conduite de mon besoin plus gaiement aux astres, et plus librement, que je n'ai fait depuis à ma providence et à mon sens.

La plupart des ménagers estiment horrible de vivre ainsi en incertitude, et ne s'avisent pas, premièrement, que la plupart du monde vit ainsi. Combien d'honnêtes hommes ont rejeté tout leur certain à l'abandon, et le font tous les jours, pour chercher le vent de la faveur des Rois et de la fortune? César s'endetta d'un million d'or outre son vaillant pour devenir César. Et combien de marchands commencent leur trafic par la vente de leur métairie, qu'ils envoient aux Indes

Tot per impotentia freta!

En une si grande siccité de dévotion, nous avons mille et mille collèges, qui la passent commodément, attendant tous les jours de la libéralité du ciel ce qu'il faut à leur dîner.

Secondement, ils ne s'avisent pas que cette certitude sur laquelle ils se fondent n'est guère moins incertaine et hasardeuse que le hasard même. Je vois d'aussi près la misère, au-delà de deux mille écus de rente, que si elle était tout contre moi. Car, outre ce que le sort a de quoi ouvrir cent brèches à la pauvreté au travers de nos richesses, n'y ayant souvent nul moyen entre la suprême et infime fortune:

Fortuna vitrea est; tunc cum splendet frangitur;

et envoyer cul sur pointe toutes nos défenses et levées, je trouve que par diverses causes l'indigence se voit autant ordinairement logée chez ceux qui ont des biens que chez ceux qui n'en ont point, et qu'à l'aventure elle est aucunement moins incommode, quand elle est seule, que quand elle se rencontre en compagnie des richesses. Elles viennent plus de l'ordre que de la recette: «*Faber est suæ quisque fortunæ.*» Et me semble plus misérable un riche malaisé, nécessiteux, af-

to undertake them in my behalf, I put them off shamefully and harm-fully as long as I can, out of fear of such arguments, with which both my nature and my way of speaking are incompatible. I hate nothing so much as haggling. It's sheer cheating and impudence: after an hour of dispute and bargaining, each party reneges on his word and his oaths in order to gain five cents. And so, I used to borrow money at a dis-advantage, because, not having the nerve to make the request in per-son, I would take my chances in writing, which doesn't carry much weight and makes refusal very easy. I would entrust the conduct of my business to the stars more cheerfully and freely than I have ever since entrusted it to my foresight and my good sense.

Most good managers find it terrible to live in such uncertainty; first of all, they fail to notice that most people live that way. How many honorable men have let all their certainty drift away, and do so daily, seeking the varying breeze of the favor of kings and fortune? Caesar incurred a debt of a million in gold beyond his capital in order to be-come Caesar. And how many merchants begin their activities by sell-ing their farms, which they ship off to the Indies

across so many raging seas![18]

Amid such a great dearth of piety, we have thousands of monastic communities which manage to survive, daily expecting from the gen-erosity of heaven what they need for their dinners.

Secondly, these good managers fail to notice that the certainty they rely on is hardly less uncertain and chancy than chance itself. Across a barrier of a yearly income of two thousand *écus* I can see poverty just as close as if it were right on top of me. Because, not only does fate have the power to open a hundred breaches in our wealth to let poverty in, there often being no middle ground between the heights and depths of fortune

(Fortune is made of glass; just when it glitters, it shatters),[19]

and the power to overturn all our defenses and ramparts: I also find that, for various reasons, poverty can be seen to reside just as fre-quently with men of property as with those who have none, and per-chance is somewhat less troublesome when alone than when accom-panied by wealth. Wealth comes more from good order than from rev-enue. "Each man is the architect of his own fortune."[20] And I consider an uncomfortable, needy, and troubled rich man more wretched than

---

18. Catullus.   19. Publius Syrus.   20. Sallust.

faireux, que celui qui est simplement pauvre. «*In divitiis inopes, quod genus egestatis gravissimum est.*» Les plus grands princes et plus riches sont par pauvreté et disette poussés ordinairement à l'extrême nécessité. Car en est-il de plus extrême que d'en devenir tyrans et injustes usurpateurs des biens de leurs sujets?

Ma seconde forme, ç'a été d'avoir de l'argent. A quoi m'étant pris, j'en fis bientôt des réserves notables selon ma condition; n'estimant que ce fût avoir, sinon autant qu'on possède outre sa dépense ordinaire, ni qu'on se puisse fier du bien qui est encore en espérance de recette, pour claire qu'elle soit. Car, quoi? disais-je, si j'étais surpris d'un tel, ou d'un tel accident? Et, à la suite de ces vaines et vicieuses imaginations, j'allais, faisant l'ingénieux à pourvoir par cette superflue réserve à tous inconvénients; et savais encore répondre à celui qui m'alléguait que le nombre des inconvénients était trop infini, que si ce n'était à tous, c'était à aucuns et plusieurs. Cela ne se passait pas sans pénible sollicitude. J'en faisais un secret; et moi, qui ose tant dire de moi, ne parlais de mon argent qu'en mensonge, comme font les autres, qui s'appauvrissent riches, s'enrichissent pauvres, et dispensent leur conscience de jamais témoigner sincèrement de ce qu'ils ont. Ridicule et honteuse prudence. Allais-je en voyage, il ne me semblait être jamais suffisamment pourvu. Et plus je m'étais chargé de monnaie, plus aussi je m'étais chargé de crainte; tantôt de la sûreté des chemins, tantôt de la fidélité de ceux qui conduisaient mon bagage, duquel, comme d'autres que je connais, je ne m'assurais jamais assez si je ne l'avais devant mes yeux. Laissais-je ma boîte chez moi, combien de soupçons et pensements épineux, et, qui pis est, incommunicables! J'avais toujours l'esprit de ce côté. Tout compté, il y a plus de peine à garder l'argent qu'à l'acquérir. Si je n'en faisais du tout tant que j'en dis, au moins il me coûtait à m'empêcher de le faire. De commodité, j'en tirais peu ou rien: pour avoir plus de moyen de dépense, elle ne m'en pesait pas moins. Car, comme disait Bion, autant se fâche le chevelu comme le chauve, qu'on lui arrache le poil; et depuis que vous êtes accoutumé et avez planté votre fantaisie sur certain monceau, il n'est plus à votre service; vous n'oseriez l'écorner. C'est un bâtiment qui, comme il vous semble, croulera tout, si vous y touchez. Il faut que la nécessité vous prenne à la gorge pour l'entamer. Et auparavant j'engageais mes hardes et vendais un cheval avec bien moins de contrainte et moins envis, que lors je ne faisais brèche à cette bourse favorite, que je tenais à part. Mais le danger était, que

a man who is simply poor. "The indigent in the midst of wealth: the worst type of poverty."[21] The greatest and richest princes are usually driven by poverty and dearth to the extremes of need. For is there anything more extreme than to become tyrants for that reason, and unjust usurpers of their subjects' property?

The second phase of my life was having money. Once used to this, I soon set aside savings that were remarkable for my station in life, deeming that the only real wealth consisted of what one possesses over and above one's usual outlay, and that one can't rely on wealth which is not yet on hand, however good the expectations are. "For," I told myself, "what if I were caught off guard by such or such an event?" And as a consequence of these empty, wrongheaded imaginings, I kept planning how to protect myself against all troubles by means of those superfluous savings; and when anyone assured me that those troubles were too infinite in number, I'd reply that if I couldn't avoid them all, I could avoid some or a lot. This was not unaccompanied by painful worries. I kept my savings a secret; and I, who dare to tell so much about myself, wouldn't talk about my money without lying about it, as others do who make themselves poor when they're rich and rich when they're poor, and absolve their conscience of ever making a true declaration of what they own. A ridiculous and shameful prudence. If I went on a journey, I never thought I had enough with me. And the more loaded down I was with coin, the more I was also burdened with fear, now for the safety of the roads, now for the fidelity of those in charge of my baggage, which, like other people I know, I was never sufficiently sure of unless it was in my sight. If I left my moneybox at home, how many thorny suspicions and thoughts, which (the worst thing of all) I couldn't share with others! My mind was always back there. All told, it's more trouble to keep money than to make it. If I didn't behave completely in the way I say, at least it was an effort to keep from doing so. I derived little or no convenience from this: if I had more to spend, it didn't weigh on me any less. For, as Bion says, a man with a lot of hair is just as angry as a nearly bald man when you pull out a hair; and once you've grown used to a certain nest egg and have fixed your thoughts on it, it's no longer there for you to use; you don't dare skim anything off it. It's a building which you think will collapse altogether if you touch it. Need has to grab you by the throat before you dip into it. And, earlier on, I'd pawn my duds or sell a horse with much less constraint and less unwillingly than I now made a breach in that beloved purse, which I kept hidden. But the danger was that it's very hard to set fixed limits to

---

21. Seneca.

mal aisément peut-on établir bornes certaines à ce désir (elles sont difficiles à trouver ès choses qu'on croit bonnes) et arrêter un point à l'épargne. On va toujours grossissant cet amas et l'augmentant d'un nombre à autre, jusques à se priver vilainement de la jouissance de ses propres biens, et l'établir toute en la garde et à n'en user point.

Selon cette espèce d'usage, ce sont les plus riches gens de monnaie, ceux qui ont charge de la garde des portes et murs d'une bonne ville. Tout homme pécunieux est avaricieux à mon gré.

Platon range ainsi les biens corporels ou humains: la santé, la beauté, la force, la richesse. Et la richesse, dit-il, n'est pas aveugle, mais très clairvoyante, quand elle est illuminée par la prudence.

Denys le fils eut sur ce propos bonne grâce. On l'avertit que l'un de ses Syracusains avait caché dans terre un trésor. Il lui manda de le lui apporter, ce qu'il fit, s'en réservant à la dérobée quelque partie, avec laquelle il s'en alla en une autre ville, où, ayant perdu cet appétit de thésauriser, il se mit à vivre plus libéralement. Ce qu'entendant, Denys lui fit rendre le demeurant de son trésor, disant que puisqu'il avait appris à en savoir user, il le lui rendait volontiers.

Je fus quelques années en ce point. Je ne sais quel bon démon m'en jeta hors très utilement, comme le Syracusain, et m'envoya toute cette conserve à l'abandon, le plaisir de certain voyage de grande dépense ayant mis au pied cette sotte imagination. Par où je suis retombé à une tierce sorte de vie (je dis ce que j'en sens) certes plus plaisante beaucoup et plus réglée: c'est que je fais courir ma dépense quant et ma recette; tantôt l'une devance, tantôt l'autre; mais c'est de peu qu'elles s'abandonnent. Je vis du jour à la journée, et me contente d'avoir de quoi suffire aux besoins présents et ordinaires; aux extraordinaires toutes les provisions du monde n'y sauraient suffire. Et est folie de s'attendre que fortune elle-même nous arme jamais suffisamment contre soi. C'est de nos armes qu'il la faut combattre. Les fortuites nous trahiront au bon du fait. Si j'amasse, ce n'est que pour l'espérance de quelque voisine emplette: non pour acheter des terres, de quoi je n'ai que faire, mais pour acheter du plaisir. «*Non esse cupidum pecunia est, non esse emacem vectigal est.*» Je n'ai ni guère peur que bien me faille, ni nul désir qu'il m'augmente: «*Divitiarum fructus est in copia, copiam declarat satietas.*» Et me gratifie singulièrement que cette correction me soit arrivée en un âge naturellement enclin à l'avarice, et que je me vois défait de cette maladie si commune aux vieux, et la plus ridicule de toutes les humaines folies.

that desire (they're hard to find in things you consider good) and to set bounds to savings. You keep on heaping up that pile and increasing it from one figure to another, until you basely deprive yourself of the enjoyment of your own property, keep it all locked away, and never use it.

If that were the correct view of things, the people with the most money would be those in charge of the gates and walls of a rich city. Every wealthy man is a greedy man, as I see it.

Plato divides the corporal or human good into the categories health, beauty, strength, wealth. And wealth, he says, is not blind, but very clear-sighted, when it's illuminated by prudence.

The younger Dionysius did something very graceful in this regard. He was informed that one of his subjects in Syracuse had hidden a treasure in the ground. He ordered him to bring it to him, which the man did, but surreptitiously holding back a part, with which he moved to another city where, having lost that urge for squirreling away money, he began to live on a more generous footing. Hearing this, Dionysius had the remainder of his treasure returned to him, saying that, since he had learned to use it properly, he was gladly giving it back.

I spent a few years in this state of mind. Some good demon or other drove me out of it very beneficially, like that man of Syracuse, and sent all those savings flying, the pleasure in a certain very expensive journey having squelched that foolish delusion. Whereupon I fell into a third kind of life (I say what I feel about it) which is surely much more pleasant and organized: I now adjust my outlay to my income; sometimes one of them takes the lead, sometimes the other, but they're never too far apart. I live from day to day, satisfied to have enough to meet my current, ordinary needs; for extraordinary ones, all the advance savings in the world might not be enough. And it's madness to expect fortune herself ever to protect us sufficiently against herself. She must be combated with our own weapons. Random ones will let us down at the crucial moment. If I save money, it's only with some forthcoming purchase in view: not to buy land, which I don't need, but to buy pleasure. "Wealth lies in the absence of greed, and income lies in not being a spendthrift."[22] I am scarcely afraid of being devoid of property, and I have no desire for its increase: "The fruit of riches is in abundance, and abundance is indicated by the feeling that one has enough."[23] And I'm extremely pleased that this proper view came to me at an age when one is naturally inclined to be miserly, and that I find myself rid of that malady so common to the aged, and the most ridiculous of all human follies.

---

22. Cicero.   23. Cicero.

Féraulez, qui avait passé par les deux fortunes et trouvé que l'accroît de chevance n'était pas accroît d'appétit au boire, manger, dormir et embrasser sa femme (et qui d'autre part sentait peser sur ses épaules l'importunité de l'économie, ainsi qu'elle fait à moi), délibéra de contenter un jeune homme pauvre, son fidèle ami, aboyant après les richesses, et lui fit présent de toutes les siennes, grandes et excessives, et de celles encore qu'il était en train d'accumuler tous les jours par la libéralité de Cyrus son bon maître et par la guerre; moyennant qu'il prît la charge de l'entretenir et nourrir honnêtement comme son hôte et son ami. Ils vécurent ainsi depuis très heureusement et également contents du changement de leur condition. Voilà un tour que j'imiterais de grand courage.

Et loue grandement la fortune d'un vieil prélat, que je vois s'être si purement démis de sa bourse, de sa recette et de sa mise, tantôt à un serviteur choisi, tantôt à un autre, qu'il a coulé un long espace d'années, autant ignorant cette sorte d'affaires de son ménage comme un étranger. La fiance de la bonté d'autrui est un non léger témoignage de la bonté propre; partant la favorise Dieu volontiers. Et, pour son regard, je ne vois point d'ordre de maison, ni plus dignement, ni plus constamment conduit que le sien. Heureux qui ait réglé à si juste mesure son besoin que ses richesses y puissent suffire sans son soin et empêchement, et sans que leur dispensation ou assemblage interrompe d'autres occupations qu'il suit, plus sortables, tranquilles et selon son cœur.

L'aisance donc et l'indigence dépendent de l'opinion d'un chacun; et non plus la richesse, que la gloire, que la santé, n'ont qu'autant de beauté et de plaisir que leur en prête celui qui les possède. Chacun est bien ou mal selon qu'il s'en trouve. Non de qui on le croit, mais qui le croit de soi est content. Et en cela seul la créance se donne essence et vérité.

La fortune ne nous fait ni bien ni mal: elle nous en offre seulement la matière et la semence, laquelle notre âme, plus puissante qu'elle, tourne et applique comme il lui plaît, seule cause et maîtresse de sa condition heureuse ou malheureuse.

Les accessions externes prennent saveur et couleur de l'interne constitution, comme les accoutrements nous échauffent, non de leur chaleur, mais de la nôtre, laquelle ils sont propres à couver et nourrir; qui en abriterait un corps froid, il en tirerait même service pour la froideur: ainsi se conserve la neige et la glace.

Certes tout en la manière qu'à un fainéant, l'étude sert de tourment, à un ivrogne l'abstinence du vin, la frugalité est supplice au

Pheraulas, who had experienced both fortunes and had found that an increase in wealth wasn't an increase in one's appetite for drinking, eating, sleeping, and embracing one's wife (and who furthermore felt weighing on his shoulders the nuisance of saving money, just as it weighs on mine), decided to oblige a poor young man, his faithful friend, who was clamoring for riches, and made him a gift of all of his, which were great and plentiful, even including those he was still amassing daily through the generosity of his kind master Cyrus and from war, on the condition that he undertook to lodge and feed him honorably as a guest and friend. They lived that way thenceforth very happily, both pleased with the change in their status. There's a deed I'd imitate very gladly.

And I highly praise the fortune of an elderly prelate whom I observe to have so thoroughly rid himself of his purse, his income, and his expenses, now to one chosen servant, now to another, that he has spent a good many years as ignorant of this type of household bother as any stranger. Trust in other people's goodness is no small indication of one's own goodness; that's why God gladly favors it. And, where that prelate is concerned, I see no household run with more order, dignity, and regularity than his. Happy the man who has so correctly adjusted his needs that his wealth is sufficient for them without cares and confusion on his part, and without the spending or amassing of it interrupting other pursuits more suitable, tranquil, and after his heart.

Thus, ease and indigence depend on each man's opinion; and wealth, just like fame and good health, possesses only just so much beauty and pleasure as its owner endows it with. Each man is well or badly off accordingly as he considers himself to be. The contented man is not the one thought to be so by others, but the one who thinks he is. And in that alone, belief gives itself reality and truth.

Fortune does us neither good nor ill: she merely offers us the material and seed, which our soul, more powerful than she, adapts and applies as it sees fit, being the sole cause and mistress of its happy or unhappy state.

Accessions from outside take on the flavor and color of our inward constitution, just as clothing warms us not by its own heat but by ours, which it's able to conserve and retain; a man who'd shelter a cold body with it would derive the same benefit from it to maintain the cold: that's how snow and ice are conserved.

Surely, just as studying is torture to a lazy man, and abstinence from wine to a drunkard, thriftiness is a torment to a high liver, and exer-

luxurieux, et l'exercice gêne à un homme délicat et oisif: ainsi est-il du reste. Les choses ne sont pas si douloureuses, ni difficiles d'elles-mêmes; mais notre faiblesse et lâcheté les fait telles. Pour juger des choses grandes et hautes, il faut une âme de même, autrement nous leur attribuons le vice qui est le nôtre. Un aviron droit semble courbe en l'eau. Il n'importe pas seulement qu'on voie la chose, mais comment on la voit.

Or sus, pourquoi de tant de discours, qui persuadent diversement les hommes de mépriser la mort et de porter la douleur, n'en trouvons-nous quelqu'un qui fasse pour nous? Et de tant d'espèces d'imaginations, qui l'ont persuadé à autrui, que chacun n'en applique-t-il à soi une le plus selon son humeur? S'il ne peut digérer la drogue forte et abstersive, pour déraciner le mal, au moins qu'il la prenne lénitive, pour le soulager. «*Opinio est quædam effeminata ac levis, nec in dolore magis, quam eadem in voluptate: qua, cum liquescimus fluimusque mollitia, apis aculeum sine clamore ferre non possumus. Totum in eo est, ut tibi imperes.*» Au demeurant, on n'échappe pas à la philosophie, pour faire valoir outre mesure l'âpreté des douleurs et l'humaine faiblesse. Car on la contraint de se rejeter à ces invincibles répliques: s'il est mauvais de vivre en nécessité, au moins de vivre en nécessité, il n'est aucune nécessité.

Nul n'est mal longtemps qu'à sa faute.

Qui n'a le cœur de souffrir ni la mort ni la vie, qui ne veut ni résister ni fuir, que lui ferait-on?

De l'institution des enfants (I, 26)

A Madame Diane de Foix, comtesse de Gurson.

Je ne vis jamais père, pour teigneux ou bossu que fût son fils, qui laissât de l'avouer. Non pourtant, s'il n'est du tout enivré de cette affection, qu'il ne s'aperçoive de sa défaillance; mais tant y a qu'il est sien. Aussi moi, je vois, mieux que tout autre, que ce ne sont ici que rêveries d'homme qui n'a goûté des sciences que la croûte première, en son enfance, et n'en a retenu qu'un général et informe visage: un peu de chaque chose, et rien du tout, à la Française. Car, en somme, je sais qu'il y a une Médecine, une Jurisprudence, quatre parties en la Mathématique, et grossièrement ce à quoi elles visent. Et à l'aventure encore sais-je la prétention des sciences en général au service de

cise distresses a delicate, idle fellow; and so on down the line. Things aren't so painful or troublesome in themselves; our weakness and cowardice make them so. To judge of great and lofty things one must have a soul of that type, otherwise we attribute to them our own vice. A straight oar looks bent in the water. It matters not merely that we see a thing, but how we see it.

Come now! Why, among so many arguments persuading men in different ways to scorn death and endure pain, can't we find one that works for us? And among so many kinds of imaginings, which have convinced others of this, why doesn't each of us apply to himself one that best suits his humor? If he can't digest a strong, detersive medicine to eliminate the malady, at least let him take a lenitive to soothe him. "There is a certain effeminate, trivial opinion, just as strong in pleasure as it is in pain, whereby, while we melt and swim in weakness of character, we can't bear a bee sting without yelling. The whole matter consists in controlling yourself."[24] Besides, just because we place too much emphasis on the keenness of pain and our human weakness, we don't thereby escape from philosophy: we compel it to fall back on these unanswerable statements: if it's bad to live in need, at least there's no need to live in need.

No one is badly off for a long time unless he himself is to blame.

If someone isn't brave enough to endure either death or life, if he wishes neither to resist nor to flee, what can be done with him?

On the Education of Children (I, 26)

To Mme Diane de Foix, Countess de Gurson.

I've never seen a father, however mangy or hunchbacked his son was, who refused to acknowledge him. It's not that he doesn't notice his defect, unless he's completely intoxicated by his affection; it's just because he's his own. I, too, can see better than anyone else that these are only daydreams of a man who has tasted only the outermost crust of learning in his childhood, and has retained only a general, shapeless picture of it: a little of everything, but nothing thoroughly, in the French manner. For, in brief, I know that there's a medical art, a juridical art, and four branches of mathematics, and I know roughly what they aim at. And perhaps I also know the general claim of these

---

24. Cicero.

notre vie. Mais, d'y enfoncer plus avant, de m'être rongé les ongles à l'étude de Platon ou d'Aristote, monarque de la doctrine moderne, ou opiniâtré après quelque science, je ne l'ai jamais fait: ce n'est pas mon occupation, ni n'est art de quoi je susse peindre seulement les premiers linéaments. Et n'est enfant des classes moyennes qui ne se puisse dire plus savant que moi, qui n'ai seulement pas de quoi l'examiner sur sa première leçon, au moins selon icelle. Et, si l'on m'y force, je suis contraint, assez ineptement, d'en tirer quelque matière de propos universel, sur quoi j'examine son jugement naturel: leçon qui leur est autant inconnue, comme à moi la leur.

Je n'ai dressé commerce avec aucun livre solide, sinon Plutarque et Sénèque, où je puise comme les Danaïdes, remplissant et versant sans cesse. J'en attache quelque chose à ce papier; à moi, si peu que rien.

L'Histoire, c'est plus mon gibier, ou la poésie, que j'aime d'une particulière inclination. Car, comme disait Cléanthe, tout ainsi que la voix, contrainte dans l'étroit canal d'une trompette, sort plus aiguë et plus forte, ainsi me semble-t-il que la sentence, pressée aux pieds nombreux de la poésie, s'élance bien plus brusquement et me fiert d'une plus vive secousse. Quant aux facultés naturelles qui sont en moi, de quoi c'est ici l'essai, je les sens fléchir sous la charge. Mes conceptions et mon jugement ne marchent qu'à tâtons, chancelant, bronchant et choppant; et quand je suis allé le plus avant que je puis si ne me suis-je aucunement satisfait; je vois encore du pays au-delà, mais d'une vue trouble et en nuage, que je ne puis démêler. Et, entreprenant de parler indifféremment de tout ce qui se présente à ma fantaisie et n'y employant que mes propres et naturels moyens, s'il m'advient, comme il fait souvent, de rencontrer de fortune dans les bons auteurs ces mêmes lieux que j'ai entrepris de traiter, comme je viens de faire chez Plutarque tout présentement son discours de la force de l'imagination, à me reconnaître, au prix de ces gens-là, si faible et si chétif, si pesant et si endormi, je me fais pitié ou dédain à moi-même. Si me gratifié-je de ceci, que mes opinions ont cet honneur de rencontrer souvent aux leurs; et que je vais au moins de loin après, disant que voire. Aussi que j'ai cela, qu'un chacun n'a pas, de connaître l'extrême différence d'entre eux et moi. Et laisse, ce néanmoins, courir mes inventions ainsi faibles et basses, comme je les ai produites, sans en replâtrer et recoudre les défauts que cette comparaison m'y a découverts. Il faut avoir les reins bien fermes pour entreprendre de marcher front à front avec ces gens-là. Les écrivains indiscrets de notre siècle, qui, parmi leurs ouvrages de néant, vont semant des lieux entiers des anciens auteurs pour se faire honneur, font le contraire.

sciences to aid us in our life. But to delve further, to have chewed my nails studying Plato or Aristotle, that monarch of modern teachings, or striven to acquire any science: this I've never done; it isn't in my line, nor is there an art of which I could expound even the first rudiments. And there's no child in the middle academic classes who can't call himself more learned than I, I who can't even examine him on his first lesson, at least according to the curriculum. And if I'm forced to do so, I'm compelled, quite ineptly, to draw some subject of universal purport out of it, whereby I test his native judgment, a lesson as strange to them as theirs is to me.

I haven't struck up an acquaintance with any solid book except Plutarch and Seneca, into which I dip like the Danaids, ceaselessly filling my sieve and emptying it again. Some of my reading I capture on this paper; next to nothing sticks to *me*.

History is more in my line, or poetry, which I have a particular leaning and love for. Because, as Cleanthes said, just as the sound confined in the narrow bore of a trumpet emerges more shrill and loud, in the same way, I believe, an utterance circumscribed by the metrical feet of poetry bursts forth much more forcefully and affects me with a livelier thrill. As for the natural faculties I possess, which are being assayed in this essay, I feel them buckle beneath the burden. My conceptions and judgment proceed only gropingly, staggering, floundering, and stumbling; and when I have gone as far as I can, I'm still not fully satisfied; I still see land ahead of me, but so dimly and cloudily that I can't make it out clearly. And, undertaking to speak indiscriminately about everything that offers itself to my fancy, using only my own natural resources, if I happen (as I often do) to find by chance in good authors the same topics I am trying to discuss (as I have just found in Plutarch his discourse on the power of the imagination), on realizing how weak and feeble, how dull and drowsy, I am compared with those people, I feel pity or disdain for myself. Though I *am* pleased with the fact that my opinions often have the honor of concurring with theirs, and that I'm following them at a distance at least, by agreeing with them. Also, I have this gift, not possessed by just anybody: to know the extreme difference between them and me. All the same, I let the ideas I have generated, weak and low as they are, run their course without darning and patching the faults in them which that comparison has revealed to me. One must have a firm backbone to try to walk abreast of such men. The imprudent writers of our day, who in their worthless works insert entire passages from the ancient authors in order to gain honor, do the opposite. For that

Car cette infinie dissemblance de lustres rend un visage si pâle, si terni et si laid à ce qui est leur, qu'ils y perdent beaucoup plus qu'ils n'y gagnent.

C'était deux contraires fantaisies. Le philosophe Chrysippe mêlait à ses livres, non les passages seulement, mais des ouvrages entiers d'autres auteurs, et, en un, la *Médée* d'Euripide; et disait Apollodore que, qui en retrancherait ce qu'il y avait d'étranger, son papier demeurerait en blanc. Épicure au rebours, en trois cents volumes qu'il laissa, n'avait pas semé une seule allégation étrangère.

Il m'advint l'autre jour de tomber sur un tel passage. J'avais traîné languissant après des paroles françaises si exsangues, si décharnées et si vides de matière et de sens que ce n'étaient vraiment que paroles françaises; au bout d'un long et ennuyeux chemin, je vins à rencontrer une pièce haute, riche et élevée jusques aux nues. Si j'eusse trouvé la pente douce et la montée un peu allongée, cela eût été excusable; c'était un précipice si droit et si coupé que, des six premières paroles, je connus que je m'envolais en l'autre monde. De là je découvris la fondrière d'où je venais, si basse et si profonde, que je n'eus onques plus le cœur de m'y ravaler. Si j'étoffais l'un de mes discours de ces riches dépouilles, il éclairerait par trop la bêtise des autres.

Reprendre en autrui mes propres fautes ne me semble non plus incompatible que de reprendre, comme je fais souvent, celles d'autrui en moi. Il les faut accuser partout et leur ôter tout lieu de franchise. Si sais-je bien combien audacieusement j'entreprends moi-même à tous coups de m'égaler à mes larcins, d'aller pair à pair quant et eux, non sans une téméraire espérance que je puisse tromper les yeux des juges à les discerner. Mais c'est autant par le bénéfice de mon application que par le bénéfice de mon invention et de ma force. Et puis je ne lutte point en gros ces vieux champions-là, et corps à corps: c'est par reprises, menues et légères atteintes. Je ne m'y aheurte pas; je ne fais que les tâter; et ne vais point tant comme je marchande d'aller.

Si je leur pouvais tenir palot, je serais honnête homme, car je ne les entreprends que par où ils sont les plus raides.

De faire ce que j'ai découvert d'aucuns, se couvrir des armes d'autrui, jusques à ne montrer pas seulement le bout de ses doigts, conduire son dessein, comme il est aisé aux savants en une matière commune, sous les inventions anciennes rapiécées par ci par là; à ceux qui les veulent cacher et faire propres, c'est premièrement injustice et lâcheté, que, n'ayant rien en leur vaillant par où se produire, ils cherchent à se présenter par une valeur étrangère, et puis, grande sot-

infinite difference in illumination gives their own writing a face so pale, tarnished, and ugly that they lose much more than they gain thereby.

There were two opposite notions. The philosopher Chrysippus would lard his books not merely with passages but with entire works of other authors; in one book he included the *Medea* of Euripides; so that Apollodorus said that if you deleted all that he had borrowed you'd be left with a blank sheet. Epicurus, on the other hand, in the three hundred volumes he left behind, hadn't included a single quotation from elsewhere.

The other day I happened to come across such a passage. I had been dragging my way sleepily through French words so bloodless, fleshless, and devoid of matter and sense that they were really nothing but French words; at the end of a long, tiresome road, I hit upon a passage that was lofty, rich, and exalted to the skies. If I had found the slope gentle and the ascent a little prolonged, it would have been excusable; but it was such a steep, sheer precipice that, after the first six words, I realized I was flying away to the other world. From that height I looked down on the depression I had ascended out of: so low and deep that I have never since felt like descending into it again. If I fleshed out one of my essays with those rich spoils, it would cast too much glare on the foolishness of the others.

To reproach other people for my own faults doesn't seem more inconsistent to me than to reproach myself for theirs, which I often do. Faults should be blamed wherever they appear, and should be deprived of any asylum. Yet I'm well aware how audaciously I myself keep trying to be as good as the things I've stolen and to go at the same gait, not without the rash hope of being able to deceive the eyes of my judges in detecting them. But it's thanks to my diligence just as much as to my inventiveness and power. And besides, I'm not wrestling with those old champions all-out and hand-to-hand: it's by quick bouts and minor attacks. I don't do it wholesale, I merely touch them lightly; and when I do so, it's very hesitantly.

If I could rival them, I'd be a fine fellow, because I only attack them at their strongest points.

To do what I've found some writers to be doing, wearing other men's armor so that not even their fingertips are showing, patching up their works with old ideas in odd spots, which is easy for scholars handling a common subject, and trying to hide those ideas and claiming them as their own: first of all, this is injustice and cowardice; having no capital of their own to draw upon, they attempt to make a show by means of other people's possessions, and then (which is great folly),

tise, se contentant par piperie de s'acquérir l'ignorante approbation du vulgaire, se décrier envers les gens d'entendement qui hochent du nez notre incrustation empruntée, desquels seuls la louange a du poids. De ma part, il n'est rien que je veuille moins faire. Je ne dis les autres, sinon pour d'autant plus me dire. Ceci ne touche pas les centons qui se publient pour centons; et j'en ai vu de très ingénieux en mon temps, entre autres un, sous le nom de Capilupus, outre les anciens. Ce sont des esprits qui se font voir et par ailleurs et par là, comme Lipse en ce docte et laborieux tissu de ses *Politiques*.

Quoi qu'il en soit, veux-je dire, et quelles que soient ces inepties, je n'ai pas délibéré de les cacher, non plus qu'un mien portrait chauve et grisonnant, où le peintre aurait mis non un visage parfait, mais le mien. Car aussi ce sont ici mes humeurs et opinions; je les donne pour ce qui est en ma créance, non pour ce qui est à croire. Je ne vise ici qu'à découvrir moi-même, qui serai par aventure autre demain, si nouveau apprentissage me change. Je n'ai point l'autorité d'être cru, ni ne le désire, me sentant trop mal instruit pour instruire autrui.

Quelqu'un donc, ayant vu l'article précédent, me disait chez moi, l'autre jour, que je me devais être un peu étendu sur le discours de l'institution des enfants. Or, Madame, si j'avais quelque suffisance en ce sujet, je ne pourrais la mieux employer que d'en faire un présent à ce petit homme qui vous menace de faire tantôt une belle sortie de chez vous (vous êtes trop généreuse pour commencer autrement que par un mâle). Car, ayant eu tant de part à la conduite de votre mariage, j'ai quelque droit et intérêt à la grandeur et prospérité de tout ce qui en viendra, outre ce que l'ancienne possession que vous avez sur ma servitude m'oblige assez à désirer honneur, bien et avantage à tout ce qui vous touche. Mais, à la vérité, je n'y entends sinon cela, que la plus grande difficulté et importante de l'humaine science semble être en cet endroit où il se traite de la nourriture et institution des enfants.

Tout ainsi qu'en l'agriculture, les façons qui vont avant le planter sont certaines et aisées, et le planter même; mais depuis que ce qui est planté vient à prendre vie, à l'élever il y a une grande variété de façons et difficulté: pareillement aux hommes, il y a peu d'industrie à les planter; mais, depuis qu'ils sont nés, on se charge d'un soin divers, plein d'embesognement et de crainte, à les dresser et nourrir.

contented to gain the ignorant approval of the herd by deception, they disparage the men of understanding (the only ones whose praise carries weight) for turning up their nose at those borrowed ornaments. As for me, there's nothing farther from my mind. I mention others merely to stress myself all the more. This has nothing to do with the declared centos which are published as such; I've seen some very ingenious ones in my day, including one by a certain Capilupus, not to mention the ancient ones. Good minds are revealed there as elsewhere, such as Lipsius in that scholarly, diligent fabric of his *Politics*.

However that may be, I say, and however great those ineptitudes, I haven't resolved on hiding them, any more than I'd hide a portrait of myself as a balding, graying man in which the painter had portrayed an imperfect face, but mine. For these are also my humors and opinions; I offer them because *I* believe them, not because everyone should. My aim here is only to reveal myself, and perhaps I shall be different tomorrow if a new apprenticeship changes me. I don't have the authority to be believed, nor do I desire it, since I feel too poorly educated to educate others.

And so, someone who had seen the preceding article[1] was telling me the other day, in my home, that I should have said a little more on the topic of educating children. Now, ma'am, if I had some expertise on that subject, I couldn't make better use of it than to make a gift of it to that little man who's threatening to make a fine sallying forth out of you before very long (you're too noble for your first child to be other than a boy). For, having played such a great part at your wedding ceremony, I have some rights and interest in the greatness and prosperity of all that will ensue therefrom; besides, my long-standing position as your humble servant fully compels me to desire honor, good, and advantage for everything concerned with you. But, to tell the truth, I understand only this much of it: that the greatest and most important problem of the science of humanity seems to lie in the area of the raising and education of children.

Just as in farming the procedures that precede planting are well-defined and easy, as is planting itself, but, after what has been planted springs into life, there's a great range of procedures and problems in bringing it to fruition, so it is with men: it takes little effort to plant them, but once they're born, you're burdened with various cares and filled with confusion and fear on the subject of training and fostering them.

---

1. "On Pedantry" (I, 25).

La montre de leurs inclinations est si tendre en ce bas âge, et si obscure, les promesses si incertaines et fausses, qu'il est malaisé d'y établir aucun solide jugement.

Voyez Cimon, voyez Thémistocle, et mille autres, combien ils se sont disconvenus à eux-mêmes. Les petits des ours, des chiens, montrent leur inclination naturelle; mais les hommes, se jetant incontinent en des accoutumances, en des opinions, en des lois, se changent ou se déguisent facilement.

Si est-il difficile de forcer les propensions naturelles. D'où il advient que, par faute d'avoir bien choisi leur route, pour néant se travaille-t-on souvent et emploie-t-on beaucoup d'âge à dresser des enfants aux choses auxquelles ils ne peuvent prendre pied. Toutefois, en cette difficulté, mon opinion est de les acheminer toujours aux meilleurs choses et plus profitables, et qu'on se doit peu appliquer à ces légères divinations et pronostics que nous prenons des mouvements de leur enfance. Platon même, en sa *République*, me semble leur donner beaucoup d'autorité.

Madame, c'est un grand ornement que la science, et un outil de merveilleux service, notamment aux personnes élevées en tel degré de fortune, comme vous êtes. A la vérité, elle n'a point son vrai usage en mains viles et basses. Elle est bien plus fière de prêter ses moyens à conduire une guerre, à commander un peuple, à pratiquer l'amitié d'un prince ou d'une nation étrangère, qu'à dresser un argument dialectique, ou à plaider un appel, ou ordonner une masse de pilules. Ainsi, Madame, parce que je crois que vous n'oublierez pas cette partie en l'institution des vôtres, vous qui en avez savouré la douceur, et qui êtes d'une race lettrée (car nous avons encore les écrits de ces anciens comtes de Foix, d'où monsieur le comte votre mari et vous êtes descendus; et François, monsieur de Candale, votre oncle, en fait naître tous les jours d'autres, qui étendront la connaissance de cette qualité de votre famille à plusieurs siècles), je vous veux dire là-dessus une seule fantaisie que j'ai contraire au commun usage; c'est tout ce que je puis conférer à votre service en cela.

La charge du gouverneur que vous lui donnerez du choix duquel dépend tout l'effet de son institution, elle a plusieurs autres grandes parties; mais je n'y touche point, pour n'y savoir rien apporter qui vaille; et de cet article, sur lequel je me mêle de lui donner avis, il m'en croira autant qu'il y verra d'apparence. A un enfant de maison qui recherche les lettres, non pour le gain (car une fin si abjecte est indigne de la grâce et faveur des Muses, et puis elle regarde et dépend d'autrui), ni tant pour les commodités externes que pour les siennes

The indications of their leanings are so unclear when they're that young, and so obscure, their promise is so uncertain and deceptive, that it's difficult to base any solid judgment on it.

Compare Cimon, compare Themistocles and a thousand others: how different from themselves they proved to be! The young of bears and dogs show their natural inclination, but men, immediately clinging to habits, received opinions, and laws, readily change or disguise themselves.

But it's hard to restrain natural propensities. As a result, through having chosen a wrong direction for their children, parents often strive in vain and spend a lot of time training them for things where they can gain no foothold. And yet, despite this difficulty, my opinion is always to direct them toward the best and most profitable things, and not to pay much mind to those slight divinations and prognostics we make based on the impulses of their childhood. Even Plato, in his *Republic*, seems to me to give these too much weight.

Ma'am, learning is a great ornament, and a wonderfully useful tool, especially for people as exalted to a high degree of fortune as you are. In truth, it isn't in its proper place in vulgar, low hands. It takes much more pride in conducting a war, governing a nation, or maintaining the friendship of a prince or a foreign country, than in composing a syllogism, pleading in a court of appeals, or prescribing a bottle of pills. Thus, ma'am, because I believe you won't forget that aspect of educating your children, having tasted the sweetness of learning and coming of a lettered lineage (for we still possess the writings of those old counts of Foix from whom you and your husband the count are descended, and your uncle François, M. de Candale, produces new ones daily which will make that family talent of yours known to many future ages), I wish to tell you of a single notion of mine on that subject which goes against common practice; it's all I can contribute to your service in this matter.

The office of the tutor you will give him, on the choice of whom the entire results of his education will depend, has several other important aspects, but I won't discuss them because I can't offer any worthwhile advice in that area; in the area in which I undertake to give him advice he will believe me to the extent that he finds it credible. For a well-born child who seeks to be literary, not for profit (for so base a goal is unworthy of the grace and favor of the Muses, and besides it concerns and depends on others), nor so much for the sake of outer advantages as for his own, in order to enrich and adorn himself inwardly (since I'd rather make a skillful man than a scholar out of him),

propres, et pour s'en enrichir et parer au-dedans, ayant plutôt envie d'en tirer un habile homme qu'un homme savant, je voudrais aussi qu'on fût soigneux de lui choisir un conducteur qui eût plutôt la tête bien faite que bien pleine, et qu'on y requît tous les deux, mais plus les mœurs et l'entendement que la science; et qu'il se conduisît en sa charge d'une nouvelle manière.

On ne cesse de criailler à nos oreilles, comme qui verserait dans un entonnoir, et notre charge ce n'est que redire ce qu'on nous a dit. Je voudrais qu'il corrigeât cette partie, et que, de belle arrivée, selon la portée de l'âme qu'il a en main, il commençât à la mettre sur la montre, lui faisant goûter les choses, les choisir et discerner d'elle-même; quelquefois lui ouvrant chemin, quelquefois le lui laissant ouvrir. Je ne veux pas qu'il invente et parle seul, je veux qu'il écoute son disciple parler à son tour. Socrate et depuis Arcesilas faisaient premièrement parler leurs disciples, et puis ils parlaient à eux. «*Obest plerumque iis qui discere volunt auctoritas eorum qui docent.*»

Il est bon qu'il le fasse trotter devant lui pour juger de son train, et juger jusques à quel point il se doit ravaler pour s'accommoder à sa force. A faute de cette proportion nous gâtons tout; et de la savoir choisir, et s'y conduire bien mesurément, c'est l'une des plus ardues besognes que je sache; et est l'effet d'une haute âme et bien forte, savoir condescendre à ses allures puériles et les guider. Je marche plus sûr et plus ferme à mont qu'à val.

Ceux qui, comme porte notre usage, entreprennent d'une même leçon et pareille mesure de conduite régenter plusieurs esprits de si diverses mesures et formes, ce n'est pas merveille si, en tout un peuple d'enfants, ils en rencontrent à peine deux ou trois qui rapportent quelque juste fruit de leur discipline.

Qu'il ne lui demande pas seulement compte des mots de sa leçon, mais du sens et de la substance, et qu'il juge du profit qu'il aura fait, non par le témoignage de sa mémoire, mais de sa vie. Que ce qu'il viendra d'apprendre, il le lui fasse mettre en cent visages et accommoder à autant de divers sujets, pour voir s'il l'a encore bien pris et bien fait sien, prenant l'instruction de son progrès des pédagogismes de Platon. C'est témoignage de crudité et indigestion que de regorger la viande comme on l'a avalée. L'estomac n'a pas fait son opération, s'il n'a fait changer la façon et la forme à ce qu'on lui avait donné à cuire.

Notre âme ne branle qu'à crédit, liée et contrainte à l'appétit des fantaisies d'autrui, serve et captivée sous l'autorité de leur leçon. On

I'd therefore want a guide to be carefully chosen whose head was well-constituted rather than stuffed with knowledge; both should be sought for, but good behavior and understanding more than learning; and he should carry out his duties in a new way.

Teachers keep yelling in our ears, like people pouring stuff into a funnel, and our duty is merely to repeat what we've been told. I'd want him to correct that practice and to begin at once, depending on the grasp of the mind he has in his charge, to put it to the test, giving it a taste of things, making it choose and differentiate between them on its own; sometimes blazing a trail for it, sometimes letting it do so itself. I don't want him to be the only one with ideas, the only one speaking; I want him to listen to his pupil speaking in his turn. Socrates and, later, Arcesilaus had their pupils speak first, then *they* would speak to them. "Often for those who wish to learn, the authority of their teachers is a hindrance."[2]

It's a good thing for him to have his pupil walk in front of him to judge his pace and judge to what point he must stoop to adapt himself to his powers. Without observing that proportion we ruin everything; knowing how to estimate it, and guiding oneself by it properly, is one of the hardest tasks I know; and only a lofty, very strong mind is able to condescend to that childish gait and guide it. I'm more surefooted and steady walking uphill than downhill.

When teachers, as is customary among us, try to govern several minds so different in measure and form with a single lesson and by the same measure of conduct, it's no wonder if, among a whole tribe of children, they find scarcely two or three who obtain any proper benefits from their tutelage.

Let his tutor not merely examine him on the wording of his reading, but on its meaning and substance, and let him measure the benefit he has derived from it not by the testimony of his memory but by that of his life. Let him make the boy apply what he learns to a hundred cases and adapt it to the same number of different matters, to see whether he has already grasped it and made it his, basing the progress of his education on Plato's pedagogy. It's a sign of indigestion and a bad stomach to vomit food as soon as you've swallowed it. The stomach hasn't performed its function if it hasn't changed the manner and form of what it's been given to digest.

Our mind is stirred only by faith in others; it's bound and constrained by other people's ideas, a slave and captive of the authority of their teaching.

---

2. Cicero.

nous a tant assujettis aux cordes que nous n'avons plus de franches allures. Notre vigueur et liberté est éteinte. «*Nunquam tutelæ suæ
fiunt.*»—Je vis privément à Pise un honnête homme, mais si
Aristotélicien, que le plus général de ses dogmes est: que la touche
et règle de toutes imaginations solides et de toute vérité, c'est la con-
formité à la doctrine d'Aristote; que, hors de là, ce ne sont que
chimères et inanité; qu'il a tout vu et tout dit. Cette proposition, pour
avoir été un peu trop largement et iniquement interprétée, le mit
autrefois et tint longtemps en grand accessoire à l'inquisition à
Rome.

Qu'il lui fasse tout passer par l'étamine et ne loge rien en sa tête par
simple autorité et à crédit; les principes d'Aristote ne lui soient
principes, non plus que ceux des Stoïciens ou Épicuriens. Qu'on lui
propose cette diversité de jugements: il choisira s'il peut, sinon il en
demeurera en doute. Il n'y a que les fols certains et résolus.

Che non men che saper dubbiar m'aggrada.

Car s'il embrasse les opinions de Xénophon et de Platon par son propre discours, ce ne seront plus les leurs, ce seront les siennes. Qui suit
un autre, il ne suit rien. Il ne trouve rien, voire il ne cherche rien.
«*Non sumus sub rege; sibi quisque se vindicet.*» Qu'il sache qu'il sait,
au moins. Il faut qu'il emboive leurs humeurs, non qu'il apprenne
leurs préceptes. Et qu'il oublie hardiment, s'il veut, d'où il les tient,
mais qu'il se les sache approprier. La vérité et la raison sont communes à un chacun et ne sont non plus à qui les a dites premièrement,
qu'à qui les dit après. Ce n'est non plus selon Platon que selon moi,
puisque lui et moi l'entendons et voyons de même. Les abeilles pillo-
tent deçà delà les fleurs, mais elles en font après le miel, qui est tout
leur; ce n'est plus thym ni marjolaine: ainsi les pièces empruntées
d'autrui, il les transformera et confondra, pour en faire un ouvrage
tout sien, à savoir son jugement. Son institution, son travail et étude
ne vise qu'à le former.

Qu'il cèle tout ce de quoi il a été secouru, et ne produise que ce
qu'il en a fait. Les pilleurs, les emprunteurs mettent en parade leurs
bâtiments, leurs achats, non pas ce qu'ils tirent d'autrui. Vous ne voyez
pas les épices d'un homme de parlement, vous voyez les alliances qu'il
a gagnées et honneurs à ses enfants. Nul ne met en compte public sa
recette; chacun y met son acquêt.

We've been so tied to leading strings that we can no longer walk freely on our own. Our vigor and freedom are extinguished. "They are never under their own tutelage."[3] I knew personally in Pisa someone who was a real gentleman, but such an Aristotelian that the chief of his dogmas was that the touchstone and yardstick of all solid ideas and all truth is agreement with the teachings of Aristotle; outside of that there are only wild fancies and nonsense, because *he* saw and said everything. That declaration, having been interpreted a bit too broadly and improperly, once sent him to the Inquisition in Rome, causing him great annoyance for a long time.

Let the boy's tutor have him sift everything and store nothing in his head on sheer authority and faith in others; let Aristotle's principles not be *his* principles, any more than those of the Stoics and Epicureans. Let him be presented with that diversity of opinions: he'll make his choice if he can, otherwise he'll remain in doubt. Only fools are always sure and resolved.

For doubt pleases me no less than knowledge.[4]

For if he adopts the opinions of Xenophon and Plato through his own reasoning, they will no longer be theirs, they'll be his. A man who follows another follows nothing. He finds nothing; in fact, he seeks nothing. "We don't live under a king; let each man stand up for himself."[5] Let him at least know what he knows. He must imbibe their characteristic fluids, not learn their precepts. And let him boldly forget, if he wishes, where he got them from, as long as he knows how to assimilate them. Truth and reason are common to all and no more belong to the one who stated them first than to the one who states them later. It's no more "according to Plato" than "according to me," because he and I understand and see it the same way. The bees plunder the flowers all over, but then they make honey from them, which is all theirs; it's no longer thyme or marjoram: in the same way, the boy will transform and blend them to make of them a work that's all his; to wit: his judgment. His education, toil, and study have no other purpose than to shape him.

Let him conceal all that by which he's been aided, and display only what he's made of it. Plunderers and borrowers parade their buildings and purchases, not what they derive from others. You can't see the douceurs that a high-court judge has received, you see the alliances he has made and the honor given his children. No one publicizes his own income, everyone publicizes his acquisitions.

---

3. Seneca.   4. Dante.   5. Seneca.

Le gain de notre étude, c'est en être devenu meilleur et plus sage.

C'est, disait Épicharme, l'entendement qui voit et qui ouït, c'est l'entendement qui approfite tout, qui dispose tout, qui agit, qui domine et qui règne: toutes autres choses sont aveugles, sourdes et sans âme. Certes, nous le rendons servile et couard, pour ne lui laisser la liberté de rien faire de soi. Qui demanda jamais à son disciple ce qu'il lui semble de la Rhétorique et de la Grammaire de telle ou telle sentence de Cicéron? On nous les plaque en la mémoire tout empennées, comme des oracles où les lettres et les syllabes sont de la substance de la chose. Savoir par cœur n'est pas savoir: c'est tenir ce qu'on a donné en garde à sa mémoire. Ce qu'on sait droitement, on en dispose, sans regarder au patron, sans tourner les yeux vers son livre. Fâcheuse suffisance, qu'une suffisance pure livresque! Je m'attends qu'elle serve d'ornement, non de fondement, suivant l'avis de Platon, qui dit la fermeté, la foi, la sincérité être la vraie philosophie, les autres sciences et qui visent ailleurs, n'être que fard.

Je voudrais que le Paluël ou Pompée, ces beaux danseurs de mon temps, apprissent des cabrioles à les voir seulement faire, sans nous bouger de nos places, comme ceux-ci veulent instruire notre entendement, sans l'ébranler et mettre en besogne, ou qu'on nous apprît à manier un cheval, ou une pique, ou un luth, ou la voix, sans nous y exercer, comme ceux-ci nous veulent apprendre à bien juger et à bien parler, sans nous exercer ni à parler, ni à juger. Or, à cet apprentissage, tout ce qui se présente à nos yeux sert de livre suffisant: la malice d'un page, la sottise d'un valet, un propos de table, ce sont autant de nouvelles matières.

A cette cause, le commerce des hommes y est merveilleusement propre, et la visite des pays étrangers, non pour en rapporter seulement, à la mode de notre noblesse française, combien de pas a Santa Rotonda, ou la richesse des caleçons de la Signora Livie, ou, comme d'autres, combien le visage de Néron, de quelque vieille ruine de là, est plus long et plus large que celui de quelque pareille médaille, mais pour en rapporter principalement les humeurs de ces nations et leurs façons, et pour frotter et limer notre cervelle contre celle d'autrui. Je voudrais qu'on commençât à le promener dès sa tendre enfance, et premièrement, pour faire d'une pierre deux coups, par les nations voisines où le langage est plus éloigné du nôtre, et auquel, si vous ne la formez de bonne heure, la langue ne se peut plier.

The profit from our study is to have become better and wiser by it.

Epicharmus said it's the intellect that sees and hears, it's the intellect that derives profit from everything, that arranges everything, that acts, dominates, and reigns; everything else is blind, deaf, and soulless. Certainly we make it servile and cowardly by not allowing it to do anything by itself. Who ever asked his pupil his opinion on the rhetoric and grammar of a given sentence in Cicero? They're glued to our memory with plumes on them, like oracles in which the letters and syllables are the substance of the matter. To know by heart isn't knowing: it's retaining what has been stored in your memory. What a man properly knows, he makes use of, without concern for the authority, without setting eyes on his book. A purely bookish competency is a terrible one! I strive to make it serve as an ornament, not a foundation, following the advice of Plato, who says that constancy, faith, and sincerity are true philosophy, and the other sciences with other goals merely cosmetics.

I'd like to see Paluel or Pompée, those elegant dancers of my day, teach us capers by just letting us watch them, without stirring from our seats, the way these teachers want to educate our intellect without stirring it or setting it to work; or to see us learn to manage a horse or a pike or a lute, or our voice, without practicing, the way these teachers want to teach us to make good judgments and speak well without exercising our speech or judgment. Now, for that apprenticeship everything that offers itself to our eyes is a sufficient book: the mischievousness of a page, the folly of a servant, a remark at mealtime, these are all new subject matter.

For that reason, converse with people is greatly conducive to learning, as is travel to foreign countries, not merely to be able to report, like our French noblemen, how many paces the Santa Rotonda[6] measures, or how rich Signora Livia's drawers are, or (as others do) how much longer and wider Nero's face is on some old ruin there than on some similar medallion, but in order to report chiefly on the traits of those nations and their ways, and to rub and file our brain against other people's. I'd like to see the boy begin to journey as a small child, and first of all (to kill two birds with one stone) through neighboring countries where the language is more distant from ours; for if you don't train the tongue early on, it can't adapt to those languages.

---

6. The Pantheon in Rome.

Aussi bien est-ce une opinion reçue d'un chacun, que ce n'est pas raison de nourrir un enfant au giron de ses parents. Cette amour naturelle les attendrit trop et relâche, voire les plus sages. Ils ne sont capables ni de châtier ses fautes, ni de le voir nourri grossièrement, comme il faut, et hasardeusement. Ils ne le sauraient souffrir revenir suant et poudreux de son exercice, boire chaud, boire froid, ni le voir sur un cheval rebours, ni contre un rude tireur, le fleuret au poing, ni la première arquebuse. Car il n'y a remède: qui en veut faire un homme de bien, sans doute il ne le faut épargner en cette jeunesse, et souvent choquer les règles de la médecine:

> Vitamque sub dio et trepidis agat
> In rebus.

Ce n'est pas assez de lui roidir l'âme; il lui faut aussi roidir les muscles. Elle est trop pressée, si elle n'est secondée, et a trop à faire de seule fournir à deux offices. Je sais combien ahanne la mienne en compagnie d'un corps si tendre, si sensible, qui se laisse si fort aller sur elle. Et aperçois souvent en ma leçon, qu'en leurs écrits mes maîtres font valoir, pour magnanimité et force de courage, des exemples qui tiennent volontiers plus de l'épaississure de la peau et dureté des os. J'ai vu des hommes, des femmes et des enfants ainsi nés qu'une bastonnade leur est moins qu'à moi une chiquenaude; qui ne remuent ni langue ni sourcil aux coups qu'on leur donne. Quand les athlètes contrefont les philosophes en patience, c'est plutôt vigueur de nerfs que de cœur. Or, l'accoutumance à porter le travail est accoutumance à porter la douleur: «labor callum obducit dolori.» Il le faut rompre à la peine et âpreté des exercices, pour le dresser à la peine et âpreté de la desloueure, de la colique, du cautère, et de la geôle, et de la torture. Car de ces dernières-ci encore peut-il être en prise, qui regardent les bons, selon le temps, comme les méchants. Nous en sommes à l'épreuve. Quiconque combat les lois, menace les plus gens de bien d'escourgées et de la corde.

Et puis, l'autorité du gouverneur, qui doit être souveraine sur lui, s'interrompt et s'empêche par la présence des parents. Joint que ce respect que la famille lui porte, la connaissance des moyens et grandeurs de sa maison, ce ne sont à mon opinion pas légères incommodités en cet âge.

En cette école du commerce des hommes, j'ai souvent remarqué ce vice, qu'au lieu de prendre connaissance d'autrui, nous ne travaillons

Another universally received opinion is that it's wrong to raise a child in its parents' lap. Their natural love makes them too soft and remiss, even the wisest of them. They're unable either to punish his misdeeds or to see him brought up roughly, as is necessary, and with risk-taking. They can't abide to see him come back from his exercise sweaty and dusty, drink things too hot or too cold, or to see him on an intractable horse or facing a hardy fencer with a foil in his hand, or handling his first harquebus. Because there's no help for it: if you want to make a real man of him, you certainly mustn't spare him while so young, and you must often flout the doctors' rules:

> Let him spend his life outdoors and in dangerous
> pursuits.[7]

It isn't enough to harden his mind, you must also harden his muscles. The mind is burdened too much if it isn't aided, and to fulfill two duties is too much for it. I know how much *my* mind suffers from being joined to so tender and sensitive a body, which bears down on it so hard. And when reading I frequently observe that in their writings my masters give examples of highmindedness and courage that tend to be more closely allied to thickness of skin and sturdiness of bone. I've seen men, women, and children of such a constitution that a cudgeling means less to them than a fillip to me, people who move neither tongue nor eyebrow when being beaten. When athletes emulate philosophers in endurance, it's due more to the strength of their sinews than that of their heart. Now, getting used to endure labor is getting used to endure pain: "toil produces a callus against pain."[8] The boy must be broken in to the suffering and harshness of physical exercise in order to ready him for the suffering and harshness of dismemberment, colic, cauterization, imprisonment, and torture. For he still may be subject to the last-named woes, which, in our day, threaten good men as well as bad. We're experiencing this. Whoever combats the laws threatens even the finest men with many a scourging and with the noose.

Besides, the tutor's authority, which ought to be sovereign over the boy, is intermitted and hindered by the presence of his parents. In addition, the respect his family has for the boy, the awareness of the wealth and greatness of his home, are in my opinion no small obstacles at that age.

In this school of converse with people, I've often observed this fault: that, instead of getting to know others, we strive only to present

---

7. Horace.   8. Cicero.

qu'à la donne de nous, et sommes plus en peine d'emploiter notre marchandise que d'en acquérir de nouvelle. Le silence et la modestie sont qualités très commodes à la conversation. On dressera cet enfant à être épargnant et ménager de sa suffisance, quand il l'aura acquise; à ne se formaliser point des sottises et fables qui se diront en sa présence, car c'est une incivile importunité de choquer tout ce qui n'est pas de notre appétit. Qu'il se contente de se corriger soi-même, et ne semble pas reprocher à autrui tout ce qu'il refuse à faire, ni contraster aux mœurs publiques. «*Licet sapere sine pompa, sine invidia.*» Qu'il fuie ces images régenteuses et inciviles, et cette puérile ambition de vouloir paraître plus fin pour être autre, et tirer nom par répréhensions et nouvelletés. Comme il n'affiert qu'aux grands poètes d'user des licences de l'art, aussi n'est-il supportable qu'aux grandes âmes et illustres de se privilégier au-dessus de la coutume. «*Si quid Socrates et Aristippus contra morem et consuetudinem fecerint, idem sibi ne arbitretur licere: magnis enim illi et divinis bonis hanc licentiam assequebantur.*» On lui apprendra de n'entrer en discours ou contestation que où il verra un champion digne de sa lutte, et là même à n'employer pas tous les tours qui lui peuvent servir, mais ceux-là seulement qui lui peuvent le plus servir. Qu'on le rende délicat au choix et triage de ses raisons, et aimant la pertinence, et par conséquent la brièveté. Qu'on l'instruise surtout à se rendre et à quitter les armes à la vérité, tout aussitôt qu'il l'apercevra; soit qu'elle naisse ès mains de son adversaire, soit qu'elle naisse en lui-même par quelque ravisement. Car il ne sera pas mis en chaise pour dire un rôle prescrit. Il n'est engagé à aucune cause, que parce qu'il l'approuve. Ni ne sera du métier où se vend à purs deniers comptants la liberté de se pouvoir repentir et reconnaître. «*Neque, ut omnia quæ præscripta et imperata sint defendat, necessitate ulla cogitur.*»

Si son gouverneur tient de mon humeur, il lui formera la volonté à être très loyal serviteur de son prince et très affectionné et très courageux; mais il lui refroidira l'envie de s'y attacher autrement que par un devoir public. Outre plusieurs autres inconvénients qui blessent notre franchise par ces obligations particulières, le jugement d'un homme gagé et acheté, ou il est moins entier et moins libre, ou il est taché et d'imprudence et d'ingratitude.

Un courtisan ne peut avoir ni loi, ni volonté de dire et penser que favorablement d'un maître qui, parmi tant de milliers d'autres sujets, l'a choisi pour le nourrir et élever de sa main. Cette faveur et utilité

ourselves, and we take more trouble to sell off our merchandise than to acquire new items. Silence and modesty are very handy qualities in dealing with others. The boy should be trained to be thrifty and frugal with his accomplishments, once he has won them; he shouldn't take offense at the foolish, groundless things said in his presence, because it's an uncivil importunity to rail at everything that's not to our taste. Let him be contented with correcting himself, and not seem to reproach others for whatever *he* refuses to do, or to go against custom. "It's allowable to be wise without ostentation, without hostility."[9] Let him shun those imperious, uncivil views, and that childish ambition of wanting to appear more clever by being "different," and making a reputation by reprimands and novelties. Just as it becomes only great poets to use the licenses of their art, so it's bearable only in great, illustrious souls to set themselves above custom. "If Socrates and Aristippus did anything contrary to custom and usage, let him not think the same thing is all right for him: for they acquired that liberty by great and divine good qualities."[10] He must be taught to participate in a talk or dispute only when he sees a champion worthy to tussle with, and even then he mustn't use every trick that may be useful to him but only those that can be most useful. Let him be made careful in the choice and selection of his arguments, and fond of appositeness, and thus of brevity. Let him be taught above all to yield and surrender to the truth as soon as he perceives it, whether it rises from his opponent's side or from himself because of second thoughts. For he won't be placed in a lecturer's chair to spout a standardized lesson. He is committed to no cause unless he approves of it. Nor will he be in the trade where the freedom to change one's mind and repent is sold for hard cash. "Nor is he compelled by any necessity to defend all that is prescribed and ordered."[11]

If his tutor's nature is like mine, he'll shape his will to be a very loyal servant of his prince, very affected to him and very brave; but he'll dash cold water on any desire to attach himself to him except in the line of duty. Besides several other disadvantages which threaten our honesty in these private obligations, the judgment of a salaried and bought man is either less unbiased and free, or else he's taxed with both imprudence and ingratitude.

A courtier can't have either the permission or the will to speak and think other than favorably of a master who has chosen him out of so many thousands of other subjects to be nurtured and raised by his

9. Seneca.   10. Cicero.   11. Cicero.

corrompent non sans quelque raison sa franchise, et l'éblouissent.
Pourtant voit-on coutumièrement le langage de ces gens-là divers à
tout autre langage d'un état, et de peu de foi en telle matière.

Que sa conscience et sa vertu reluisent en son parler, et n'aient
que la raison pour guide. Qu'on lui fasse entendre que de confesser
la faute qu'il découvrira en son propre discours, encore qu'elle ne
soit aperçue que par lui, c'est un effet de jugement et de sincérité,
qui sont les principales parties qu'il cherche; que l'opiniâtrer et con-
tester sont qualités communes, plus apparentes aux plus basses
âmes; que se raviser et se corriger, abandonner un mauvais parti
sur le cours de son ardeur, ce sont qualités rares, fortes et philosophiques.

On l'avertira, étant en compagnie, d'avoir les yeux partout; car je
trouve que les premiers sièges sont communément saisis par les
hommes moins capables, et que les grandeurs de fortune ne se trouvent guère mêlées à la suffisance.

J'ai vu, cependant qu'on s'entretenait, au haut bout d'une table, de
la beauté d'une tapisserie ou du goût de la malvoisie, se perdre beaucoup de beaux traits à l'autre bout.

Il sondera la portée d'un chacun: un bouvier, un maçon, un passant;
il faut tout mettre en besogne, et emprunter chacun selon sa
marchandise, car tout sert en ménage; la sottise même et faiblesse
d'autrui lui sera instruction. A contrôler les grâces et façons d'un chacun, il s'engendrera envie des bonnes et mépris des mauvaises.

Qu'on lui mette en fantaisie une honnête curiosité de s'enquérir de
toutes choses; tout ce qu'il y aura de singulier autour de lui, il le verra:
un bâtiment, une fontaine, un homme, le lieu d'une bataille ancienne,
le passage de César ou de Charlemagne:

> *Quæ tellus sit lenta gelu, quæ putris ab æstu,*
> *Ventus in Italiam quis bene vela ferat.*

Il s'enquerra des mœurs, des moyens et des alliances de ce prince,
et de celui-là. Ce sont choses très plaisantes à apprendre et très utiles
à savoir.

En cette pratique des hommes, j'entends y comprendre, et principalement ceux qui ne vivent qu'en la mémoire des livres. Il prati-
quera, par le moyen des histoires, ces grandes âmes des meilleurs siècles. C'est un vain étude, qui veut; mais qui veut aussi c'est un étude
de fruit inestimable: et le seul étude, comme dit Platon, que les

hand. This favor and this advantage corrupt his honesty, not without cause, and dazzle him. That's why we usually find the speech of those people different from any other speech in a state, and quite untrustworthy in such matters.

Let the boy's conscience and virtue shine forth in his speech, with only reason for their guide. Let him be made to understand that to admit a mistake he notices in his own reasoning, even though no one else detects it, is a sign of good judgment and sincerity, which are the chief goals he's after; that stubbornness and contention are vulgar qualities, more to be found in the vilest souls; that to change one's mind and correct oneself, to abandon a bad cause while one's ardor is still strong, are rare, firm, and philosophic qualities.

He is to be told that, when he's in company, he's to have eyes everywhere; for I find that the foremost seats are usually seized by the least capable men, and that greatness of fortune is rarely linked to competence.

I've seen how, while people were chatting at one end of a dinner table about the beauty of a tapestry or the taste of the malmsey, many fine remarks at the other end were lost.

He should probe the behavior of everyone: an oxherd, a mason, a passerby; he should put everything to use, and profit from everyone in proportion to his wares, because everything comes in handy in a household; even the folly and weakness of others will be instructive to him. By observing the graces and ways of everyone, he will develop a liking for the good ones and disdain for the bad ones.

Let there be planted in his mind an honorable curiosity for inquiring into all things; he'll see everything around him that's remarkable: a building, a fountain, a man, the site of an old battle, the way by which Caesar or Charlemagne passed:

> Which soil is rigid with frost, which is friable from the heat,
> which wind readily wafts sails to Italy.[12]

He will inquire into the habits, resources, and alliances of this prince and that. These are things very pleasant to learn and very useful to know.

In this experience of people, I mean to include (and chiefly so) those who live only in the memory of books. By means of histories, he will commune with those great souls of the best eras. Some say it's an idle pursuit, but others say it has inestimable results, and it's the only study, as Plato reports, that the Spartans devoted themselves to. What benefit

---

12. Propertius.

Lacédémoniens eussent réservé à leur part. Quel profit ne fera-t-il en cette part-là, à la lecture des *Vies* de notre Plutarque? Mais que mon guide se souvienne où vise sa charge; et qu'il n'imprime pas tant à son disciple la date de la ruine de Carthage que les mœurs de Hannibal et de Scipion, ni tant où mourut Marcellus, que pourquoi il fut indigne de son devoir qu'il mourût là. Qu'il ne lui apprenne pas tant les histoires, qu'à en juger. C'est à mon gré, entre toutes, la matière à laquelle nos esprits s'appliquent de plus diverse mesure. J'ai lu en Tite-Live cent choses que tel n'y a pas lu. Plutarque en y a lu cent, outre ce que j'y ai su lire, et, à l'aventure, outre ce que l'auteur y avait mis. A d'aucuns c'est un pur étude grammairien; à d'autres, l'anatomie de la philosophie, en laquelle les plus abstruses parties de notre nature se pénètrent. Il y a dans Plutarque beaucoup de discours étendus, très dignes d'être sus, car, à mon gré, c'est le maître ouvrier de telle besogne: mais il y en a mille qu'il n'a que touché simplement: il guigne seulement du doigt par où nous irons, s'il nous plaît, et se contente quelquefois de ne donner qu'une atteinte dans le plus vif d'un propos. Il les faut arracher de là et mettre en place marchande. Comme ce sien mot, que les habitants d'Asie servaient à un seul, pour ne savoir prononcer une seule syllabe, qui est Non, donna peut-être la matière et l'occasion à La Boétie de sa *Servitude Volontaire.* Cela même de lui voir trier une légère action en la vie d'un homme, ou un mot, qui semble ne porter pas: cela, c'est un discours. C'est dommage que les gens d'entendement aiment tant la brièveté; sans doute leur réputation en vaut mieux, mais nous en valons moins; Plutarque aime mieux que nous le vantions de son jugement que de son savoir; il aime mieux nous laisser désir de soi que satiété. Il savait qu'ès choses bonnes mêmes on peut trop dire, et que Alexandridas reprocha justement à celui qui tenait aux éphores des bons propos, mais trop longs: «O étranger, tu dis ce qu'il faut, autrement qu'il ne faut.» Ceux qui ont le corps grêle le grossissent d'embourrures: ceux qui ont la matière exile, l'enflent de paroles.

Il se tire une merveilleuse clarté, pour le jugement humain, de la fréquentation du monde. Nous sommes tous contraints et amoncelés en nous, et avons la vue raccourcie à la longueur de notre nez. On demandait à Socrate d'où il était. Il ne répondit pas: «D'Athènes», mais: «Du monde». Lui, qui avait son imagination plus pleine et plus étendue, embrassait l'univers comme sa ville, jetait ses connaissances, sa société et ses affections à tout le genre humain, non pas comme nous qui ne regardons que sous nous. Quand les vignes gèlent en mon village, mon prêtre en argumente l'ire de Dieu sur la race humaine et

won't the boy derive in this area from reading the *Lives* of our Plutarch? But my tutor must remember the goal of his duties; let him not imprint on his pupil the date of the fall of Carthage, but rather the behavior of Hannibal and Scipio; not the place where Marcellus died, but why it was unworthy of his cause that he died there. The boy should not so much learn history as evaluate it. To my mind, it's the one subject of them all to which our mind applies itself in the most varied measure. I've read in Livy a hundred things that another man hasn't. Plutarch read a hundred things there beyond what *I* was able to, and perhaps beyond what the author put there. For some it's a merely a grammatical study; for others it's the backbone of philosophy, in which the most abstruse parts of our nature interpenetrate. Plutarch contains many lengthy disquisitions, very worthy of being known, for, to my mind, he's the master craftsman of such matters; but there are a thousand topics which he has merely touched on lightly: he merely points us in our direction, if we wish to proceed, and is sometimes contented to make only one probe into the very heart of a topic. One must detach such things from his text and "put them on the marketplace." Just as his remark that the inhabitants of Asia Minor were in bondage to one man alone because they didn't know how to pronounce one single syllable, "No," may have supplied La Boétie with the occasion and subject matter of his *Voluntary Servitude.* Even his way of selecting a minor deed in a man's life, or a saying, which does-n't seem to carry much weight: even that is a disquisition. It's a shame that people of understanding prize brevity so much; no doubt their rep-utation gains by it, but *we* lose by it; Plutarch prefers for us to praise him for his judgment rather than for his learning; he prefers to leave us hun-gry for more rather than to glut us. He knew that even on a good sub-ject it's possible to say too much, and that Alexandridas was right to re-proach the man who made wise speeches, but too long ones, to the chief magistrates of Sparta: "O stranger, you say what is proper, but not in the proper way." Those who have a skinny body pad it out artificially; those whose subject matter is thin swell it up with verbiage.

The boy will derive wonderful clearsightedness in judging people from consorting with society. We're all shut up and heaped up within ourselves, and can see only as far as the end of our nose. Socrates was asked where he was from. He didn't answer, "From Athens," but, "From the world." He, whose mind was fuller and more extensive, embraced the universe like his own city, and broadcast his knowledge, his company, and his feelings to the whole human race, unlike us, who only look right below us. When the vines freeze in my village, my priest sees in it God's wrath against mankind, and imagines that the

juge que la pépie en tienne déjà les Cannibales. A voir nos guerres civiles, qui ne crie que cette machine se bouleverse et que le jour du jugement nous prend au collet, sans s'aviser que plusieurs pires choses se sont vues, et que les dix mille parts du monde ne laissent pas de galler le bon temps cependant? Moi, selon leur licence et impunité, admire de les voir si douces et molles. A qui il grêle sur la tête, tout l'hémisphère semble être en tempête et orage. Et disait le Savoyard que, si ce sot de roi de France eût su bien conduire sa fortune, il était homme pour devenir maître d'hôtel de son duc. Son imagination ne concevait autre plus élevée grandeur que celle de son maître. Nous sommes insensiblement tous en cette erreur: erreur de grande suite et préjudice. Mais qui se présente, comme dans un tableau, cette grande image de notre mère nature en son entière majesté; qui lit en son visage une si générale et constante variété; qui se remarque là-dedans, et non soi, mais tout un royaume, comme un trait d'une pointe très délicate: celui-là seul estime les choses selon leur juste grandeur.

Ce grand monde, que les uns multiplient encore comme espèces sous un genre, c'est le miroir où il nous faut regarder pour nous connaître de bon biais. Somme, je veux que ce soit le livre de mon écolier. Tant d'humeurs, de sectes, de jugements, d'opinions, de lois et de coutumes nous apprennent à juger sainement des nôtres, et apprennent notre jugement à reconnaître son imperfection et sa naturelle faiblesse: qui n'est pas un léger apprentissage. Tant de remuements d'Etat et changements de fortune publique nous instruisent à ne faire pas grand miracle de la nôtre. Tant de noms, tant de victoires et conquêtes ensevelies sous l'oubliance, rendent ridicule l'espérance d'éterniser notre nom par la prise de dix argolets et d'un pouillier qui n'est connu que de sa chute. L'orgueil et la fierté de tant de pompes étrangères, la majesté si enflée de tant de cours et de grandeurs, nous fermit et assure la vue à soutenir l'éclat des nôtres sans ciller les yeux. Tant de milliasses d'hommes enterrés avant nous nous encouragent à ne craindre d'aller trouver si bonne compagnie en l'autre monde. Ainsi du reste.

Notre vie, disait Pythagore, retire à la grande et populeuse assemblée des jeux Olympiques. Les uns s'y exercent le corps pour en acquérir la gloire des jeux; d'autres y portent des marchandises à vendre pour le gain. Il en est, et qui ne sont pas les pires, lesquels ne cherchent autre fruit que de regarder comment et pourquoi chaque chose se fait, et être spectateurs de la vie des autres hommes, pour en juger et régler la leur.

cannibals are already afflicted by pip. Seeing our civil wars, who does-n't cry out that our world is topsy-turvy and that Judgment Day has us by the collar, without observing that many worse things have oc-curred, and that ten thousand parts of the world, to our one, are still having a good time in the meanwhile? I, considering the license and impunity of these wars, am amazed at how gentle and inoffensive they are. When it hails on a man's head, he thinks the whole hemisphere is undergoing storms and tempests. And that courtier in Savoy said that if the foolish king of France had known how to steer his fortunes properly, he had the stuff in him to have become the majordomo of the duke of Savoy. His mind couldn't conceive any loftier grandeur than his own master's. We are all imperceptibly sharers in that error: an error of great consequence and harm. But the man who conjures up, as in a painting, that great image of our mother Nature in all her majesty; who reads in her face such a general and constant variety; who sees himself there, and not just himself but a whole kingdom, as merely one stroke of a very fine brush tip: he alone estimates things at their true size.

This great world, which some multiply further like the species in a genus, is the mirror we must look into to know ourselves from the cor-rect angle. In brief, I want the world to be my schoolboy's book. All those human characters, sects, judgments, opinions, laws, and cus-toms teach us to evaluate our own soundly, and teach our judgment to recognize its imperfection and its natural weakness, which is no triv-ial apprenticeship. All those political upsets and changes in public for-tune teach us not to exaggerate our own. All those names, all those victories and conquests buried in oblivion show how ridiculous is the hope to immortalize our name by capturing ten archers and a chicken coop that no one would have heard of if it hadn't fallen. The pride and haughtiness of all those foreign ceremonies, the inflated majesty of all those courts and grandees, strengthens our eyes and enables them to withstand the glare of our domestic ones without blinking. All those thousands of men buried before us give us the courage not to fear meeting such good company in the next world. And so on, regarding other things.

Our life, Pythagoras said, resembles the great, numerous gathering at the Olympic games. Some exercise their body there to gain the glory of victory; others bring merchandise to sell for profit. There are some, and they're not the worst, who seek no other reward than to watch how and why everything is done, and to be spectators of the life of other men in order to evaluate and regulate their own.

Aux exemples se pourront proprement assortir tous les plus profitables discours de la philosophie, à laquelle se doivent toucher les actions humaines comme à leur règle. On lui dira,

> *quid fas optare, quid asper*
> *Utile nummus habet; patriæ carisque propinquis*
> *Quantum elargiri deceat: quem te Deus esse*
> *Jussit, et humana qua parte locatus es in re;*
> *Quid sumus, aut quidnam victuri gignimur;*

que c'est que savoir et ignorer, qui doit être le but de l'étude; que c'est que vaillance, tempérance et justice; ce qu'il y a à dire entre l'ambition et l'avarice, la servitude et la sujétion, la licence et la liberté; à quelles marques on connaît le vrai et solide contentement; jusques où il faut craindre la mort, la douleur et la honte,

> *Et quo quemque modo fugiatque feratque laborem;*

quels ressorts nous meuvent et le moyen de tant divers branles en nous. Car il me semble que les premiers discours de quoi on lui doit abreuver l'entendement, ce doivent être ceux qui règlent ses mœurs et son sens, qui lui apprendront à se connaître, et à savoir bien mourir et bien vivre. Entre les arts libéraux, commençons par l'art qui nous fait libres.

Elles servent toutes aucunement à l'instruction de notre vie et à son usage, comme toutes autres choses y servent aucunement. Mais choisissons celle qui y sert directement et professoirement.

Si nous savions restreindre les appartenances de notre vie à leurs justes et naturelles limites, nous trouverions que la meilleure part des sciences qui sont en usage est hors de notre usage; et en celles mêmes qui le sont, qu'il y a des étendues et enfonçures très inutiles, que nous ferions mieux de laisser là, et, suivant l'institution de Socrate, borner le cours de notre étude en icelles, où faut l'utilité.

> *Sapere aude,*
> *Incipe: vivendi qui recte prorogat horam,*
> *Rusticus expectat dum defluat amnis; at ille*
> *Labitur, et labetur in omne volubilis ævum.*

C'est une grande simplesse d'apprendre à nos enfants

> *Quid moveant pisces, animosaque signa Leonis,*
> *Lotus et Hesperia quid Capricornus aqua,*

To these examples the tutor may properly match up all the most profitable discourses of philosophy, by which human actions ought to be guided as their yardstick. The boy should be told

> *what it's right to wish for, what use*
> *a newly minted coin has; how much you should bestow on your country*
> *and beloved relatives; the kind of person God ordered*
> *you to be, and where you are situated in human life;*
> *what we are, or to live what kind of life we are begotten;*[13]

what it is to know or to be ignorant, what the goal of study should be; what valor, temperance, and justice are; the difference between ambition and greed, servitude and submission, license and liberty; by what signs true and solid contentment can be recognized; to what extent death, pain, and shame are to be feared,

> *and how one is to avoid or endure every kind of affliction;*[14]

what springs move us and what is the cause of so many commotions within us. For it seems to me that the first reasonings with which his intellect should be watered should be those which govern his behavior and his good sense, which will teach him to know himself, and to know how to die and live well. Among the liberal arts, let's begin with the art that liberates us.

They are all useful to some extent in the education of our life and its mode of use, just as everything else is to some extent. But let's choose the one that's of direct and specific use.

If we knew how to confine the appurtenances of our life within their proper natural limits, we'd find that most of the sciences in use are of no use to *us*, and even in those that are, there are very useless stretches and hollows that we'd do better to avoid, and, following the advice of Socrates, to limit the course of our study to those that are of use.

> *Dare to learn,*
> *begin: the man who postpones the hour of living properly*
> *is like the peasant waiting for the river to abate; but it*
> *flows on, and will go rolling on forever.*[15]

It's very foolish to teach our children

> *what power Pisces has, and the ardent stars in Leo,*
> *and Capricorn bathed in the western sea,*[16]

---

13. Persius.   14. Vergil.   15. Horace.   16. Propertius.

la science des astres et le mouvement de la huitième sphère, avant que les leurs propres:

> Τί Πλειάδεσσι κἀμοί;
> Τί δ'ἀστράσι βοώτεω.

Anaximène écrivant à Pythagore: «De quel sens puis-je m'amuser au secret des étoiles, ayant la mort ou la servitude toujours présente aux yeux?» Car lors les rois de Perse préparaient la guerre contre son pays. Chacun doit dire ainsi: «Étant battu d'ambition, d'avarice, de témérité, de superstition, et ayant au-dedans tels autres ennemis de la vie, irai-je songer au branle du monde?»

Après qu'on lui aura dit ce qui sert à le faire plus sage et meilleur, on l'entretiendra que c'est que logique, physique, géométrie, rhétorique; et la science qu'il choisira, ayant déjà le jugement formé, il en viendra bientôt à bout. Sa leçon se fera tantôt par devis, tantôt par livre; tantôt son gouverneur lui fournira de l'auteur même, propre à cette fin de son institution; tantôt il lui en donnera la moelle et la substance toute mâchée. Et si, de soi-même, il n'est assez familier des livres pour y trouver tant de beaux discours qui y sont, pour l'effet de son dessein, on lui pourra joindre quelque homme de lettres, qui à chaque besoin fournisse les munitions qu'il faudra, pour les distribuer et dispenser à son nourrisson. Et que cette leçon ne soit plus aisée et naturelle que celle de Gaza, qui y peut faire doute? Ce sont là préceptes épineux et mal plaisants, et des mots vains et décharnés, où il n'y a point de prise, rien qui vous éveille l'esprit. En celle-ci, l'âme trouve où mordre et où se paître. Ce fruit est plus grand, sans comparaison, et si sera plus tôt mûri.

C'est grand cas que les choses en soient là en notre siècle, que la philosophie, ce soit, jusques aux gens d'entendement, un nom vain et fantastique, qui se trouve de nul usage et de nul prix, et par opinion et par effet. Je crois que ces ergotismes en sont cause, qui ont saisi ses avenues. On a grand tort de la peindre inaccessible aux enfants, et d'un visage renfrogné, sourcilleux et terrible. Qui me l'a masquée de ce faux visage, pâle et hideux? Il n'est rien plus gai, plus gaillard, plus enjoué, et à peu que je ne dise folâtre. Elle ne prêche que fête et bon temps. Une mine triste et transie montre que ce n'est pas là son gîte. Démétrius le Grammairien, rencontrant dans le temple de Delphes une troupe de philosophes assis ensemble, il leur dit: «Ou je me trompe, ou, à vous voir la contenance si paisible et si gaie, vous n'êtes

the science of the heavenly bodies and the motion of the eighth
sphere, before teaching them their own motions:

> What have I to do with the Pleiades;
> What have I to do with the constellation Boötes?[17]

Anaximenes wrote to Pythagoras: "What good is it to me to waste
time on the secret of the stars when I have death or slavery always before my eyes?" Because at that time the kings of Persia were preparing
to wage war against his country. Every man ought to say: "Combated
by ambition, greed, rashness, and superstition, and having such other
enemies of life inside me, should I think about the world's hubbub?"

After the boy is told what is of use to make him wiser and better, he
should be informed as to the nature of logic, physics, geometry, and
rhetoric; the science he chooses once his judgment is formed he will
soon master. His lessons should consist partly of conversation, partly of
reading; at times his tutor will provide him with the very book suitable
for that part of his education; other times, he will give him the book's
pith and substance predigested. And if he himself isn't sufficiently familiar with the books to find all the fine reasoning they contain to
achieve his purpose, he can be assisted by some man of letters who on
each occasion will supply the necessary munitions to be distributed
and dispensed to his pupil. And who can doubt that that lesson will be
easier and more natural than those of the grammarian Gaza? Those are
thorny, unpleasant precepts, empty and fleshless words, where there's
no handhold, nothing to awaken your mind. In *this* kind of lesson, the
mind finds something to sink its teeth into and be nourished by. This
fruit is greater, beyond comparison, and will be sooner ripe.

It's a shame that in our day things are so bad that philosophy, even
to people of understanding, is an empty, chimerical word, useless and
unvalued, both in people's opinions and in reality. I think that cav-
illings, which have blocked its approaches, are to blame. People are
very wrong to depict it as inaccessible to children, with a frowning,
gloomy, terrible face. Who has put this false mask on it, so pale and
hideous? There's nothing more cheerful, high-spirited, and playful:
I'd almost say, madcap. It preaches only holiday and enjoyment. A sad,
chilly facial expression shows that it doesn't dwell there. The grammarian Demetrius, meeting a group of philosophers seated together
in the temple of Delphi, said to them. "I may be wrong but, seeing
your mood so peaceful and cheerful, I don't think you're having a se-

---

17. Anacreon.

pas en grand discours entre vous.» A quoi l'un d'eux, Héracléon le Mégarien, répondit: «C'est à faire à ceux qui cherchent si le futur du verbe βάλλω a double λ, ou qui cherchent la dérivation des comparatifs χεῖρον et βέλτιον, et des superlatifs χείριστον et βέλτιστον, qu'il faut rider le front, s'entretenant de leur science. Mais quant aux discours de la philosophie, ils ont accoutumé d'égayer et réjouir ceux qui les traitent, non les renfrogner et contrister.»

> *Deprendas animi tormenta latentis in ægro*
> *Corpore, deprendas et gaudia: sumit utrumque*
> *Inde habitum facies.*

L'âme qui loge la philosophie doit, par sa santé, rendre sain encore le corps. Elle doit faire luire jusques au-dehors son repos et son aise; doit former à son moule le port extérieur, et l'armer par conséquent d'une gracieuse fierté, d'un maintien actif et allègre, et d'une contenance contente et débonnaire. La plus expresse marque de la sagesse, c'est une éjouissance constante; son état est comme des choses au-dessus de la lune: toujours serein. C'est «Baroco» et «Baralipton» qui rendent leurs suppôts ainsi crottés et enfumés, ce n'est pas elle; ils ne la connaissent que par ouï-dire. Comment? Elle fait état de sereiner les tempêtes de l'âme, et d'apprendre la faim et les fièvres à rire, non par quelques épicycles imaginaires, mais par raisons naturelles et palpables. Elle a pour son but la vertu, qui n'est pas, comme dit l'école, plantée à la tête d'un mont coupé, raboteux et inaccessible. Ceux qui l'ont approchée, la tiennent, au rebours, logée dans une belle plaine fertile et fleurissante, d'où elle voit bien sous soi toutes choses; mais si peut-on y arriver, qui en sait l'adresse, par des routes ombrageuses, gazonnées et doux fleurantes, plaisamment et d'une pente facile et polie, comme est celle des voûtes célestes. Pour n'avoir hanté cette vertu suprême, belle, triomphante, amoureuse, délicieuse pareillement et courageuse, ennemie professe et irréconciliable d'aigreur, de déplaisir, de crainte et de contrainte, ayant pour guide nature, fortune et volupté pour compagnes, ils sont allés, selon leur faiblesse, feindre cette sotte image, triste, querelleuse, dépite, menaceuse, mineuse, et la placer sur un rocher, à l'écart, emmi des ronces, fantôme à étonner les gens.

Mon gouverneur, qui connaît devoir remplir la volonté de son disciple autant ou plus d'affection que de révérence envers la vertu, lui

rious discussion." To which one of them, Heracleon of Megara, replied: "Those who inquire whether the future of the verb *ballo* has a double lambda, or who seek the derivation of the irregular comparatives *kheiron* (worse) and *beltion* (better) and the superlatives *kheiriston* and *beltiston,* are the ones who should wrinkle their brow when discussing their science. But as for the reasonings of philosophy, they have usually cheered and delighted those who treat of them, and haven't made them frown sadly."

> *You can recognize the torments of the mind hidden in a sick*
> *body, and you can recognize its joy: the face derives*
> *both expressions from it.*[18]

The mind that harbors philosophy must, by its own health, make the body healthy, too. It must make its repose and comfort shine forth even outwardly; it must model the person's outward bearing on itself, consequently arming it with a graceful pride, an active, merry deportment, and a contented, good-natured mien. The express sign of wisdom is a constant cheerfulness; its state is like the things above the moon: always serene. It's "Baroco" and "Baralipton"[19] that make their votaries so muddy and smoky, it isn't philosophy itself, which they know only by hearsay. How else? Philosophy strives to calm the tempests of the soul and to teach hunger and fevers how to laugh, not by means of any imaginary epicycles but through natural, palpable reasoning. Its goal is virtue, which isn't, as the Scholastics say, planted atop a precipitous, rugged inaccessible mountain. On the contrary, those who have approached it find it residing in a beautiful, fertile, flowery plain, from which it clearly sees all things below it; but it's possible to get there, if you have the skill, via shady, grassy, sweet-smelling paths, pleasantly and up an easy, smooth slope, like that of the celestial vaults. Because they haven't frequented this supreme, beautiful, triumphant, loving virtue, equally delicious and courageous, a sworn, irreconcilable enemy to bitterness, displeasure, fear, and compulsion, with nature for its guide and fortune and physical pleasure as companions, they have followed their weakness and invented that foolish image, sad, quarrelsome, vexed, threatening, and gloomy, and have placed it on a crag, apart, amid brambles, a ghost to frighten people with.

This tutor of mine, who knows he must fill his pupil's mind with affection just as much (if not more) as with reverence for virtue, will be able to

---

18. Juvenal.   19. Meaningless mnemonic terms for syllogisms in Scholastic philosophy.

saura dire que les poètes suivent les humeurs communes, et lui faire
toucher au doigt que les dieux ont mis plutôt la sueur aux avenues des
cabinets de Vénus que de Pallas. Et quand il commencera de se sentir, lui présentant Bradamante ou Angélique pour maîtresse à jouir,
et d'une beauté naïve, active, généreuse, non hommasse, mais virile,
au prix d'une beauté molle, affétée, délicate, artificielle; l'une traves-
tie en garçon, coiffée d'un morion luisant, l'autre vêtue en garce,
coiffée d'un attifet emperlé; il jugera mâle son amour même, s'il
choisit tout diversement à cet efféminé pasteur de Phrygie. Il lui fera
cette nouvelle leçon, que le prix et hauteur de la vraie vertu est en la
facilité, utilité et plaisir de son exercice, si éloigné de difficulté, que
les enfants y peuvent comme les hommes, les simples comme les
subtils. Le règlement c'est son outil, non pas la force. Socrate, son
premier mignon, quitte à escient sa force, pour glisser en la naïveté
et aisance de son progrès. C'est la mère nourrice des plaisirs humains. En les rendant justes, elle les rend sûrs et purs. Les modérant,
elle les tient en haleine et en goût. Retranchant ceux qu'elle refuse,
elle nous aiguise envers ceux qu'elle nous laisse; et nous laisse abon-
damment tous ceux que veut nature, et jusques à la satiété, mater-
nellement, sinon jusques à la lasseté (si d'aventure nous ne voulons
dire que le régime, qui arrête le buveur avant l'ivresse, le mangeur
avant la crudité, le paillard avant la pelade, soit ennemi de nos
plaisirs). Si la fortune commune lui faut, elle lui échappe ou elle s'en
passe, et s'en forge une autre toute sienne, non plus flottante et
roulante. Elle sait être riche et puissante et savante, et coucher dans
des matelas musqués. Elle aime la vie, elle aime la beauté et la gloire
et la santé. Mais son office propre et particulier, c'est savoir user de
ces biens-là réglément, et les savoir perdre constamment: office bien
plus noble qu'âpre, sans lequel tout cours de vie est dénaturé, turbulent et difforme, et y peut-on justement attacher ces écueils, ces hal-
liers et ces monstres. Si ce disciple se rencontre de si diverse condition, qu'il aime mieux ouïr une fable que la narration d'un beau voyage ou un sage propos quand il l'entendra; qui, au son du tambourin
qui arme la jeune ardeur de ses compagnons, se détourne à un autre
qui l'appelle au jeu des bateleurs; qui, par souhait, ne trouve plus
plaisant et plus doux revenir poudreux et victorieux d'un combat, que
de la paume ou du bal avec le prix de cet exercice, je n'y trouve autre
remède, sinon que de bonne heure son gouverneur l'étrangle, s'il est

tell him that poets follow general human characteristics, and to point out clearly to him that the gods have decreed more sweat for those who approach the inner chambers of Venus than for those who approach Minerva's. And when he begins to feel sexual urges, and his tutor gives him the choice between Bradamante and Angelica[20] as a sweetheart—a natural, active, noble beauty, not a tomboy but virile, compared with a soft, affected, frail, artificial beauty; one dressed as a boy, with a gleaming helmet on her head, the other dressed like a courtesan, with a pearl head-dress—he will consider even the boy's love to be manly, if the boy chooses differently from that effeminate Phrygian shepherd.[21] He will give him this new lesson: that the value and loftiness of true virtue lie in the ease, usefulness, and pleasure of exercising it, so remote from difficulty that children can do it as well as men, simple people as well as clever ones. Rules are its tool, not strength. Socrates, its foremost favorite, intentionally abandons its strength and avails himself of the simplicity and ease of its movements. It's the nourishing mother of human pleasures. By making them just, it makes them safe and pure. By moderating them, it maintains their vigor and savor. By cutting off those it rejects, it sharpens our delight in the ones it leaves us; and it leaves us plentifully all those which nature approves of, to the point of contentment, like a mother, but not to the point of feeling glutted (unless perchance we wish to say that a discipline which halts the drinker before he's intoxicated, the diner before he gets indigestion, and the debauchee before his hair falls out, is an enemy to our pleasures). If common good fortune passes it by, it escapes its hands or does without it, making a new fortune all its own, no longer a drifting and changeable one. It knows how to be rich, powerful, and learned, and how to sleep on perfumed mattresses. It loves life, it loves beauty, fame, and good health. But its proper and particular office is to know how to use those good things moderately and lose them with fortitude: an office much more noble than harsh, without which any lifetime is denatured, turbulent, and misshapen, worthy of having those reefs, brambles, and monsters rightly attributed to it. If that pupil proves to be of so different a nature that he'd rather listen to a fable than the narration of a fine voyage or a wise remark when he hears one; if he turns away from the sound of a drum arousing the young ardor of his companions and hearkens to another one summoning him to a performance by mountebanks; if, in his wishes, he doesn't find it more pleasant and sweet to return dusty and victorious from a battle than from a tennis game or dance, with the reward

20. Characters in Ariosto's *Orlando furioso*.   21. Paris, who awarded the golden apple to Aphrodite.

sans témoins, ou qu'on le mette pâtissier dans quelque bonne ville, fût-il fils d'un duc, suivant le précepte de Platon qu'il faut colloquer les enfants non selon les facultés de leur père, mais selon les facultés de leur âme.

Puisque la philosophie est celle qui nous instruit à vivre, et que l'enfance y a sa leçon, comme les autres âges, pourquoi ne la lui communique-t-on?

> *Udum et molle lutum est; nunc nunc properandus, et acri*
> *Fingendus sine fine rota.*

On nous apprend à vivre quand la vie est passée. Cent écoliers ont pris la vérole avant que d'être arrivés à leur leçon d'Aristote, de la tempérance. Cicéron disait que, quand il vivrait la vie de deux hommes, il ne prendrait pas le loisir d'étudier les poètes lyriques. Et je trouve ces ergotistes plus tristement encore inutiles. Notre enfant est bien plus pressé: il ne doit au pédagogisme que les premiers quinze ou seize ans de sa vie; le demeurant est dû à l'action. Employons un temps si court aux instructions nécessaires. Ce sont abus; ôtez toutes ces subtilités épineuses de la dialectique, de quoi notre vie ne se peut amender, prenez les simples discours de la philosophie, sachez les choisir et traiter à point: ils sont plus aisés à concevoir qu'un conte de Boccace. Un enfant en est capable, au partir de la nourrice beaucoup mieux que d'apprendre à lire ou écrire. La philosophie a des discours pour la naissance des hommes comme pour la décrépitude.

Je suis de l'avis de Plutarque, qu'Aristote n'amusa pas tant son grand disciple à l'artifice de composer syllogismes, ou aux principes de géométrie, comme à l'instruire des bons préceptes touchant la vaillance, prouesse, la magnanimité et tempérance, et l'assurance de ne rien craindre; et, avec cette munition, il l'envoya encore enfant subjuguer l'empire du monde à tout seulement 30 000 hommes de pied, 4 000 chevaux et quarante-deux mille écus. Les autres arts et sciences, dit-il, Alexandre les honorait bien, et louait leur excellence et gentillesse; mais, pour plaisir qu'il y prît, il n'était pas facile à se laisser surprendre à l'affection de les vouloir exercer.

> *Petite hinc, juvenesque senesque,*
> *Finem animo certum, miserisque viatica canis.*

C'est ce que dit Épicure au commencement de sa lettre à Menicée:

for that effort, I find no other remedy than to have his tutor strangle him early on, if there are no witnesses, or to have him set up as a pastrycook in some good city, even if he were a duke's son, in accordance with Plato's precept that children should be given a place in life corresponding not to their father's abilities but to their own mental abilities.

Since it's philosophy that teaches us how to live, and children, like older people, can find their lessons in it, why isn't it imparted to children?

The clay is moist and soft; right now he should be hurried, and on the swift wheel he should be ceaselessly molded.[22]

We're taught how to live after our life is over. A hundred schoolboys have caught syphilis before getting to their lesson in Aristotle, on temperance. Cicero said that, if he were to live as long as two men, he wouldn't take the time to study the lyric poets. And I find those hairsplitters even more grievously useless. Our child is much more hard pressed: he can devote to education only the first fifteen or sixteen years of his life; the rest is owed to activity. Let's use a period that's so brief for necessary instruction. There are abuses; remove all those thorny subtleties of dialectics, which can't reform our life; take up the simple reasonings of philosophy, choose them well and handle them appropriately; they're easier to understand than a tale by Boccaccio. A child can grasp them, once he's weaned, much more readily than he can learn to read and write. Philosophy has something to say for men at their birth, as in their decrepit years.

I am of Plutarch's opinion, that Aristotle didn't occupy his great pupil's time so much with the artifice of composing syllogisms, or with the principles of geometry, as with teaching him good precepts concerning valor, prowess, highmindedness, and temperance, and the self-confidence to fear nothing; with those weapons he sent him out, still a child, to subdue the empire of the world with only 30,000 infantrymen, 4,000 cavalrymen, and forty-two thousand *écus*. The other arts and sciences, he says, Alexander honored well, praising their excellence and nobleness; but, no matter how much pleasure he took in them, he wasn't apt to be caught off guard by the desire to practice them.

Seek here, young men and old,
for a fixed mental goal and provisions for wretched gray hairs.[23]

Epicurus says the same thing at the beginning of his letter to

---

22. Persius.   23. Persius.

«Ni le plus jeune refuie à philosopher, ni le plus vieil s'y lasse.» Qui fait autrement, il semble dire ou qu'il n'est pas encore saison d'heureusement vivre, ou qu'il n'en est plus saison.

Pour tout ceci, je ne veux pas qu'on emprisonne ce garçon. Je ne veux pas qu'on l'abandonne à l'humeur mélancolique d'un furieux maître d'école. Je ne veux pas corrompre son esprit à le tenir à la géhenne et au travail, à la mode des autres, quatorze ou quinze heures par jour, comme un portefaix. Ni ne trouverais bon, quand par quelque complexion solitaire et mélancolique on le verrait adonné d'une application trop indiscrète à l'étude des livres, qu'on la lui nourrît; cela les rend ineptes à la conversation civile et les détourne de meilleures occupations. Et combien ai-je vu de mon temps d'hommes abêtis par téméraire avidité de science? Carnéade s'en trouva si affolé, qu'il n'eut plus le loisir de se faire le poil et les ongles. Ni ne veux gâter ses mœurs généreuses par l'incivilité et barbarie d'autrui. La sagesse française a été anciennement en proverbe, pour une sagesse qui prenait de bonne heure, et n'avait guère de tenue. A la vérité, nous voyons encore qu'il n'est rien de si gentil que les petits enfants en France; mais ordinairement ils trompent l'espérance qu'on en a conçue, et, hommes faits, on n'y voit aucune excellence. J'ai ouï tenir à gens d'entendement que ces collèges où on les envoie, de quoi ils ont foison, les abrutissent ainsi.

Au nôtre, un cabinet, un jardin, la table et le lit, la solitude, la compagnie, le matin et le vêpre, toutes heures lui seront unes, toutes places lui seront étude; car la philosophie, qui, comme formatrice des jugements et des mœurs, sera sa principale leçon, a ce privilège de se mêler partout. Isocrate l'orateur, étant prié en un festin de parler de son art, chacun trouve qu'il eut raison de répondre: «Il n'est pas maintenant temps de ce que je sais faire; et ce de quoi il est maintenant temps, je ne le sais pas faire.» Car de présenter des harangues ou des disputes de rhétorique à une compagnie assemblée pour rire et faire bonne chère ce serait un mélange de trop mauvais accord. Et autant en pourrait-on dire de toutes les autres sciences. Mais, quant à la philosophie, en la partie où elle traite de l'homme et de ses devoirs et offices, ç'a été le jugement commun de tous les sages, que, pour la douceur de sa conversation, elle ne devait être refusée ni aux festins, ni aux jeux. Et Platon l'ayant invitée à son convive, nous voyons comme elle entretient l'assistance d'une façon molle et accommodée au temps et au lieu, quoique ce soit de ses plus hauts discours et plus salutaires:

Meniceus: "The youngest man doesn't shun philosophizing, nor does the oldest tire of it." Whoever does otherwise seems to be saying either that it's not yet time to live happily, or that it's already too late.

Despite all this, I don't want the boy to be imprisoned. I don't want him to be abandoned to the melancholy humors of a rabid schoolmaster. I don't want his spirit crushed by being exposed to toil and travail, as others are, for fourteen or fifteen hours daily, like a street porter. Nor would I approve if, having observed that, from some solitary and melancholy trait in his nature, he was addicted too excessively to the study of books, one were to foster this; it makes boys inapt for social intercourse and keeps them from better pursuits. And how many men I've seen in my day stultified by a rash longing for knowledge! Carneades became so besotted by this that he had no more time to trim his hair and fingernails. Nor do I wish to spoil his outgoing nature by the incivility and barbarity of others. French wisdom has long been proverbial for taking hold in early years but hardly lasting. In truth, we still see that there's nothing more charming than young French children, but usually they disappoint people's hopes in them and as adults display no excellence. I've heard people of understanding maintain that the schools they're sent to, of which they have plenty, make them that dull.

In ours, let's have a room, a garden, a table and bed, solitude, company; morning and evening, every hour will be the same for the boy, every place will be his study; for philosophy, which, as the molder of his judgments and behavior, will be his chief lesson, has the privilege of blending in everywhere. The orator Isocrates, when asked at a party to speak of his art, is deemed by everyone to have been right in replying: "Now isn't the time for what I can do; and what it's now time for, I can't do." For to make speeches or offer rhetorical debates to a group of people gathered for amusement and a good meal would be too discordant a mixture. And the same could be said of all the other sciences. But as for philosophy, in so far as it deals with man and his duties and occupations, it has been the general opinion of all wise men that, its society being so pleasant, it shouldn't be excluded from feasts or games. And when Plato invites it to his symposium, we see how it entertains the guests in a gentle fashion suiting the time and place, even though it did so with its loftiest and most salutary discourses:

Æque pauperibus prodest, locupletibus æque;
Et, neglecta, æque pueris senibusque nocebit.

Ainsi, sans doute, il chômera moins que les autres. Mais comme les pas que nous employons à nous promener dans une galerie, quoiqu'il y en ait trois fois autant, ne nous lassent pas comme ceux que nous mettons à quelque chemin desseigné, aussi notre leçon, se passant comme par rencontre, sans obligation de temps et de lieu, et se mêlant à toutes nos actions, se coulera sans se faire sentir. Les jeux mêmes et les exercices seront une bonne partie de l'étude: la course, la lutte, la musique, la danse, la chasse, le maniement des chevaux et des armes. Je veux que la bienséance extérieure, et l'entregent, et la disposition de la personne, se façonne quant et quant à l'âme. Ce n'est pas une âme, ce n'est pas un corps qu'on dresse, c'est un homme; il n'en faut pas faire à deux. Et, comme dit Platon, il ne faut pas les dresser l'un sans l'autre, mais les conduire également, comme une couple de chevaux attelés à même timon. Et à l'ouïr, semble-t-il pas prêter plus de temps et plus de sollicitude aux exercices du corps, et estimer que l'esprit s'en exerce quant à quant, et non au rebours.

Au demeurant cette institution se doit conduire par une sévère douceur, non comme il se fait. Au lieu de convier les enfants aux lettres, on ne leur présente, à la vérité, que horreur et cruauté. Ôtez-moi la violence et la force; il n'est rien à mon avis qui abâtardisse et étourdisse si fort une nature bien née. Si vous avez envie qu'il craigne la honte et le châtiment, ne l'y endurcissez pas. Endurcissez-le à la sueur et au froid, au vent, au soleil et aux hasards qu'il lui faut mépriser; ôtez-lui toute mollesse et délicatesse au vêtir et coucher, au manger et au boire; accoutumez-le à tout. Que ce ne soit pas un beau garçon et dameret, mais un garçon vert et vigoureux. Enfant, homme, vieil, j'ai toujours cru et jugé de même. Mais, entre autres choses, cette police de la plupart de nos collèges m'a toujours déplu. On eût failli à l'aventure moins dommageablement, s'inclinant vers l'indulgence. C'est une vraie geôle de jeunesse captive. On la rend débauchée, l'en punissant avant qu'elle le soit. Arrivez-y sur le point de leur office: vous n'oyez que cris et d'enfants suppliciés, et de maîtres enivrés en leur colère. Quelle manière pour éveiller l'appétit envers leur leçon, à ces tendres âmes et craintives, de les y guider d'une trogne effroyable, les mains armées de fouets? Inique et pernicieuse forme. Joint ce que Quintilien en a très bien remarqué, que cette impérieuse autorité tire des suites périlleuses, et nommément à notre façon de châtiment.

It is equally beneficial to the poor and to the rich;
neglect of it will harm both boys and old men.[24]

And so, no doubt, our boy will have less unoccupied time than others. But since the paces we take to stroll through a gallery, even if there are three times as many, don't weary us as much as those we take on some predetermined path, in the same way our lesson, passing by like a chance meeting, without a fixed time or place, and blending in with all our activities, will flow by imperceptibly. Even games and exercise will constitute a good part of the course: running, wrestling, music, dance, hunting, the management of horses and weapons. I want outward courtesy, and easy dealings with people, and bodily suppleness, to be molded along with the mind. It isn't a mind, it isn't a body, that we're training, it's a man; we mustn't separate them. And, as Plato says, we mustn't train one without the other, but drive them side by side, like a pair of horses harnessed to the same shaft. And, to hear him, doesn't he seem to lend more time and concern to bodily exercises and deem that the mind is equally exercised by them, and not the other way around?

Furthermore, this education must be carried out with a gentle severity, not as is usually done. Instead of inviting children to literacy, teachers really offer them horror and cruelty. Do away, I say, with violence and force; in my opinion, nothing debases and stultifies a noble nature so badly. If you want him to fear shame and punishment, don't harden him to it. Harden him to sweat and cold, to wind, sun, and the dangers he ought to scorn; deny him all softness and finickiness in dressing, sleeping, eating, and drinking; get him used to everything. Let him not be a pretty little mother's boy, but a strong, healthy lad. Child, mature man, and old man, I've always had the same belief and opinion. But, among other things, that strong discipline in most of our schools has always displeased me. The teachers might have made a less damaging mistake by leaning toward indulgence. School is a real prison for captive youth. Young boys are made negligent before they really are, by being punished for it. Get there at the height of the school day: you'll hear nothing but outcries, both of the children being flogged and of the teachers drunk with anger. How can they awaken the appetite for study in those tender, timorous minds if they guide them to it with a frightening scowl, their hands armed with whips? A wicked, pernicious procedure! Besides, Quintilian made the very astute observation that such imperious authority has dangerous consequences, especially in our

---

24. Horace.

Combien leurs classes seraient plus décemment jonchées de fleurs et de feuilles que de tronçons d'osier sanglants! J'y ferais pourtraire la joie, l'allégresse, et Flora et les Grâces, comme fit en son école le philosophe Speusippe. Où est leur profit, que ce fût aussi leur ébat. On doit ensucrer les viandes salubres à l'enfant, et enfieller celles qui lui sont nuisibles.

C'est merveille combien Platon se montre soigneux en ses *Lois,* de la gaieté et passe-temps de la jeunesse de sa cité, et combien il s'arrête à leurs courses, jeux, chansons, sauts et danses, desquelles il dit que l'Antiquité a donné la conduite et le patronage aux dieux mêmes: Apollon, les Muses et Minerve.

Il s'étend à mille préceptes pour ses gymnases; pour les sciences lettrées, il s'y amuse fort peu, et semble ne recommander particulièrement la poésie que pour la musique.

Toute étrangeté et particularité en nos mœurs et conditions est évitable comme ennemie de communication et de société, et comme monstrueuse. Qui ne s'étonnerait de la complexion de Démophon, maître d'hôtel d'Alexandre, qui suait à l'ombre et tremblait au soleil? J'en ai vu fuir la senteur des pommes plus que les arquebusades, d'autres s'effrayer pour une souris, d'autres rendre la gorge à voir de la crème, d'autres à voir brasser un lit de plume, comme Germanicus ne pouvait souffrir ni la vue, ni le chant des coqs. Il y peut avoir, à l'aventure, à cela quelque propriété occulte; mais on l'éteindrait, à mon avis, qui s'y prendrait de bonne heure. L'institution a gagné cela sur moi, il est vrai que ce n'a point été sans quelque soin, que, sauf la bière, mon appétit est accommodable indifféremment à toutes choses de quoi on se paît. Le corps encore souple, on le doit, à cette cause, plier à toutes façons et coutumes. Et pourvu qu'on puisse tenir l'appétit et la volonté sous boucle, qu'on rende hardiment un jeune homme commode à toutes nations et compagnies, voire au dérèglement et aux excès, si besoin est. Son exercitation suive l'usage. Qu'il puisse faire toutes choses, et n'aime à faire que les bonnes. Les philosophes mêmes ne trouvent pas louable en Callisthène d'avoir perdu la bonne grâce du grand Alexandre, son maître, pour n'avoir voulu boire d'autant à lui. Il rira, il folâtrera, il se débauchera avec son prince. Je veux qu'en la débauche même il surpasse en vigueur et en fermeté ses compagnons, et qu'il ne laisse à faire le mal ni à faute de force ni de science, mais à faute de volonté. «*Multum interest utrum peccare aliquis nolit aut nesciat.*»

mode of punishment. How much more decent it would be if their class-rooms were strewn with flowers and leaves instead of bloody chunks of withies! I'd have pictures hung there of joy, merriment, and Flora and the Graces, as the philosopher Speusippus did in his school. Where their profit is, let their amusement be, too. Foods wholesome for a child should be sugar-coated, and those harmful to him smeared with gall.

It's wonderful how concerned Plato is in his *Laws* with the merri-ment and pastimes of the youth in his city, and how he dwells on their footraces, games, songs, leaps, and dances, of which he says that an-tiquity ascribed the conduct and patronage to the gods themselves: Apollo, the Muses, and Minerva.

He goes into a thousand precepts for his schools; as for literature, he spends very little time on it, and seems to recommend poetry in particular only for the sake of the music.

All oddness and peculiarity in our behavior and nature are to be avoided as an enemy to society and interaction with others, and as something monstrous. Who wouldn't be amazed at the nature of Demophon, Alexander's majordomo, who sweated in the shade and shivered in the sunshine? I've seen people shun the aroma of apples more than gunshots, others who were afraid of a mouse, others vomit-ing at the sight of cream, others at the sight of a featherbed being shaken out, just as Germanicus couldn't stand seeing or hearing a rooster. There may be some unknown cause for such things, but, in my opinion, they can be eliminated if combated at an early age. My up-bringing has done this much for me (though not without some effort): except for beer, my appetite adapts itself indiscriminately to everything people eat. For that reason, the body should be adapted to every man-ner and custom while it's still pliant. And as long as his appetite and willpower can be kept on a leash, a young man should boldly be made adaptable to every nation and society, even to wild behavior and excess, if necessary. Let his training follow normal custom. Let him be able to do everything, but want to do only good things. Even the philosophers don't find it praiseworthy in Callisthenes to have forfeited the good graces of Alexander the Great, his master, for refusing to drink as much as he did. Let the boy laugh, let him run wild, let him be dissolute along with his prince. I'd like him, even when dissolute, to outdo his companions in vigor and firmness; he shouldn't refuse to act badly for lack of strength or ability, but for lack of the desire to. "There's a big difference between being unwilling and being unable to sin."[25]

---

25. Seneca.

Je pensais faire honneur à un seigneur aussi éloigné de ces débordements qu'il en soit en France, de m'enquérir à lui, en bonne compagnie, combien de fois en sa vie il s'était enivré pour la nécessité des affaires du Roi en Allemagne. Il le prit de cette façon, et me répondit que c'était trois fois, lesquelles il récita. J'en sais qui, à faute de cette faculté, se sont mis en grand-peine, ayant à pratiquer cette nation. J'ai souvent remarqué avec grande admiration la merveilleuse nature d'Alcibiade, de se transformer si aisément à façons si diverses, sans intérêt de sa santé: surpassant tantôt la somptuosité et pompe persienne, tantôt l'austérité et frugalité lacédémonienne; autant réformé en Sparte comme voluptueux en Ionie,

> *Omnis Aristippum decuit color, et status, et res.*

Tel voudrais-je former mon disciple,

> *quem duplici panno patientia velat*
> *Mirabor, vitæ via si conversa decebit,*
> *Personamque feret non inconcinnus utramque.*

Voici mes leçons. Où le faire va avec le dire. Car à quoi sert-il qu'on prêche l'esprit, si les effets ne vont quant et quant? On verra à ses entreprises s'il y a de la prudence, s'il y a de la bonté en ses actions, de l'indifférence en son goût, soit chair, poisson, vin ou eau. Il ne faut pas seulement qu'il dise sa leçon, mais qu'il la fasse. Celui-là y a mieux profité, qui les fait, que qui les sait. Si vous le voyez, vous l'oyez; si vous l'oyez, vous le voyez.

«Jà à Dieu ne plaise, dit quelqu'un en Platon, que philosopher ce soit apprendre plusieurs choses et traiter les arts!»

«*Hanc amplissimam omnium artium bene vivendi disciplinam vita magis quam literis persequuti sunt.*»

Léon, prince des Phliasiens, s'enquérant à Héraclides Ponticus de quelle science, de quel art il faisait profession: «Je ne sais, dit-il, ni art ni science, mais je suis philosophe.»

On reprochait à Diogène comment, étant ignorant, il se mêlait de la philosophie: «Je m'en mêle, dit-il, d'autant mieux à propos.»

Hégésias le priait de lui lire quelque livre: «Vous êtes plaisant, lui répondit-il, vous choisissez les figues vraies et naturelles, non peintes; que ne choisissez-vous aussi les exercitations naturelles, vraies et non écrites?»

Il ne dira pas tant sa leçon, comme il la fera. Il la répétera en ses ac-

I thought I was honoring a gentleman as alien to such excesses as any in France when I asked him, in good company, how often in his life he had gotten drunk for reasons of state while representing the king in Germany. He took it in good part, and said it was three times, and told me about them. I know some men who, for want of that ability, have gotten into serious difficulties when they had to live in that country. I've often remarked with great admiration on the marvelous nature of Alcibiades, who could transform himself so easily into such different guises, without detriment to his health: at times outdoing the sumptuousness and pomp of Persia; at others, the austerity and frugality of Sparta; as self-denying in Sparta as he was sybaritic in Ionia,

Every guise, every condition, and every rank suited Aristippus.[26]

That's how I'd like to form my pupil:

The man who endures being clad in a folded bit of cloth
I shall admire, if the new way of life becomes him
and he supports both roles not inelegantly.[27]

Such are my lessons. In which doing goes with saying. For what's the use of sermonizing the mind if real results don't follow along? It will be seen from the pupil's undertakings whether there's prudence in them, whether there's goodness in his actions, indiscriminateness in his taste, whether for meat, fish, wine, or water. It's not merely necessary for him to recite his lessons, but to live them. That man who puts them into practice has gained more by them than the man who merely knows them. If you see him, you hear him; if you hear him, you see him.

"God forbid," says somebody in Plato, "that philosophizing should mean learning a lot of things and being involved with the arts!"

"This most extensive discipline of all the arts, that of living properly, they pursued more in their way of life than in their studies."[28]

Leo, prince of the Phliasians, having asked Heraclides Ponticus what science or art he professed, the latter replied: "I know no art or science, I'm a philosopher."

Diogenes was reproached for meddling with philosophy though not a scholar. "All the more reason to meddle with it," he replied.

Hegesias asked him to read him some book, and he answered: "You're comical; you choose real, natural figs, not painted ones; why don't you also choose real, natural activities, not written ones?"

Our pupil will not so much recite his lesson as put it in practice.

---

26. Horace.   27. Horace.   28. Cicero.

tions. On verra s'il y a de la prudence en ses entreprises, s'il a de la
bonté et de la justice en ses déportements; s'il a du jugement et de la
grâce en son parler, de la vigueur en ses maladies, de la modestie en
ses jeux, de la tempérance en ses voluptés, de l'indifférence en son
goût, soit chair, poisson, vin ou eau, de l'ordre en son économie:

«*Qui disciplinam suam, non ostentationem scientiæ sed legem vitæ
putet, quique obtemperet ipse sibi, et decretis pareat.*»

Le vrai miroir de nos discours est le cours de nos vies.

Zeuxidamus répondit à un qui lui demanda pourquoi les
Lacédémoniens ne rédigeaient par écrit les ordonnances de la
prouesse, et ne les donnaient à lire à leurs jeunes gens: «que c'était
parce qu'ils les voulaient accoutumer aux faits, non pas aux paroles».
Comparez, au bout de 15 ou 16 ans, à celui-ci un de ces latineurs de
collège, qui aura mis autant de temps à n'apprendre simplement qu'à
parler! Le monde n'est que babil, et ne vis jamais homme qui ne dise
plutôt plus que moins qu'il ne doit; toutefois la moitié de notre âge
s'en va là. On nous tient quatre ou cinq ans à entendre les mots et les
coudre en clauses; encore autant à en proportionner un grand corps,
étendu en quatre ou cinq parties; et autres cinq, pour le moins, à les
savoir brièvement mêler et entrelacer de quelque subtile façon.
Laissons-le à ceux qui en font profession expresse.

Allant un joir à Orléans, je trouvai, dans cette plaine au-deçà de
Cléry, deux régents qui venaient à Bordeaux, environ à cinquante pas
l'un de l'autre. Plus loin, derrière eux, je découvris une troupe et un
maître en tête, qui était feu M. le comte de la Rochefoucauld. Un de
mes gens s'enquit au premier de ces régents, qui était ce gentilhomme
qui venait après lui. Lui, qui n'avait pas vu ce train qui le suivait, et qui
pensait qu'on lui parlât de son compagnon, répondit plaisamment: «Il
n'est pas gentilhomme; c'est un grammairien, et je suis logicien.» Or,
nous qui cherchons ici, au rebours, de former non un grammairien ou
logicien, mais un gentilhomme, laissons-les abuser de leur loisir; nous
avons affaire ailleurs. Mais que notre disciple soit bien pourvu de
choses, les paroles ne suivront que trop; il les traînera, si elles ne veulent suivre. J'en ouïs qui s'excusent de ne se pouvoir exprimer, et font
contenance d'avoir la tête pleine de plusieurs belles choses, mais à
faute d'éloquence, ne les pouvoir mettre en évidence. C'est une baye.
Savez-vous, à mon avis, que c'est que cela? Ce sont des ombrages qui
leur viennent de quelques conceptions informes, qu'ils ne peuvent
démêler et éclaircir au-dedans, ni par conséquent produire au-dehors:

He'll repeat it in his actions. It will be seen whether there's prudence in his undertakings, goodness and justice in his behavior, judgment and grace in his speech, vigor when he's ill, moderation in his amusements, temperance in his sensory pleasures, lack of fussiness in his taste, be it for meat, fish, wine, or water, and order in his household management:

"The man who considers his field to be not a display of learning but the law of life, and who can obey himself and observe his principles."[29]

The true mirror of our reasoning is the course of our lives.

Zeuxidamus replied to someone asking him why the Spartans didn't set down in writing their rules for bravery, and give them to their young men to read: "Because they wanted to accustom them to deeds, not words." Compare to him, once fifteen or sixteen years have gone by, one of those school Latinists who will have spent the equivalent time in merely learning how to speak! Society is just babble, and I've never seen a man who didn't say more than he should rather than less; and yet half of our prime is consumed that way. We're kept in school four or five years in order to understand words and sew them into sentences; the same amount of time, to be able to make a great monograph out of them, divided into four or five parts; and another five years, at least, to learn how to intermingle them concisely and intertwine them in some subtle way. Let's leave that to professional wordmongers.

One day, on my way to Orléans, in that plain this side of Cléry, I met two teachers going to Bordeaux, about fifty paces apart. Farther down the road behind them I found a troop of soldiers led by a commander, the late Count de la Rochefoucauld. One of my servants asked the first of these teachers who that gentleman was that was coming after him. He, who hadn't seen the troop behind him, and thought that his colleague was intended, replied humorously: "He's not a gentleman, he's a grammarian, and I'm a logician." Now, we who, on the contrary, are here attempting to form not a grammarian or logician, but a gentleman, shall let them waste their time; our business is elsewhere. But let our pupil be well supplied with real things, and the words will follow, all too plentifully; he'll drag them along if they refuse to follow. I've heard of some people who apologize for their inability to express themselves and who make a show of having their head full of many fine things, though, for want of eloquence, they're unable to produce them. That's a joke. Do you know what it is, in my opinion? It's shadow knowledge that they derive from a few shapeless notions they can't untangle and illuminate inside them, and consequently can't express: they

29. Cicero.

ils ne s'entendent pas encore eux-mêmes. Et voyez-les un peu bégayer sur le point de l'enfanter, vous jugez que leur travail n'est point à l'accouchement, mais à la conception, et qu'ils ne font que lécher cette matière imparfaite. De ma part, je tiens, et Socrate l'ordonne, que, qui a en l'esprit une vive imagination et claire, il la produira, soit en bergamasque, soit par mimes s'il est muet:

Verbaque prævisam rem non invita sequentur.

Et comme disait celui-là, aussi poétiquement en sa prose, «*cum res animum occupavere, verba ambiunt*». Et cet autre: «*Ipsæ res verba rapiunt.*» Il ne sait pas ablatif, conjonctif, substantif, ni la grammaire; ne fait pas son laquais ou une harangère du Petit-Pont, et si, vous entretiendront tout votre saoul, si vous en avez envie, et se déferreront aussi peu, à l'aventure, aux règles de leur langage, que le meilleur maître ès arts de France. Il ne sait pas la rhétorique, ni, pour avant jeu, capter la bénévolence du candide lecteur, ni ne lui chaut de le savoir. De vrai, toute belle peinture s'efface aisément par le lustre d'une vérité simple et naïve.

Ces gentillesses ne servent que pour amuser le vulgaire, incapable de prendre la viande plus massive et plus ferme, comme Aper montre bien clairement chez Tacite. Les ambassadeurs de Samos étaient venus à Cléomène, roi de Sparte, préparés d'une belle et longue oraison, pour l'émouvoir à la guerre contre le tyran Polycrate. Après qu'il les eut bien laissé dire, il leur répondit: «Quant à votre commencement et exorde, il ne m'en souvient plus, ni par conséquent du milieu; et quant à votre conclusion, je n'en veux rien faire.» Voilà une belle réponse, ce me semble, et des harangueurs bien camus.

Et quoi cet autre? Les Athéniens étaient à choisir de deux architectes à conduire une grande fabrique. Le premier plus affété, se présenta avec un beau discours prémédité sur le sujet de cette besogne et tirait le jugement du peuple à sa faveur. Mais l'autre, en trois mots: «Seigneurs Athéniens, ce que celui-ci a dit, je le ferai.»

Au fort de l'éloquence de Cicéron, plusieurs en entraient en admiration; mais Caton, n'en faisant que rire: «Nous avons, disait-il, un plaisant consul.» Aille devant ou après, une utile sentence, un beau trait est toujours de saison. S'il n'est pas bien à ce qui va devant, ni à ce qui vient après, il est bien en soi. Je ne suis pas de ceux qui pensent la bonne rime faire le bon poème; laissez-lui allonger une courte syllabe, s'il veut; pour cela, non force; si les inventions y rient, si l'esprit

don't understand themselves yet. Watch them stammer a little on the point of "giving birth," and you'll realize that their labor is not in the delivery, but in the conception, and they're merely trying to lick that half-baked material into shape. As for me, I hold (and Socrates declares it) that whoever has a vivid, clear idea in his mind will produce it, even if only in the odd Bergamo dialect, even in pantomime if he's mute:

And words will follow the preconceived idea not unwillingly.[30]

And as another writer said, equally poetic in his prose: "When things have occupied the mind, words surround it."[31] And another man: "The things themselves seize upon the words."[32] Our pupil doesn't know the ablative, conjunctive, substantive, or grammar; nor does his lackey or a fishwife on the Petit-Pont, but they'll chat with you to your heart's content, if you like, and perhaps will violate the rules of their language as little as the best master of arts in France. He doesn't know rhetoric or the way to "capture the benevolence" of the "candid reader" in advance, nor does he care to know. Truly, any fine coat of paint is readily put in the shade by the glow of a simple, natural truth.

These trimmings only serve to dazzle common minds unable to digest rougher, more solid food, as Aper shows very clearly in Tacitus. Ambassadors from Samos had come to Cleomenes, king of Sparta, having prepared a beautiful, long oration urging him to wage war on their tyrant Polycrates. After letting them speak their fill, he replied: "As for your preamble and exordium, I no longer recall them, and thus I've forgotten the middle; and as for your conclusion, I wash my hands of it." There's a good answer, I think, and truly dumbfounded orators.

And what of this? The Athenians were choosing between two architects to direct a large building project. The first, more affected, showed up with a fine prepared speech on the subject of that task, and was inclining the opinion of the commoners in his favor. But the other one said in a nutshell: "Gentlemen of Athens, what this man has said I will do."

At the height of Cicero's eloquence, many listeners were getting lost in admiration, but Cato, merely laughing at it, said: "We've got a funny consul." Whether it comes before or after, a useful aphorism, a fine remark, is always in season. If it doesn't fit in with what precedes it or what follows it, it's good in itself. I'm not one of those who believe that a good rhyme makes a good poem; let the poet use a short syllable in place of a long one, if he wishes; that doesn't matter; if his

---

30. Horace.   31. Seneca.   32. Cicero.

et le jugement y ont bien fait leur office, voilà un bon poète, dirai-je, mais un mauvais versificateur.

Emunctæ naris, durus componere versus.

Qu'on fasse, dit Horace, perdre à son ouvrage toutes ses coutures et mesures,

> *Tempora certa modosque, et quod prius ordine verbum est,*
> *Posterius facias, præponens ultima primis,*
> *Invenias etiam disjecti membra poetæ,*

il ne se démentira point pour cela; les pièces mêmes en seront belles. C'est ce que répondit Ménandre, comme on le tança, approchant le jour auquel il avait promis une comédie, de quoi il n'y avait encore mis la main: «Elle est composée et prête, il ne reste qu'à y ajouter les vers.» Ayant les choses et la matière disposée en l'âme, il mettait en peu de compte les mots, les pieds et les césures, qui sont, à la vérité, de fort peu au prix du reste. Depuis que Ronsard et du Bellay ont donné crédit à notre poésie française, je ne vois si petit apprenti qui n'enfle des mots, qui ne range les cadences à peu près comme eux. «*Plus sonat quam valet.*» Pour le vulgaire, il ne fut jamais tant de poètes. Mais, comme il leur a été bien aisé de représenter leurs rimes, ils demeurent bien aussi court à imiter les riches descriptions de l'un et les délicates inventions de l'autre.

Voire mais, que fera-t-il si on le presse de la subtilité sophistique de quelque syllogisme: le jambon fait boire, le boire désaltère, par quoi le jambon désaltère? Qu'il s'en moque. Il est plus subtil de s'en moquer que d'y répondre.

Qu'il emprunte d'Aristippe cette plaisante contre-finesse: «Pourquoi le délierai-je, puisque, tout lié, il m'empêche?» Quelqu'un proposait contre Cléanthe des finesses dialectiques, à qui Chrysippe dit: «Joue-toi de ces batelages avec les enfants, et ne détourne à cela les pensées sérieuses d'un homme d'âge.» Si ces sottes arguties, «*contorta et aculeata sophismata*», lui doivent persuader un mensonge, cela est dangereux; mais si elles demeurent sans effet, et ne l'émeuvent qu'à rire, je ne vois pas pourquoi il s'en doive donner garde. Il en est de si sots, qui se détournent de leur voie un quart de lieue, pour courir après un beau mot; «*aut qui non verba rebus aptant, sed res extrinsecus arcessunt, quibus verba conveniant*». Et l'autre: «*Sunt qui alicujus verbi decore placentis vocentur ad id quod non proposuerant*

inventiveness sparkles, if his mind and judgment have done their work well, I'll say he's a good poet, though a bad versifier:

Of excellent taste, but stiff at writing verse.[33]

Horace also says: let the poem lose all its seams and measures,

its fixed beat and feet, and let the word that should come earlier
come later, the last preceding the first,
still you'll find the scattered limbs of a poet,

he won't belie himself on that account; even the fragments will be beautiful. That's what Menander replied when, the day getting near on which he had promised a comedy, he was reproached for not yet having begun it: "It's composed and ready, all I still have to do is versify it." Having the actions and theme already in mind, he didn't worry much about the words, feet, and caesuras, which really count for very little compared to the rest. Ever since Ronsard and Du Bellay have lent prestige to our French poetry, I don't see any young apprentice who doesn't puff up words and set out cadences more or less like theirs. "More sound than sense." In the eyes of the vulgar, there have never been so many poets. But, though they have had little trouble in imitating those men's rhymes, they are still very far from emulating the rich descriptions of the one and the delicate inventions of the other.

Indeed, what will our pupil do if confronted with the sophistical subtlety of some syllogism, such as "Ham makes you drink, drinking quenches your thirst, thus ham quenches your thirst"? He should laugh at it. It's subtler to laugh at it than to reply to it.

Let him borrow from Aristippus this witty counterstratagem: "Why should I untie it if it's already such a nuisance to me when it's tied?" Somebody proposed dialectical subtleties against Cleanthes, and Chrysippus told him: "Use that trivial nonsense for playing with children, not for distracting the serious thoughts of a grown man." If those foolish quibbles, "contorted, thorny sophisms,"[34] were to make our pupil believe a lie, that would be dangerous; but if they remain without effect and merely provoke his laughter, I don't see why he needs to protect himself against them. There are some people so foolish that they go a quarter of a league out of their way to chase after a bon mot, "or who don't fit the words to the things, but hunt for extraneous things to which the words are suited."[35] And another man writes: "There are

---

33. Horace.   34. Cicero.   35. Quintilian.

scribere.» Je tords bien plus volontiers une bonne sentence pour la coudre sur moi, que je ne tords mon fil pour l'aller quérir. Au rebours, c'est aux paroles à servir et à suivre, et que le Gascon y arrive, si le Français n'y peut aller! Je veux que les choses surmontent et qu'elles remplissent de façon l'imagination de celui qui écoute, qu'il n'ait aucune souvenance des mots. Le parler que j'aime, c'est un parler simple et naïf, tel sur le papier qu'à la bouche; un parler succulent et nerveux, court et serré, non tant délicat et peigné comme véhément et brusque:

Hæc demum sapiet dictio, quæ feriet,

plutôt difficile qu'ennuyeux, éloigné d'affectation, déréglé, décousu et hardi; chaque lopin y fasse son corps; non pédantesque, non fratesque, non plaideresque, mais plutôt soldatesque, comme Suétone appelle celui de Jules César; et si, ne sens pas bien pourquoi il l'en appelle.

J'ai volontiers imité cette débauche qui se voit en notre jeunesse, au port de leurs vêtements: un manteau en écharpe, la cape sur une épaule, un bas mal tendu, qui représente une fierté dédaigneuse de ces parements étrangers et nonchalante de l'art. Mais je la trouve encore mieux employée en la forme du parler. Toute affectation, nommément en la gaieté et liberté française, est mésadvenante au courtisan. Et, en une monarchie, tout gentilhomme doit être dressé à la façon d'un courtisan. Par quoi nous faisons bien de gauchir un peu sur le naïf et méprisant.

Je n'aime point de tissure où les liaisons et les coutures paraissent, tout ainsi qu'en un beau corps il ne faut qu'on y puisse compter les os et les veines. «*Quæ veritati operam dat oratio, incomposita sit et simplex.*»

«*Quis accurate loquitur, nisi qui vult putide loqui?*»

L'éloquence fait injure aux choses, qui nous détourne à soi.

Comme aux accoutrements, c'est pusillanimité de se vouloir marquer par quelque façon particulière et inusitée; de même, au langage, la recherche des phrases nouvelles et de mots peu connus vient d'une ambition puérile et pédantesque. Puissé-je ne me servir que de ceux qui servent aux halles à Paris! Aristophane le grammairien n'y entendait rien, de reprendre en Épicure la simplicité de ses mots et la fin de son art oratoire, qui était perspicuité de langage seulement. L'imitation du parler, par sa facilité, suit incontinent tout un peuple;

some who, attracted by the flashiness of some charming word, write something they hadn't intended to."[36] I much more gladly twist a good aphorism to sew it to myself than twist my thread to go searching for it. On the contrary, it's for the words to serve and follow, and let Gascon dialect make do, if French won't work! I want the subject matter to prevail and to so fill the mind of the listener that he has no recollection of the words. The speech I love is a simple, natural speech, the same on paper as on a person's lips; a juicy, sinewy speech, short and taut, not so much delicate and neat as vehement and brusque:

That wording alone will be savorous which strikes you,[37]

rather difficult than boring; far from being affected; unregulated, disjointed, and bold; let each bit of it do its job; not in the style of a pedant, a preaching friar, or a lawyer, but rather like a soldier's speech, as Suetonius calls Julius Caesar's (though I don't quite see why he calls it that).

I have gladly imitated that negligence one sees in the way our young men wear their clothes: a mantle worn slantwise, with the hood over one shoulder; a sagging stocking, which proclaims a proud disdain for those foreign adornments, a proud unconcern with artifice. But I find this pride even better employed in one's manner of speaking. All affectation, especially amid our French gaiety and liberty, is unbecoming to a courtier. And in a monarchy every gentleman should be raised to emulate a courtier. Therefore, we do well to lean a bit to the natural, disdainful side.

I don't like a fabric in which the joins and seams show, just as in a beautiful body, one shouldn't be able to count the bones and veins. "Let that speech which aims at truth be unadorned and simple."[38]

"Who speaks carefully but the man who wants to speak affectedly?"[39]

Eloquence that calls attention to itself does injury to the subject matter.

Just as in dressing it's the mark of a small mind to want to be conspicuous for some special, unusual style, so in speaking the quest for new phrases and rare words comes from a childish, pedantic ambition. I wish I may never use any that aren't used in the main Parisian market! The grammarian Aristophanes was completely mistaken when he reproached Epicurus for the simplicity of his diction and the goal of his oratorical art, which was simply clarity of speech. The imitation of speech is so easy that it's immediately taken up by a entire nation; the

---

36. Seneca.   37. Lucan.   38. Seneca.   39. Seneca.

l'imitation du juger, de l'inventer ne va pas si vite. La plupart des lecteurs, pour avoir trouvé une pareille robe, pensent très faussement tenir un pareil corps.

Lal force et les nerfs ne s'empruntent point; les atours et le manteau s'empruntent.

La plupart de ceux qui me hantent parlent de même les *Essais;* mais je ne sais s'ils pensent de même.

Les Athéniens (dit Platon) ont pour leur part le soin de l'abondance et élégance du parler; les Lacédémoniens, de la brièveté, et ceux de Crète, de la fécondité des conceptions plus que du langage; ceux-ci sont les meilleurs. Zénon disait qu'il avait deux sortes de disciples: les uns, qu'il nommait φιλολόγους, curieux d'apprendre les choses, qui étaient ses mignons; les autres λογοφίλους, qui n'avaient soin que du langage. Ce n'est pas à dire que ce ne soit une belle et bonne chose que le bien-dire, mais non pas si bonne qu'on la fait; et suis dépit de quoi notre vie s'embesogne toute à cela. Je voudrais premièrement bien savoir ma langue, et celle de mes voisins où j'ai plus ordinaire commerce. C'est un bel et grand agencement sans doute que le grec et latin, mais on l'achète trop cher. Je dirai ici une façon d'en avoir meilleur marché que de coutume, qui a été essayée en moi-même. S'en servira qui voudra.

Feu mon père, ayant fait toutes les recherches qu'homme peut faire, parmi les gens savants et d'entendement, d'une forme d'institution exquise, fut avisé de cet inconvénient qui était en usage; et lui disait-on que cette longueur que nous mettions à apprendre les langues qui ne leur coûtaient rien est la seule cause pourquoi nous ne pouvions arriver à la grandeur d'âme et de connaissance des anciens grecs et romains. Je ne crois pas que ce en soit la seule cause. Tant y a que l'expédient que mon père y trouva, ce fut que, en nourrice et avant le premier dénouement de ma langue, il me donna en charge à un Allemand qui depuis est mort fameux médecin en France, du tout ignorant de notre langue, et très bien versé en la latine. Celui-ci, qu'il avait fait venir exprès, et qui était bien chèrement gagé, m'avait continuellement entre les bras. Il en eut aussi avec lui deux autres moindres en savoir pour me suivre, et soulager le premier. Ceux-ci ne m'entretenaient d'autre langue que latine. Quant au reste de sa maison, c'était une règle inviolable que ni lui-même, ni ma mère, ni valet, ni chambrière, ne parlaient en ma compagnie qu'autant de mots de latin que chacun avait appris pour jargonner avec moi. C'est merveille du fruit que chacun y fit. Mon père et ma mère y apprirent assez de latin pour l'entendre, et en acquirent à suffisance pour s'en servir à la

imitation of judgment and inventiveness doesn't go that fast. Most readers, because they've found the same kind of garment, think very incorrectly that they have the same kind of body before them.

Strength and sinew can't be borrowed; accessories and mantles can be.

Most of the people I frequent say the same as I do in my essays, but I don't know whether they think the same.

The Athenians, Plato says, preferred to care about abundance and elegance of speech; the Spartans, about conciseness; and the Cretans, about fertility of ideas rather than of speech; they were the best. Zeno said that he had two kinds of pupils: the first kind, whom he called "lovers of reason," were eager to learn about reality, and were his favorites; the others, "lovers of words," cared only about language. This is not to say that eloquence isn't a fine and good thing, but it isn't as good as it's reputed to be, and I'm vexed to see our life completely embroiled in it. I would like to know my own language first, and that of the neighbors with whom I have more frequent dealings. No doubt, Greek and Latin are fine, great ornaments, but they're bought too dearly. I shall here tell of a way to acquire them more cheaply than usual, a method that was tried out on me. Anyone can use it if he likes.

My late father, having made all possible inquiries of scholarly, intelligent people as to a select method of education, was warned against one universal problem: he was told that the long time we spend learning those languages, which came naturally to their original speakers, is the sole reason why we can't attain the greatness of soul and of wisdom that the ancient Greeks and Romans had. I don't think it's the sole reason. Nevertheless, the expedient my father hit upon for this purpose was that, while I was still a nursling, before I began to speak, he entrusted me to the supervision of a German who later died in France as a famous physician, but at the time knew nothing of our language, though he was very well versed in Latin. Having been sent for expressly and given a very good salary, he was constantly with me. With him there were also two others, who knew less, to follow me and relieve the first. These people spoke to me only in Latin. As for the rest of the household, it was an inviolable rule that neither my father himself, nor my mother, nor any male or female servant speak in my presence any but the few words of Latin they had picked up to blabber with me. The advantage each of them gained thereby was marvelous. My father and mother learned enough Latin to understand it, and acquired sufficient to be able to speak it when necessary, as did the other

nécessité, comme firent aussi les autres domestiques qui étaient plus attachés à mon service. Somme, nous nous latinisâmes tant, qu'il en regorgea jusques à nos villages tout autour, où il y a encore, et ont pris pied par l'usage plusieurs appellations latines d'artisans et d'outils. Quant à moi, j'avais plus de six ans avant que j'entendisse non plus de français ou de périgourdin que d'arabesque. Et, sans art, sans livre, sans grammaire ou précepte, sans fouet et sans larmes, j'avais appris du latin, tout aussi pur que mon maître d'école le savait: car je ne le pouvais avoir mêlé ni altéré. Si, par essai, on me voulait donner un thème, à la mode des collèges, on le donne aux autres en français; mais à moi il me le fallait donner en mauvais latin, pour le tourner en bon. Et Nicolas Grouchy, qui a écrit *De comitiis Romanorum,* Guillaume Guérente, qui a commenté Aristote, George Buchanan, ce grand poète écossais, Marc-Antoine Muret, que la France et l'Italie reconnaît pour le meilleur orateur du temps, mes précepteurs domestiques, m'ont dit souvent que j'avais ce langage en mon enfance si prêt et si à la main, qu'ils craignaient à m'accoster. Buchanan, que je vis depuis à la suite de feu M. le maréchal de Brissac, me dit qu'il était après à écrire de l'institution des enfants, et qu'il prenait l'exemplaire de la mienne; car il avait lors en charge ce comte de Brissac que nous avons vu depuis si valeureux et si brave.

Quant au grec, duquel je n'ai quasi du tout point d'intelligence, mon père desseigna me le faire apprendre par art, mais d'une voie nouvelle, par forme d'ébat et d'exercice. Nous pelotions nos déclinaisons à la manière de ceux qui, par certains jeux de tablier, apprennent l'arithmétique et la géométrie. Car, entre autres choses, il avait été conseillé de me faire goûter la science et le devoir par une volonté non forcée et de mon propre désir, et d'élever mon âme en toute douceur et liberté, sans rigueur et contrainte. Je dis jusques à telle superstition que, parce que aucuns tiennent que cela trouble la cervelle tendre des enfants de les éveiller le matin en sursaut, et de les arracher du sommeil (auquel ils sont plongés beaucoup plus que nous ne sommes) tout à coup et par violence, il me faisait éveiller par le son de quelque instrument; et ne fus jamais sans homme qui m'en servît.

Cet exemple suffira pour en juger le reste, et pour recommander aussi et la prudence et l'affection d'un si bon père, auquel il ne se faut nullement prendre, s'il n'a recueilli aucuns fruits répondant à une si exquise culture. Deux choses en furent cause: le champ stérile et incommode; car, quoique j'eusse la santé ferme et entière, et quant et quant un naturel doux et traitable, j'étais parmi cela si pesant, mol et endormi, qu'on ne me pouvait arracher de l'oisiveté, non pas pour me

servants who were assigned to wait on me. In brief, we Latinized so much that it even overflowed onto our neighboring villages, where there are still remains of it, and where several Latin names for artisans and tools have taken root by force of habit. As for me, I was over six before I understood any more French or Périgord dialect than I did Arabic. And without artifice, without a book, without grammar or rules, without a whip and without tears, I had learned a Latin as pure as that known by my schoolmaster, because I couldn't have learned a hybrid or debased version. When they wanted to test me by doing a translation into Latin, as in school, whereas the pupils there are given a French text to translate, I had to be given a text in bad Latin, to turn it into good Latin. And Nicolas Grouchy, who wrote *On Roman Electoral Assemblies;* Guillaume Guérente, who wrote a commentary on Aristotle; George Buchanan, that great Scottish poet; Marc-Antoine Muret, recognized in France and Italy as the best orator of the day; and my domestic tutors often told me that as a child I had that language so ready to hand that they were afraid to address me. Buchanan, whom I later saw in the retinue of the late Marshal de Brissac, told me that he was writing about the education of children and was using mine as an example; because at the time he was tutoring that Count de Brissac whom we have since seen so valorous and brave.

As for Greek, which I have practically no knowledge of, my father intended to have me learn it in a scientific way, but by a new method, as an amusement and exercise. We'd bat our declensions back and forth the way some people learn arithmetic and geometry by playing certain board games. For, among other things, he had been advised to make me enjoy learning and duty of my own free will, without compulsion, and to elevate my mind with all gentleness and freedom, with no severity or constraint. I say he did this so religiously that, because some hold that it harms children's tender brains to awaken them with a start in the morning and jolt them out of their sleep (in which they are much more deeply immersed than we are) violently all at once, he had me awakened to the sound of a musical instrument; and I was never without a man to play it for me.

This example will suffice to judge of the rest, and also to commend both the prudence and the affection of so good a father, who is not at all to be blamed if he didn't gather any fruit corresponding to so careful a cultivation. There were two reasons for this: first, the barren, unsuitable terrain; for, though my health was sound and unimpaired, and I also had a gentle, tractable nature, I was also so sluggish, languid, and drowsy that I couldn't be plucked out of my idleness, not even to

faire jouer. Ce que je voyais, je le voyais bien et, sous cette complexion lourde, nourrissais des imaginations hardies et des opinions au-dessus de mon âge. L'esprit, je l'avais lent, et qui n'allait qu'autant qu'on le menait; l'appréhension, tardive; l'invention, lâche; et après tout, un incroyable défaut de mémoire. De tout cela, il n'est pas merveille s'il ne sut rien tirer qui vaille. Secondement, comme ceux que presse un furieux désir de guérison se laissent aller à toute sorte de conseil, le bonhomme, ayant extrême peur de faillir en chose qu'il avait tant à cœur, se laissa enfin emporter à l'opinion commune, qui suit toujours ceux qui vont devant, comme les grues, et se rangea à la coutume, n'ayant plus autour de lui ceux qui lui avaient donné ces premières institutions, qu'il avait apportées d'Italie; et m'envoya, environ mes six ans, au collège de Guyenne, très florissant pour lors, et le meilleur de France. Et là, il n'est possible de rien ajouter au soin qu'il eut, et à me choisir des précepteurs de chambre suffisants, et à toutes les autres circonstances de ma nourriture, en laquelle il réserva plusieurs façons particulières contre l'usage des collèges. Mais tant y a, que c'était toujours collège. Mon latin s'abâtardit incontinent, duquel depuis par désaccoutumance j'ai perdu tout usage. Et ne me servit cette mienne nouvelle institution, que de me faire enjamber d'arrivée aux premières classes: car, à treize ans que je sortis du collège, j'avais achevé mon cours (qu'ils appellent), et à la vérité sans aucun fruit que je puisse à présent mettre en compte.

Le premier goût que j'eus aux livres, il me vint du plaisir des fables de la *Métamorphose* d'Ovide. Car, environ l'âge de sept ou huit ans, je me dérobais de tout autre plaisir pour les lire; d'autant que cette langue était la mienne maternelle, et que c'était le plus aisé livre que je connusse, et le plus accommodé à la faiblesse de mon âge, à cause de la matière. Car des *Lancelots du Lac,* des *Amadis,* des *Huons de Bordeaux,* et tel fatras de livres à quoi l'enfance s'amuse, je n'en connaissais pas seulement le nom, ni ne fais encore le corps, tant exacte était ma discipline. Je m'en rendais plus nonchalant à l'étude de mes autres leçons prescrites. Là, il me vint singulièrement à propos d'avoir affaire à un homme d'entendement de précepteur, qui sut dextrement conniver à cette mienne débauche, et autres pareilles. Car, par là, j'enfilai tout d'un trait Virgile en l'*Énéide,* et puis Térence, et puis Plaute, et des comédies italiennes, leurré toujours par la douceur du sujet. S'il eût été si fol de rompre ce train, j'estime que je n'eusse rapporté du collège que la haine des livres, comme fait quasi toute notre noblesse. Il s'y gouverna ingénieusement. Faisant semblant de n'en voir rien, il aiguisait ma faim, ne me laissant qu'à la dérobée gour-

make me play. What I saw, I saw clearly, and beneath that dumpy exterior I nurtured bold ideas and opinions befitting an older person. My mind was slow and only proceeded when it was guided; my apprehension was tardy; my inventive powers, weak; and on top of all that, my memory was incredibly bad. With all that, it's no wonder if he wasn't able to achieve any worthwhile results. Secondly, just as those urged by a rabid desire to get well listen to all kinds of advice, the good man, extremely afraid of failing in a matter he took so much to heart, finally succumbed to general opinion, which always follows the leader, the way cranes do, and complied with custom, no longer having around him the men who had given him those first precepts, which he had brought back from Italy; and he sent me, when I was about six, to the Collège de Guyenne, which was thriving at the time and the best in France. There, it's impossible to add anything to the care he took, both in choosing competent personal tutors for me, and in every other circumstance of my education, in which he made many special arrangements contrary to the custom in schools. But all the same, it was still school. My Latin became debased at once, and since then I've completely lost the use of it through neglect. And all that that novel education of mine did for me was to get me promoted immediately to the upper classes; because when I left school at thirteen I had completed my curriculum (as they call it), but truly without any results I can now turn to advantage.

My first taste in reading came from my delight in the tales in Ovid's *Metamorphoses*. For, around the age of seven or eight, I gave up all other pleasures to read them, inasmuch as that was my mother tongue and it was the easiest book I knew and the best suited to my tender age in its subject matter. Because such books as *Lancelot of the Lake*, *Amadis*, and *Huon of Bordeaux*, and the other nonsense on which children waste their time, I knew not even by name (and still don't know their contents), so strict was my discipline. That made me less concerned with studying my other set lessons. There I was unusually lucky to be dealing with a wise man as a tutor, who skillfully favored that negligence of mine, and other such things. Because in that manner I made my way, all at one go, through Vergil's *Aeneid*, then Terence, then Plautus and Italian comedies, always lured on by the charm of the subject matter. If he had been foolish enough to halt that procedure, I think that I would have brought back from school nothing but a hatred for books, as is the case with almost all our noblemen. He went about it ingeniously. Pretending not to notice anything, he sharpened my hunger by letting me gorge on such books only clan-

mander ces livres, et me tenant doucement en office pour les autres
études de la règle. Car les principales parties que mon père cherchait
à ceux à qui il donnait charge de moi, c'était la débonnaireté et facilité de complexion. Aussi n'avait la mienne autre vice que langueur et
paresse. Le danger n'était pas que je fisse mal, mais que je ne fisse
rien. Nul ne pronostiquait que je dusse devenir mauvais, mais inutile.
On y prévoyait de la fainéantise, non pas de la malice.

Je sens qu'il en est advenu de même. Les plaintes qui me cornent
aux oreilles sont comme cela: «Oisif; froid aux offices d'amitié et de
parenté et aux offices publics; trop particulier.» Les plus injurieux ne
disent pas: «Pourquoi a-t-il pris? Pourquoi n'a-t-il payé?» Mais:
«Pourquoi ne quitte-t-il? ne donne-t-il?»

Je recevrais à faveur qu'on ne désirât en moi que tels effets de su-
pérérogation. Mais ils sont injustes d'exiger ce que je ne dois pas, plus
rigoureusement beaucoup qu'ils n'exigent d'eux ce qu'ils doivent. En
m'y condamnant, ils effacent la gratification de l'action et la gratitude
qui m'en serait due; là où le bien-faire actif devrait plus peser de ma
main, en considération de ce que je n'en ai passif nul qui soit. Je puis
d'autant plus librement disposer de ma fortune qu'elle est plus
mienne. Toutefois, si j'étais grand enlumineur de mes actions, à
l'aventure rembarrerais-je bien ces reproches. Et à quelques-uns
apprendrais qu'ils ne sont pas si offensés que je ne fasse pas assez, que
de quoi je puisse faire assez plus que je ne fais.

Mon âme ne laissait pourtant en même temps d'avoir à part soi des
remuements fermes et des jugements sûrs et ouverts autour des ob-
jets qu'elle connaissait, et les digérait seule, sans aucune communication. Et, entre autres choses, je crois à la vérité qu'elle eût été du tout
incapable de se rendre à la force et violence.

Mettrai-je en compte cette faculté de mon enfance: une assurance
de visage, et souplesse de voix et de geste, à m'appliquer aux rôles que
j'entreprenais? Car, avant l'âge,

Alter ab undecimo tum me vix ceperat annus,

j'ai soutenu les premiers personnages ès tragédies latines de
Buchanan, de Guérente et de Muret, qui se représentèrent en notre
collège de Guyenne avec dignité. En cela, Andréas Goveanus, notre
principal, comme en toutes autres parties de sa charge, fut sans comparaison le plus grand principal de France; et m'en tenait-on maître
ouvrier. C'est un exercice que je ne mesloue point aux jeunes enfants

destinely, and by gently holding me to my duties regarding the other prescribed studies. Because the chief qualities my father looked for in those he entrusted me to were good nature and easygoing ways. And my own nature had no other vice than sluggishness and laziness. The danger wasn't my doing wrong, but my doing nothing. No one foretold that I'd become wicked, only useless. They predicted I'd be good for nothing, not evil.

I feel that that's what happened. The complaints that din in my ears are of this sort: "An idler; cold both in his duties to friends and relatives and in public office; keeps too much to himself." My most insulting critics say, not, "Why did he borrow, and why hasn't he paid it back?" but "Why doesn't he wipe out people's debts to him, and make donations?"

I'd take it as a favor if people demanded of me only such acts of supererogation. But it's unfair of them to ask me for what I *don't* owe, much more sternly than they ask themselves for what they *do*. By forcing my hand they do away with any pleasure in the transaction and the gratitude that would be due to me for it; in a situation where active good deeds ought to have more weight coming from me, seeing that none at all are done to me in turn. I can dispose of my property all the more freely because it's mine to a greater extent. Yet, if I were a great boaster about my actions, I might perhaps strongly refute those reproaches. And I'd teach certain people that they're offended not because I don't do enough, but because I can do much more than I actually do.

Nevertheless, at the same time my mind didn't fail to have strong stirrings of its own and to form sure, open judgments about the objects it knew, digesting them by itself, with no one else's participation. And among other things, I truly believe that it would have been fully unable to yield to force and violence.

Shall I add to my account that other faculty of my childhood: a confident face and suppleness of voice and gesture for applying myself to the roles I undertook? Because at a very early age—

the next year had then scarcely snatched me from my eleventh—[40]

I played the leading parts in the Latin tragedies by Buchanan, Guérente, and Muret, which were performed with dignity at our Collège de Guyenne. In that, as in every other aspect of his duties, our principal, Andreas Goveanus, was beyond comparison the greatest principal in France; and I was considered a master of my craft. It's an occupation I highly recommend to young children of good houses,

---

40. Vergil.

de maison; et ai vu nos Princes s'y adonner depuis en personne, à l'exemple d'aucun des anciens, honnêtement et louablement.

Il était loisible même d'en faire métier aux gens d'honneur en Grèce: «*Aristoni tragico actori rem aperit: huic et genus et fortuna honesta erant; nec ars, quia nihil tale apud Græcos pudori est, ea deformabat.*

Car j'ai toujours accusé d'impertinence ceux qui condamnent ces ébattements, et d'injustice ceux qui refusent l'entrée de nos bonnes villes aux comédiens qui le valent, et envient au peuple ces plaisirs publics. Les bonnes polices prennent soin d'assembler les citoyens et les rallier, comme aux offices sérieux de la dévotion, aussi aux exercices et jeux; la société et amitié s'en augmentent. Et puis on ne leur saurait concéder des passe-temps plus réglés que ceux qui se font en présence d'un chacun et à la vue même du magistrat. Et trouverais raisonnable que le magistrat et le prince, à ses dépens, en gratifiât quelquefois la commune, d'une affection et bonté comme paternelle; et qu'aux villes populeuses il y eût des lieux destinés et disposés pour ces spectacles, quelque divertissement de pires actions et occultes.

Pour revenir à mon propos, il n'y a tel que d'allécher l'appétit et l'affection, autrement on ne fait que des ânes chargés de livres. On leur donne à coups de fouet en garde leur pochette pleine de science, laquelle, pour bien faire, il ne faut pas seulement loger chez soi, il la faut épouser.

De l'amitié (I, 28)

Considérant la conduite de la besogne d'un peintre que j'ai, il m'a pris envie de l'ensuivre. Il choisit le plus bel endroit et milieu de chaque paroi, pour y loger un tableau élaboré de toute sa suffisance; et, le vide tout autour, il le remplit de grotesques, qui sont peintures fantasques, n'ayant grâce qu'en la variété et étrangeté. Que sont-ce ici aussi, à la vérité, que grotesques et corps monstrueux, rapiécés de divers membres, sans certaine figure, n'ayant ordre, suite ni proportion que fortuite?

Desinit in piscem mulier formosa superne.

and I've since then seen our princes devote themselves to it, following the example of some of the ancients, honestly and praiseworthily.

It was even permissible for wellborn men to follow that profession in Greece: "He revealed the matter to the tragedian Ariston, whose family and fortune were both honorable; nor were they debased by that art, because nothing of that sort is shameful to the Greeks."[41]

For I've always accused of impertinence those who condemn those amusements; and of injustice, those who deny entry into our good cities to actors who deserve it, begrudging the populace those public pleasures. Good rulers take care to assemble their citizens and gather them together for sports and amusements, the way they're gathered together for serious religious functions; sociability and friendship are benefited by it. And, besides, they couldn't be permitted pastimes better regulated than those taking place in the presence of all and before the very eyes of the magistrate. And I'd find it reasonable if the magistrate and the prince, at his expense, would sometimes make such a gift to the community out of a quasi-paternal affection and kindness, and if, in populous cities, there were places set aside and arranged for these shows, as some distraction from worse, hidden activities.

To get back to my subject, there's nothing like attracting pupils' appetites and affections, or else you only make them donkeys loaded with books. They're given a pocketful of learning to keep, by means of floggings, learning which, to use it well, should be not only stored in one's mind, but heartily espoused.

On Friendship (I, 28)

On observing the way a painter in my employ carried out his task I got the urge to emulate him. He chose the finest spot in the middle of each wall to place there a picture worked out with all his skill, and filled the space all around it with grotesques, which are fantasy paintings whose charm is only in their variety and oddity. And in truth what are these pieces of mine but grotesques and monstrous bodies, patched together from assorted limbs, without a definite form, with only an accidental order, logic, or proportion?

> *The torso of a beautiful woman ends in a fish's tail.*[1]

---

41. Livy.

1. Horace.

Je vais bien jusques à ce second point avec mon peintre, mais je demeure court en l'autre et meilleure partie; car ma suffisance ne va pas si avant que d'oser entreprendre un tableau riche, poli et formé selon l'art. Je me suis avisé d'en emprunter un d'Étienne de la Boétie, qui honorera tout le reste de cette besogne. C'est un discours auquel il donna nom *La Servitude volontaire;* mais ceux qui l'ont ignoré, l'ont bien proprement depuis rebaptisé *Le Contre Un.* Il l'écrivit par manière d'essai, en sa première jeunesse, à l'honneur de la liberté contre les tyrans. Il court piéça ès mains des gens d'entendement, non sans bien grande et méritée recommandation: car il est gentil, et plein ce qu'il est possible. Si y a-t-il bien à dire que ce ne soit le mieux qu'il pût faire; et si, en l'âge que je l'ai connu, plus avancé, il eût pris un tel dessein que le mien de mettre par écrit ses fantaisies, nous verrions plusieurs choses rares et qui nous approcheraient bien près de l'honneur de l'Antiquité; car, notamment en cette partie des dons de nature, je n'en connais point qui lui soit comparable. Mais il n'est demeuré de lui que ce discours, encore par rencontre, et crois qu'il ne le vit onques depuis qu'il lui échappa, et quelques mémoires sur cet édit de Janvier, fameux par nos guerres civiles, qui trouveront encore ailleurs peut-être leur place. C'est tout ce que j'ai pu recouvrer de ses reliques, moi qu'il laissa, d'une si amoureuse recommandation, la mort entre les dents, par son testament, héritier de sa bibliothèque et de ses papiers, outre le livret de ses œuvres que j'ai fait mettre en lumière. Et si, suis obligé particulièrement à cette pièce, d'autant qu'elle a servi de moyen à notre première accointance. Car elle me fut montrée longue pièce avant que je l'eusse vu, et me donna la première connaissance de son nom, acheminant ainsi cette amitié que nous avons nourrie, tant que Dieu a voulu, entre nous, si entière et si parfaite que certainement il ne s'en lit guère de pareilles, et, entre nos hommes, il ne s'en voit aucune trace en usage. Il faut tant de rencontres à la bâtir, que c'est beaucoup si la fortune y arrive une fois en trois siècles.

Il n'est rien à quoi il semble que nature nous ait plus acheminé qu'à la société. Et dit Aristote que les bons législateurs ont eu plus de soin de l'amitié que de la justice. Or le dernier point de sa perfection est celui-ci. Car, en général, toutes celles que la volupté ou le profit, le besoin public ou privé forge et nourrit, en sont d'autant moins belles et généreuses, et d'autant moins amitiés, qu'elles mêlent autre cause et but et fruit en l'amitié, qu'elle-même.

I can follow my painter in the subsidiary decoration, but I fall short as to the other, better part; because my skill isn't as great as to dare undertake a full picture, highly polished and according to the rules of art. I have decided to borrow one from Étienne de La Boétie, who will honor all the rest of this piece. It's a treatise which he named *Voluntary Servitude,* but those who didn't know this later redubbed it, quite suitably, *Against One Man.* He wrote it as a sort of trial piece when he was quite young, in homage to freedom from tyrants. For some time it has been in the hands of people of understanding, who have commended it highly, as it merits: for it's pleasant and as full of matter as possible. Nevertheless, one can't rightly say it's the best he could have done; if, at the more advanced age when I knew him, he had conceived a plan like mine, to write down his thoughts, we'd see a number of unusual things which would bring us very close to the achievements of antiquity, because, especially in that category of natural endowments, I know no one else comparable to him. But all he left us was this treatise (and only by chance; I don't think he ever saw it after it left his hands) and some memoirs on that January edict[2] which was made famous by our civil wars, memoirs that may still be published elsewhere. Those are the only relics of his I've been able to put my hands on (though in his will, on the brink of death, by so loving a trust, he made me heir to his library and his papers), besides the small volume of his works that I've already published. But I have a special obligation to that treatise, inasmuch as it served as the means for our first acquaintance. For it was showed to me long before I met him, and it made me familiar with his name for the first time, thus preparing the way for that friendship we maintained between us for as long as it pleased God, one so entire and perfect that surely one scarcely reads about similar ones and, among men of our day, not a trace can be seen in practice. It takes so many chance events to build one that it's quite something if fortune brings it about once in three centuries.

There's nothing for which nature seems to have formed us more than for society. And Aristotle says that good lawmakers have been more concerned with friendship than with justice. Now, the highest point of its perfection is this. For, in general, all those friendships created and nurtured by sensuality or gain, by public or private necessity, are all the less beautiful and noble, and all the less real, because they add another cause, goal, and result over and above friendship itself.

---

2. Of religious tolerance.

Ni ces quatre espèces anciennes: naturelle, sociale, hospitalière, vénérienne, particulièrement n'y conviennent, ni conjointement.

Des enfants aux pères, c'est plutôt respect. L'amitié se nourrit de communication qui ne peut se trouver entre eux, pour la trop grande disparité, et offenserait à l'aventure les devoirs de nature. Car ni toutes les secrètes pensées des pères ne se peuvent communiquer aux enfants pour n'y engendrer une messéante privauté, ni les avertissements et corrections, qui est un des premiers offices d'amitié, ne se pourraient exercer des enfants aux pères. Il s'est trouvé des nations où, par usage, les enfants tuaient leurs pères, et d'autres où les pères tuaient leurs enfants, pour éviter l'empêchement qu'ils se peuvent quelquefois entreporter, et naturellement l'un dépend de la ruine de l'autre. Il s'est trouvé des philosophes dédaignant cette couture naturelle, témoin Aristippe: quand on le pressait de l'affection qu'il devait à ses enfants pour être sortis de lui, il se mit à cracher, disant que cela en était aussi bien sorti; que nous engendrions bien des poux et des vers. Et cet autre, que Plutarque voulait induire à s'accorder avec son frère: «Je n'en fais pas, dit-il, plus grand état pour être sorti de même trou.» C'est, à la vérité, un beau nom et plein de dilection que le nom de frère, et à cette cause en fîmes-nous, lui et moi, notre alliance. Mais ce mélange de biens, ces partages, et que la richesse de l'un soit la pauvreté de l'autre, cela détrempe merveilleusement et relâche cette soudure fraternelle. Les frères ayant à conduire le progrès de leur avancement en même sentier et même train, il est force qu'ils se heurtent et choquent souvent. Davantage, la correspondance et relation qui engendre ces vraies et parfaites amitiés, pourquoi se trouvera-t-elle en ceux-ci? Le père et le fils peuvent être de complexion entièrement éloignée, et les frères aussi. C'est mon fils, c'est mon parent, mais c'est un homme farouche, un méchant ou un sot. Et puis, à mesure que ce sont amitiés que la loi et l'obligation naturelle nous commandent, il y a d'autant moins de notre choix et liberté volontaire. Et notre liberté volontaire n'a point de production qui soit plus proprement sienne que celle de l'affection et amitié. Ce n'est pas que je n'aie essayé de ce côté-là tout ce qui en peut être, ayant eu le meilleur père qui fut onques, et le plus indulgent, jusques à son extrême vieillesse, et étant d'une famille fameuse de père en fils, et exemplaires en cette partie de la concorde fraternelle,

> *et ipse*
> *Notus in fratres animi paterni.*

Nor do those four ancient categories—natural, social, hospitable, amorous—fit the bill either individually or jointly.

What children feel for their parents is rather respect. Friendship is nourished by a community of spirit that can't be found between them because of their too great disparity, and it might be detrimental to natural duties. For all the secret thoughts parents have can't be communicated to children to avoid creating an unseemly intimacy; nor can admonitions and corrections (one of the chief duties of friends) be given by children to parents. There have been countries where, by custom, children killed their parents, and others where parents killed their children, to avoid the trouble they can sometimes cause one another, and by nature one side depends on the ruin of the other. There have been philosophers who scorned that natural bond; take Aristippus: when people urged upon him the affection he owed his children because they had issued from him, he began to spit, saying that that had come out of him just as well; that we also engendered many lice and worms. And another man, whom Plutarch tried to persuade to be reconciled with his brother, said: "I don't consider him more important because he came out of the same hole." In truth, the name of brother is beautiful and full of affection, and therefore he and I allied ourselves as such. But that mingling of property, those divisions of it, and the fact that the wealth of one means the poverty of the other, hugely dilutes and loosens that fraternal bond. Since brothers must pursue their advancement on the same path at the same pace, they have to collide and bump into each other frequently. Moreover, why should the concord and harmony that beget those true, perfect friendships be found in *them?* Father and son may be of altogether different natures, and brothers as well. He's my son, he's my relative, but he's a violent man, a wicked man, or a fool. And then, to the extent that these are friendships enjoined upon us by law and natural obligation, they depend so much the less on our choice and freedom of will. And our freedom of will has no product so truly its own as that of affection and friendship. It's not that I haven't had the best possible experience of such things, since I had the finest father ever, and the most indulgent, up to his extreme old age, and I came from a family famous from father to son, all exemplary when it came to fraternal concord

> *and I myself*
> *known for my paternal feelings for my brothers.*[3]

---

3. Horace.

D'y comparer l'affection envers les femmes, quoiqu'elle naisse de notre choix, on ne peut, ni la loger en ce rôle. Son feu, je le confesse,

> *neque enim est dea nescia nostri*
> *Quæ dulcem curis miscet amaritiem,*

est plus actif, plus cuisant et plus âpre. Mais c'est un feu téméraire et volage, ondoyant et divers, feu de fièvre, sujet à accès et remises, et qui ne nous tient qu'à un coin. En l'amitié, c'est une chaleur générale et universelle, tempérée au demeurant et égale, une chaleur constante et rassise, toute douceur et polissure, qui n'a rien d'âpre et de poignant. Qui plus est, en l'amour ce n'est qu'un désir forcené après ce qui nous fuit:

> *Come segue la lepre il cacciatore*
> *Al freddo, al caldo, alla montagna, al lito;*
> *Nè più l'estima poi che presa vede,*
> *Et sol dietro a chi fugge affretta il piede.*

Aussitôt qu'il entre aux termes de l'amitié, c'est-à-dire en la convenance des volontés, il s'évanouit et s'alanguit. La jouissance le perd, comme ayant la fin corporelle et sujette à satiété. L'amitié, au rebours, est jouie à mesure qu'elle est désirée, ne s'élève, se nourrit, ni ne prend accroissance qu'en la jouissance comme étant spirituelle, et l'âme s'affinant par l'usage. Sous cette parfaite amitié, ces affections volages ont autrefois trouvé place chez moi, afin que je ne parle de lui, qui n'en confesse que trop par ces vers. Ainsi ces deux passions sont entrées chez moi en connaissance l'une de l'autre; mais en comparaison jamais: la première maintenant sa route d'un vol hautain et superbe, et regardant dédaigneusement celle-ci passer ses pointes bien loin au-dessous d'elle.

Quant aux mariages, outre ce que c'est un marché qui n'a que l'entrée libre (sa durée étant contrainte et forcée, dépendant d'ailleurs que de notre vouloir), et marché qui ordinairement se fait à autres fins, il y survient mille fusées étrangères à démêler parmi, suffisantes à rompre le fil et troubler le cours d'une vive affection; là où, en l'amitié, il n'y a affaire ni commerce que d'elle-même. Joint qu'à dire vrai, la suffisance ordinaire des femmes n'est pas pour répondre à cette conférence et communication, nourrice de cette sainte couture; ni leur âme ne semble assez ferme pour soutenir l'étreinte d'un nœud si pressé et si durable. Et certes, sans cela, s'il se pouvait dresser une telle accointance, libre et volontaire, où non seulement les âmes eus-

One can't compare to this our affection for women, though it arises from our choice, nor allot it the same place. Its fire, I admit

> *(for that goddess isn't ignorant of me*
> *who mingles sweet bitterness with the troubles she causes),*[4]

is more active, more burning, and more fierce. But it's a rash, flighty fire, one that changes and comes and goes, the fire of a fever, subject to attacks and remissions, one that has hold of only a corner of us. In friendship, it's a general and universal heat, temperate and even, besides, a constant, calm heat, all gentleness and smoothness, with nothing fierce or wounding in it. Furthermore, in love we have only a mad desire for that which flees from us:

> *Just as the hunter pursues the hare*
> *in cold, in heat, on the mountain, in the plain;*
> *and he no longer cares about it once he's caught it,*
> *and merely hastens his steps after the one that flees.*[5]

As soon as love enters the realm of friendship—that is, a conformity of wills—it fades away and languishes. The enjoyment of it destroys it, since it has a physical goal and is subject to satiety. Friendship, on the contrary, is enjoyed to the extent that it's desired; it isn't fostered, isn't nourished, doesn't grow except in the enjoyment of it, since it's of the mind, and the mind is refined by constant use. During that perfect friendship, such fleeting affections used to find shelter in me, not to speak of *him,* as he admits all too freely in his poetry. And so those two passions in me came to know each other, but could never be compared to each other, the former pursuing its way in a haughty, lofty flight and disdainfully watching the latter take its regular course far, far below it.

As for marriage, not only is it a market to which only the entrance is open (its duration being compulsory and forced, dependent on other things than our wishes), and a market generally entered into for other purposes: a thousand outside entanglements occur in it that must be unraveled which are sufficient to break the thread and trouble the course of a lively affection; whereas friendship has dealings and traffic with itself only. In addition, to tell the truth, women don't usually have the ability to respond to that converse and sharing which are at the heart of that holy bond; nor does their mind seem firm enough to sustain the pressure of a knot so tight and lasting. Otherwise, of course, if such a free, voluntary relationship could be formed, in which not only

---

4. Catullus.　5. Ariosto.

sent cette entière jouissance, mais encore où les corps eussent part à l'alliance, où l'homme fût engagé tout entier, il est certain que l'amitié en serait plus pleine et plus comble. Mais ce sexe par nul exemple n'y est encore pu arriver, et par le commun consentement des écoles anciennes en est rejeté.

Et cette autre licence grecque est justement abhorrée par nos mœurs. Laquelle pourtant, pour avoir, selon leur usage, une si nécessaire disparité d'âges et différences d'offices entre les amants, ne répondait non plus assez à la parfaite union et convenance qu'ici nous demandons: «*Quis est enim iste amor amicitiæ? Cur neque deformem adolescentem quisquam amat, neque formosum senem?*» Car la peinture même qu'en fait l'Académie ne me désavouera pas, comme je pense, de dire ainsi de sa part: que cette première fureur inspirée par le fils de Vénus au cœur de l'amant sur l'objet de la fleur d'une tendre jeunesse, à laquelle ils permettent tous les insolents et passionnés efforts que peut produire une ardeur immodérée, était simplement fondée en une beauté externe, fausse image de la génération corporelle. Car en l'esprit elle ne pouvait, duquel la montre était encore cachée, qui n'était qu'en sa naissance, et avant l'âge de germer. Que si cette fureur saisissait un bas courage, les moyens de sa poursuite c'étaient richesses, présents, faveur à l'avancement des dignités, et telle autre basse marchandise, qu'ils réprouvent. Si elle tombait en un courage plus généreux, les entremises étaient généreuses de même: instructions philosophiques, enseignements à révérer la religion, obéir aux lois, mourir pour le bien de son pays, exemples de vaillance, prudence, justice; s'étudiant l'amant de se rendre acceptable par la bonne grâce et beauté de son âme, celle de son corps étant piéça fanée, et espérant par cette société mentale établir un marché plus ferme et durable. Quand cette poursuite arrivait à l'effet en sa saison (car ce qu'ils ne requièrent point en l'amant, qu'il apportât loisir et discrétion en son entreprise, ils le requièrent exactement en l'aimé; d'autant qu'il lui fallait juger d'une beauté interne, de difficile connaissance et abstruse découverte), lors naissait en l'aimé le désir d'une conception spirituelle par l'entremise d'une spirituelle beauté. Celleci était ici principale; la corporelle, accidentelle et seconde: tout le rebours de l'amant. A cette cause préfèrent-ils l'aimé, et vérifient que les dieux aussi le préfèrent, et tancent grandement le poète Eschyle d'avoir, en l'amour d'Achille et de Patrocle, donné la part de l'amant à Achille qui était en la première et imberbe verdeur de son adoles-

the two minds found that total enjoyment, but in which the bodies, too, shared in the union, in which a man would be completely involved, surely that would make friendship richer and fuller. But no example indicates that that sex has ever come that far, and the general consensus of ancient philosophers bars them from it.

And that other Greek license is rightly abhorred by our customs. Nevertheless, because, the way they practiced it, the lovers had to be of such different ages and duties, it didn't answer, either, to the perfect union and conformity we're asking for here: "For what is this friendly love? Why does no one love an ugly youth or a handsome old man?"[6] For even the depiction made of it by the philosophers of the Academy won't keep me, I think, from saying this with regard to it: that first furor inspired by the son of Venus in the lover's heart for a blossoming, tender youth, to which they allow all the insolent, passionate acts that can be caused by immoderate ardor, was merely based on outward beauty, a false image of physical generation. For it couldn't be based on the mind, the nature of which was still hidden, which was only in its birth stages, too young to germinate. If that furor seized on a lowminded man, the means for his pursuit were money, gifts, influence in promotion to public office, and such other vile wares, which those philosophers disapprove of. If it seized upon a man of nobler heart, the incentives he offered were equally noble: philosophic instruction, lessons in revering religion, obeying the laws, dying for the good of one's country, examples of valor, prudence, and justice; the lover striving to make himself acceptable by the grace and beauty of his mind, that of his body having long faded, and hoping by that mental companionship to establish a more solid and lasting relationship. When that pursuit attained its goal in the course of time (for what they don't demand of the lover—to bring leisure and discretion to his undertaking—they demand rigorously of the beloved, inasmuch as he needed to evaluate an inner beauty, hard to recognize and concealed from the seeker), then there arose in the beloved the desire for a mental conception achieved by way of a mental beauty. The latter was the main thing here; physical beauty was accidental and secondary: just the opposite of the lover's views. For that reason they prefer the beloved, and declare that the gods do, as well, and they seriously reproach the poet Aeschylus for having, in the love between Achilles and Patroclus, assigned the role of lover to Achilles, who was in the first, beardless vigor of his adolescence, and the handsomest of

6. Cicero.

cence, et le plus beau des Grecs. Après cette communauté générale, la maîtresse et plus digne partie d'icelle exerçant ses offices et prédominant, ils disent qu'il en provenait des fruits très utiles au privé et au public; que c'était la force des pays qui en recevaient l'usage, et la principale défense de l'équité et de la liberté: témoin les salutaires amours de Harmodios et d'Aristogiton. Pourtant la nomment-ils sacrée et divine. Et n'est, à leur compte, que la violence des tyrans et lâcheté des peuples qui lui soit adversaire. Enfin tout ce qu'on peut donner à la faveur de l'Académie, c'est dire que c'était un amour se terminant en amitié; chose qui ne se rapporte pas mal à la définition stoïque de l'amour: «*Amorem conatum esse amicitiæ faciendæ ex pulchritudinis specie.*» Je reviens à ma description, de façon plus équitable et plus équable. «*Omnino amicitiæ, corroboratis jam confirmatisque ingeniis et ætatibus, judicandæ sunt.*»

Au demeurant, ce que nous appelons ordinairement amis et amitiés, ce ne sont qu'accointances et familiarités nouées par quelque occasion ou commodité, par le moyen de laquelle nos âmes s'entretiennent. En l'amitié de quoi je parle elles se mêlent et confondent l'une en l'autre, d'un mélange si universel, qu'elles effacent et ne retrouvent plus la couture qui les a jointes. Si on me presse de dire pourquoi je l'aimais, je sens que cela ne se peut exprimer, qu'en répondant: «Parce que c'était lui; parce que c'était moi.»

Il y a au-delà de tout mon discours, et de ce que j'en puis dire particulièrement, ne sais quelle force inexplicable et fatale, médiatrice de cette union. Nous nous cherchions avant que de nous être vus, et par des rapports que nous oyions l'un de l'autre, qui faisaient en notre affection plus d'effort que ne porte la raison des rapports, je crois par quelque ordonnance du ciel; nous nous embrassions par nos noms. Et à notre première rencontre, qui fut par hasard en une grande fête et compagnie de ville, nous nous trouvâmes si pris, si connus, si obligés entre nous, que rien dès lors ne nous fut si proche que l'un à l'autre. Il écrivit une satire latine excellente, qui est publiée, par laquelle il excuse et explique la précipitation de notre intelligence, si promptement parvenue à sa perfection. Ayant si peu à durer, et ayant si tard commencé, car nous étions tous deux hommes faits, et lui plus de quelques années, elle n'avait point à perdre temps et à se régler au patron des amitiés molles et régulières, auxquelles il faut tant de précautions de longue et préalable conversation. Celle-ci n'a point d'autre idée que d'elle-même, et ne se peut rapporter qu'à soi. Ce n'est pas

the Greeks. After that general communion, the chief and worthiest part of it fulfilling its duties and predominating, they say that this resulted in fruits very useful in private and in public; that it constituted the strength of those countries which permitted the custom, and the chief defense of equity and liberty, giving as an example the beneficial love between Harmodius and Aristogeiton. For that reason they call it sacred and divine. And, as they see it, only the violence of tyrants and weakmindedness of common people is opposed to it. Lastly, all that can be said in favor of the Academy's views is that it was a love ending in friendship, which doesn't accord badly with the Stoics' definition of love: "Love is an attempt to create friendship on the basis of beauty."[7] I return to my description, in a fairer, more equitable way. "By all means, friendships are to be judged after the friends' characters have been strengthened and steadied by age."[8]

Furthermore, what we generally call friends and friendships are merely acquaintanceships and familiar relations formed by some occasion or convenience, by means of which our minds are linked. In the friendship *I'm* speaking of, they blend and merge into each other with a blending so universal that they efface, and can no longer find, the seam that joined them. If I'm urged to say why I loved him, I feel it can only be expressed by replying: "Because he was he; because I was I."

Beyond all my reasoning and what I can say of this in particular, there's some unexplainable fateful force or other which mediated our union. We were looking for each other before we met, because of reports we kept hearing about each other, which had a greater effect on our affection than reports reasonably have, by some decree of heaven, I believe; we embraced each other with our names. And at our first meeting, which happened by chance at a big celebration and city gathering, we found ourselves so attracted, so well known, so obligated to each other that nothing since then was so close to us as the one was to the other. He wrote an excellent Latin satire, which has been published, in which he explains and apologizes for the haste in our meeting of minds, which reached perfection so quickly. Having so little time ahead of it, and having begun so late, for we were both grown men, he being a few years older, our friendship had not a moment to lose; it couldn't adjust to the pattern of those weak ordinary ones, which need so many precautions during a lengthy previous acquaintanceship. Ours had no other idea but of itself and can only be com-

---

7. Cicero.   8. Cicero.

une spéciale considération, ni deux, ni trois, ni quatre, ni mille: c'est je ne sais quelle quintessence de tout ce mélange, qui ayant saisi toute ma volonté, l'amena se plonger et se perdre dans la sienne; qui, ayant saisi toute sa volonté, l'amena se plonger et se perdre en la mienne, d'une faim, d'une concurrence pareille. Je dis perdre, à la vérité, ne nous réservant rien qui nous fût propre, ni qui fût ou sien, ou mien.

Quand Lélius, en présence des consuls romains, lesquels, après la condamnation de Tiberius Gracchus, poursuivaient tous ceux qui avaient été de son intelligence, vint à s'enquérir de Caïus Blosius (qui était le principal de ses amis) combien il eût voulu faire pour lui, et qu'il eut répondu: «Toutes choses.—Comment, toutes choses? suivit-il. Et quoi, s'il t'eût commandé de mettre le feu en nos temples?—il ne me l'eût jamais commandé, répliqua Blosius.—Mais s'il l'eût fait? ajouta Lélius.—J'y eusse obéi», répondit-il. S'il était si parfaitement ami de Gracchus, comme disent les histoires, il n'avait que faire d'offenser les consuls par cette dernière et hardie confession; et ne se devait départir de l'assurance qu'il avait de la volonté de Gracchus. Mais, toutefois, ceux qui accusent cette réponse comme séditieuse, n'entendent pas bien ce mystère et ne présupposent pas, comme il est, qu'il tenait la volonté de Gracchus en sa manche, et par puissance et par connaissance. Ils étaient plus amis que citoyens, plus amis qu'amis et qu'ennemis de leur pays, qu'amis d'ambition et de trouble. S'étant parfaitement commis l'un à l'autre, ils tenaient parfaitement les rênes de l'inclination l'un de l'autre; et faites guider cet harnois par la vertu et conduite de la raison (comme aussi est-il du tout impossible de l'atteler sans cela), la réponse de Blosius est telle qu'elle devait être. Si leurs actions se démanchèrent, ils n'étaient ni amis selon ma mesure l'un de l'autre, ni amis à eux-mêmes. Au demeurant, cette réponse ne sonne non plus que ferait la mienne, à qui s'enquerrait à moi de cette façon: «Si votre volonté vous commandait de tuer votre fille, la tueriez-vous?» et que je l'accordasse. Car cela ne porte aucun témoignage de consentement à ce faire, parce que je ne suis point en doute de ma volonté, et tout aussi peu de celle d'un tel ami. Il n'est pas en la puissance de tous les discours du monde de me déloger de la certitude que j'ai des intentions et jugements du mien. Aucune de ses actions ne me saurait être présentée, quelque visage qu'elle eût, que je n'en trouvasse incontinent le ressort. Nos âmes ont charrié si uniment ensemble, elles se sont considérées d'une si ardente affection, et de pareille affection découvertes jusques au fin fond des entrailles l'une à l'autre, que non seulement je connaissais la sienne

pared to itself. There wasn't one special consideration, or two, or three, or four, or a thousand: there was some sort of quintessence of that entire mixture which, having subjected my entire will, led it to plunge and lose itself in his; which, having subjected his entire will, led it to plunge and lose itself in mine, with a similar hunger and emulation. I mean "lose" literally, because we didn't exclude anything as being a personal possession, nothing was either only his or only mine.

When Laelius, in the presence of the Roman consuls, who after the condemnation of Tiberius Gracchus were prosecuting everyone who had known him well, asked Caius Blossius (his closest friend) how much he would have been willing to do for him, and he replied, "Anything," he retorted, "What do you mean, anything? What if he had ordered you to set fire to our temples?" "He never would have ordered such a thing," Blossius countered. "But what if he had?" Laelius added. "I would have obeyed," he replied. If he was so completely a friend to Gracchus as historical accounts say, he had no business to offend the consuls by that bold last confession, and he shouldn't have swerved from the sure grasp he had of Gracchus's wishes. But, all the same, those who tax that reply with sedition don't properly understand this mystery and don't assume, as is really the case, that he had Gracchus's wishes in the palm of his hand, both by his power over him and by his familiarity with him. They were friends more than they were citizens, friends more than they were friends or enemies of their country, or friends of ambition and upheaval. Being totally committed to each other, each had a firm grip on the reins of the other's inclinations; if you let that team be driven by virtue and the guidance of reason (and, indeed, they couldn't possibly be harnessed otherwise), then Blossius's reply is just as it should be. If their actions were out of joint, they were neither friends to each other, in my book, nor to themselves. Besides, that reply doesn't ring any more true than mine would if I said yes when asked this sort of question: "If your will ordered you to kill your daughter, would you?" Because that's no clear sign of my consent to do so, since I have no doubt at all as to my own wishes, and just as little as to those of such a close friend. All the arguments in the world are powerless to make me uncertain about the intentions and judgments of *mine*. None of his actions could be put before me, no matter what aspect it bore, which I wouldn't immediately find the motive for. Our minds have ridden together in such unison, they have observed each other with such ardent affection, and with the same affection have looked into the very bottom of our hearts, that I not only

comme la mienne, mais je me fusse certainement plus volontiers fié à lui de moi qu'à moi.

Qu'on ne me mette pas en ce rang ces autres amitiés communes; j'en ai autant de connaissance qu'un autre, et des plus parfaites de leur genre, mais je ne conseille pas qu'on confonde leurs règles: on s'y tromperait. Il faut marcher en ces autres amitiés la bride à la main, avec prudence et précaution; la liaison n'est pas nouée en manière qu'on n'ait aucunement à s'en défier. «Aimez-le (disait Chilon) comme ayant quelque jour à le haïr; haïssez-le, comme ayant à l'aimer.» Ce précepte qui est si abominable en cette souveraine et maîtresse amitié, il est salubre en l'usage des amitiés ordinaires et coutumières, à l'endroit desquelles il faut employer le mot qu'Aristote avait très familier: «O mes amis, il n'y a nul ami!»

En ce noble commerce, les offices et les bienfaits, nourriciers des autres amitiés, ne méritent pas seulement d'être mis en compte; cette confusion si pleine de nos volontés en est cause. Car, tout ainsi que l'amitié que je me porte ne reçoit point augmentation pour le secours que je me donne au besoin, quoi que disent les Stoïciens, et comme je ne me sais aucun gré du service que je me fais, aussi l'union de tels amis étant véritablement parfaite, elle leur fait perdre le sentiment de tels devoirs, et haïr et chasser d'entre eux ces mots de division et de différence: bienfait, obligation, reconnaissance, prière, remerciement, et leurs pareils. Tout étant par effet commun entre eux, volonté, pensements, jugements, biens, femmes, enfants, honneur et vie, et leur convenance n'étant qu'une âme en deux corps selon la très propre définition d'Aristote, ils ne se peuvent ni prêter, ni donner rien. Voilà pourquoi les faiseurs de lois, pour honorer le mariage de quelque imaginaire ressemblance de cette divine liaison, défendent les donations entre le mari et la femme, voulant inférer par là que tout doit être à chacun d'eux et qu'ils n'ont rien à diviser et partir ensemble. Si, en l'amitié de quoi je parle, l'un pouvait donner à l'autre, ce serait celui qui recevrait le bienfait qui obligerait son compagnon. Car cherchant l'un et l'autre, plus que toute autre chose, de s'entre-bien-faire, celui qui en prête la matière et l'occasion est celui-là qui fait le libéral, donnant ce contentement à son ami d'effectuer en son endroit ce qu'il désire le plus. Quand le philosophe Diogène avait faute d'argent, il disait qu'il le redemandait à ses amis, non qu'il le demandait. Et, pour montrer comment cela se pratique par effet, j'en réciterai un ancien exemple singulier.

Eudamidas, Corinthien, avait deux amis: Charixenus, Sycionien, et Arétheus, Corinthien. Venant à mourir étant pauvre, et ses deux amis

knew his as I know mine, but I would surely have entrusted my affairs to him much sooner than to myself.

Don't put mine in the same category as those other, everyday friendships; I'm as familiar with them as anyone else is, and with the most perfect of their type, but I don't advise you to mix up their sets of rules; you'd be wrong. In those other friendships you've got to walk with the bridle in your hand, with prudence and precaution; the knot isn't tied so well that you have no need to distrust it. "Love him," Chilon said, "as if you'd have to hate him some day; hate him as if you'd have to love him." That maxim, which is so abominable in this sovereign, perfect friendship, is beneficial in the practice of ordinary, customary friendships, with regard to which one must use the witty remark so beloved by Aristotle: "O my friends, there's no such thing as a friend!"

In this noble intercourse, duties and benefactions, which foster other friendships, don't even deserve to be taken into account; that extensive merging of our wills is the reason. For, just as my friendship for myself isn't increased by the aid I give myself in times of need, no matter what the Stoics say about it, and just as I feel no gratitude to myself for the service I render myself, in the same way, the union of such friends being truly perfect, it makes them lose the notion of such duties, and to hate and drive from their midst those divisive, differentiating words benefaction, obligation, gratitude, request, thanks, and the like. Everything being effectively shared by them, willpower, thoughts, judgments, possessions, wives, children, honor, and life, and their conformity representing merely one mind in two bodies, according to Aristotle's very correct definition, they are unable to lend or give each other anything. That's why legislators, to honor marriage with some imaginary resemblance to that divine bond, prohibit donations between husband and wife, wishing to imply thereby that everything should belong to each of them and that they have nothing to divide or separate between them. If, in the friendship I'm speaking of, one party could give anything to the other, the one receiving the benefaction would be the one obliging his companion. Because the one and the other seeking above all the benefit his friend, the one who provides the cause and the occasion is the one who's being generous, by giving his friend the satisfaction of doing for him what he most wants to do. Whenever the philosopher Diogenes was short of money, he said he was asking it back from his friends, not asking for it. And, to show how that's actually done, I'll cite an unusual example from antiquity.

Eudamidas of Corinth had two friends, Charixenus of Sicyon and Aretheus of Corinth. On the brink of dying, a poor man while his two

riches, il fit ainsi son testament: «Je lègue à Arétheus de nourrir ma mère et l'entretenir en sa vieillesse; à Charixenus, de marier ma fille et lui donner le douaire le plus grand qu'il pourra; et, au cas que l'un d'eux vienne à défaillir, je substitue en sa part celui qui survivra.» Ceux qui premiers virent ce testament, s'en moquèrent; mais ses héritiers, en ayant été avertis, l'acceptèrent avec un singulier contentement. Et l'un d'eux, Charixenus, étant trépassé cinq jours après, la substitution étant ouverte en faveur d'Arétheus, il nourrit curieusement cette mère, et, de cinq talents qu'il avait en ses biens, il en donna les deux et demi en mariage à une sienne fille unique, et deux et demi pour le mariage de la fille d'Eudamidas, desquelles il fit les noces en même jour.

Cet exemple est bien plein, si une condition en était à dire, qui est la multitude d'amis. Car cette parfaite amitié, de quoi je parle, est indivisible; chacun se donne si entier à son ami, qu'il ne lui reste rien à départir ailleurs; au rebours, il est marri qu'il ne soit double, triple ou quadruple, et qu'il n'ait plusieurs âmes et plusieurs volontés pour les conférer toutes à ce sujet. Les amitiés communes, on les peut départir; on peut aimer en celui-ci la beauté, en cet autre la facilité de ses mœurs, en l'autre la libéralité, en celui-là la paternité, en cet autre la fraternité, ainsi du reste; mais cette amitié qui possède l'âme et la régente en toute souveraineté, il est impossible qu'elle soit double. Si deux en même temps demandaient à être secourus, auquel courriez-vous? S'ils requéraient de vous des offices contraires, quel ordre y trouveriez-vous? Si l'un commettait à votre silence chose qui fût utile à l'autre de savoir, comment vous en démêleriez-vous? L'unique et principale amitié découd toutes autres obligations. Le secret que j'ai juré ne déceler à nul autre, je le puis, sans parjure, communiquer à celui qui n'est pas autre: c'est moi. C'est un assez grand miracle de se doubler; et n'en connaissent pas la hauteur, ceux qui parlent de se tripler. Rien n'est extrême, qui a son pareil. Et qui présupposera que de deux j'en aime autant l'un que l'autre, et qu'ils s'entraînent et m'aiment autant que je les aime, il multiplie en confrérie la chose la plus une et unie, et de quoi une seule est encore la plus rare à trouver au monde.

Le demeurant de cette histoire convient très bien à ce que je disais: car Eudamidas donne pour grâce et pour faveur à ses amis de les employer à son besoin. Il les laisse héritiers de cette sienne libéralité, qui consiste à leur mettre en main les moyens de lui bienfaire. Et, sans doute, la force de l'amitié se montre bien plus richement en son fait qu'en celui d'Aretheus. Somme, ce sont effets inimaginables à qui

friends were rich, he made this will: "I bequeath to Aretheus the feeding and support of my mother in her old age; to Charixenus, the marrying off of my daughter, who is to be given the biggest dowry possible; in case either of them should die, I name the survivor in his place." Those who first saw that will laughed at it; but when his heirs heard about it, they agreed to it with unusual pleasure. And one of them, Charixenus, having died five days later, and the place of substitute falling to Aretheus, he supported that mother painstakingly and, of the five talents of money he possessed, he gave two and a half as a dowry for his only daughter, and two and a half as a dowry for Eudamidas's daughter, whose wedding he arranged on the same day.

This example is very telling, except for one objectionable circumstance: that there was more than one friend. Because the perfect friendship I'm speaking of is indivisible; each party gives himself so wholly to his friend that he has nothing left to distribute elsewhere; on the contrary, he's upset because there aren't two, three, or four of him and because he doesn't have several minds and several wills, to give them all to that person. Ordinary friendship can be subdivided; you may love this person's good looks, another's easygoing behavior, another's generosity, another's paternal affection, another's brotherly love, and so on; but the friendship that occupies the mind and governs it with complete sovereignty can't possibly be cut in two. If two friends asked you for help at the same time, which one would you run to? If they asked contradictory favors of you, what arrangement would you make? If one of them entrusted something to your secrecy which was useful for the other to know, how would you disentangle yourself? A single main friendship does away with all other obligations. The secret I've sworn not to reveal to anyone else I can, without breaking my oath, communicate to someone who isn't "else": he's me. It's quite a great marvel to be double; and those who speak of being triple don't realize how excellent it is. Nothing is extreme if it has a match-up. And anybody who imagines that I can love two friends equally, and that they are drawn to me and love me as much as I love them, is multiplying into a congregation the thing that is most one and indivisible, and a single sample of which is still the rarest thing to be found in the world.

The rest of that story illustrates the point I was making very well: for Eudamidas made it a grace and favor to his friends to make use of them in his hour of need. He left them heirs to that generosity of his which consisted in putting in their hands the means to benefit him. And, no doubt, the power of friendship is more fully manifested by his deed than by Aretheus's. In short, these are actions unimaginable to

n'en a goûté, et qui me font honorer à merveille la réponse de ce jeune soldat à Cyrus s'enquérant à lui pour combien il voudrait donner un cheval, par le moyen duquel il venait de gagner le prix de la course, et s'il le voudrait échanger à un royaume: «Non, certes, Sire, mais bien le lairrais-je volontiers pour en acquérir un ami, si je trouvais homme digne de telle alliance.»

Il ne disait pas mal: «si j'en trouvais»; car on trouve facilement des hommes propres à une superficielle accointance. Mais en celle-ci, en laquelle on négocie du fin fond de son courage, qui ne fait rien de reste, certes il est besoin que tous les ressorts soient nets et sûrs parfaitement.

Aux confédérations qui ne tiennent que par un bout, on n'a à pourvoir qu'aux imperfections qui particulièrement intéressent ce bout-là. Il ne peut chaloir de quelle religion soit mon médecin et mon avocat. Cette considération n'a rien de commun avec les offices de l'amitié qu'ils me doivent. Et, en l'accointance domestique que dressent avec moi ceux qui me servent, j'en fais de même. Et m'enquiers peu d'un laquais s'il est chaste; je cherche s'il est diligent. Et ne crains pas tant un muletier joueur qu'imbécile, ni un cuisinier jureur qu'ignorant. Je ne me mêle pas de dire ce qu'il faut faire au monde, d'autres assez s'en mêlent, mais ce que j'y fais.

Mihi sic usus est; tibi, ut opus est facto, face.

A la familiarité de la table j'associe le plaisant, non le prudent; au lit, la beauté avant la bonté; en la société du discours, la suffisance, voire sans la prud'homie. Pareillement ailleurs.

Tout ainsi que celui qui fut rencontré à chevauchons sur un bâton, se jouant avec ses enfants, pria l'homme qui l'y surprit de n'en rien dire jusques à ce qu'il fût père lui-même, estimant que la passion qui lui naîtrait lors en l'âme le rendrait juge équitable d'une telle action; je souhaiterais aussi parler à des gens qui eussent essayé ce que je dis. Mais, sachant combien c'est chose éloignée du commun usage qu'une telle amitié, et combien elle est rare, je ne m'attends pas d'en trouver aucun bon juge. Car les discours même que l'Antiquité nous a laissés sur ce sujet me semblent lâches au prix du sentiment que j'en ai. Et, en ce point, les effets surpassent les préceptes mêmes de la philosophie:

Nil ego contulerim jucundo sanus amico.

L'ancien Ménandre disait celui-là heureux, qui avait pu rencontrer

anyone who hasn't experienced them; they make me respect highly the reply which that young soldier made to Cyrus, who asked him how much he wanted for a horse that had just helped him win a racing prize, and whether he'd barter it for a kingdom: "By no means, sire, but I'd gladly let it go in order to gain a friend, if I found a man worthy of such an alliance."

He wasn't wrong in saying, "if I found one," because it's easy to find men suited to a superficial acquaintanceship. But in this case, where you're negotiating with all your heart, with nothing kept back, it's certainly necessary for all motives to be pure and perfectly insured.

In alliances that involve only partial compatibility, you need only look out for those imperfections which might affect that one part. It can't make any difference what my doctor or lawyer's religion is. That consideration has nothing to do with the duties of the friendship they owe me. And, in the domestic relationships my servants have with me, I do the same. I don't really ask a lackey whether he's chaste, I try to see whether he's diligent. And I fear a muleteer who gambles less than a feeble one, or a cook who swears less than an ignorant one. I don't bother to tell the world what it ought to do (others say enough about that), I bother about what *I* do in it.

That's my way of doing things; you can do what you need to do.[9]

As a familiar guest at my table I want a witty man, not a prudent one; in bed, beauty before goodness; for serious conversation, ability— even without integrity. And the same for the rest.

Just as the man who was found straddling a stick while he played with his children asked the man who caught him that way not to say anything about it until he himself was a father, deeming that the affection which would then spring up in his soul would make him a fair judge of such behavior; so I would also wish to address people who had experienced what I'm talking about. But, knowing how alien such friendship is to ordinary practice, and how rare it is, I don't expect to find any good judge of it. For even the treatises antiquity has left us on the subject seem feeble to me compared with the way I feel about it. And, in this instance, the reality surpasses even the maxims of philosophy:

While I'm of sound mind, there's nothing I'd compare to a pleasant friend.[10]

The ancient writer Menander called that man happy who had been

---

9. Terence.   10. Horace.

seulement l'ombre d'un ami. Il avait certes raison de le dire, même s'il en avait tâté. Car, à la vérité, si je compare tout le reste de ma vie, quoiqu'avec la grâce de Dieu je l'ai passée douce, aisée et, sauf la perte d'un tel ami, exempte d'affliction pesante, pleine de tranquillité d'esprit, ayant pris en paiement mes commodités naturelles et originelles sans en rechercher d'autres; si je la compare, dis-je, toute aux quatre années qu'il m'a été donné de jouir de la douce compagnie et société de ce personnage, ce n'est que fumée, ce n'est qu'une nuit obscure et ennuyeuse. Depuis le jour que je le perdis,

> *quem semper acerbum,*
> *Semper honoratum (sic, Dii, voluistis!) habebo,*

je ne fais que traîner languissant; et les plaisirs même qui s'offrent à moi, au lieu de me consoler, me redoublent le regret de sa perte. Nous étions à moitié de tout; il me semble que je lui dérobe sa part,

> *Nec fas esse ulla me voluptate hic frui*
> *Decrevi, tantisper dum ille abest meus particeps.*

J'étais déjà si fait et accoutumé à être deuxième partout, qu'il me semble n'être plus qu'à demi.

> *Illam meæ si partem animæ tulit*
> *Maturior vis, quid moror altera,*
> *Nec carus æque, nec superstes*
> *Integer? Ille dies utramque*
> *Duxit ruinam.*

Il n'est action ou imagination où je ne le trouve à dire comme si eût-il bien fait à moi. Car, de même qu'il me surpassait d'une distance infinie en toute autre suffisance et vertu, aussi faisait-il au devoir de l'amitié.

> *Quis desiderio sit pudor aut modus*
> *Tam cari capitis?*

> *O misero frater adempte mihi!*
> *Omnia tecum una perierunt gaudia nostra,*
> *Quæ tuus in vita dulcis alebat amor.*
> *Tu mea, tu moriens fregisti commoda, frater;*
> *Tecum una tota est nostra sepulta anima,*
> *Cujus ego interitu tota de mente fugavi*
> *Hæc studia atque omnes delicias animi.*
> *Alloquar? audiero nunquam tua verba loquentem?*

able to find even the shadow of a friend. He was surely right to say that, especially if he had had the experience. For, in truth, if I compare all the rest of my life (even though by the grace of God I've had a sweet, comfortable one and, except for the loss of such a friend, a life free of grievous affliction and full of mental calm, having accepted as my due my natural, intrinsic comforts without seeking others)—if I compare all of it, as I was saying, to the four years in which it was given to me to enjoy the sweet company and society of that person, the rest is only smoke, only a dark, troublesome night. Ever since the day I lost him,

a day which I'll always consider
bitter, but will always honor (thus you willed it, O gods!),[11]

I have merely languished, dragging myself along; and even the pleasures offered to me, instead of consoling me, double my sorrow at his loss. We went halves in everything; I feel as if I were stealing his share,

I've decided it's wrong for me to enjoy any pleasure here
as long as that partner of mine is absent.[12]

I was already so used and accustomed to be one of a pair everywhere that I now seem not to be more than half a man.

If that part of my soul has been taken away
by a too hasty force, why do I linger as the other part,
neither equal in value nor an intact
survivor? That day brought
the ruin of both of us.[13]

There's no deed or thought in which I fail to miss him, as he would surely have missed me. For, just as he surpassed me by an infinite distance in every other ability and virtue, he also did in the duty of friendship.

What modesty or measure can there be in the longing
for so dear a person?[14]

O brother taken away from wretched me!
All those joys of mine have perished along with you
which your sweet love nurtured while you lived.
In dying, brother, you, you shattered my comfort;
my entire soul is buried along with you,
at whose demise I have driven entirely from my mind
these pursuits and all the delights of my spirit.
Will I never address you, never hear you speak?

11. Vergil.　12. Terence.　13. Horace.　14. Horace.

Nunquam ego te, vita frater amabilior,
Aspiciam posthac? At certe semper amabo.

Mais oyons un peu parler ce garçon de seize ans.

Parce que j'ai trouvé que cet ouvrage a été depuis mis en lumière, et à mauvaise fin, par ceux qui cherchent à troubler et changer l'état de notre police, sans se soucier s'ils l'amenderont, qu'ils ont mêlé à d'autres écrits de leur farine, je me suis dédit de le loger ici. Et afin que la mémoire de l'auteur n'en soit intéressée en l'endroit de ceux qui n'ont pu connaître de près ses opinions et ses actions, je les avise que ce sujet fut traité par lui en son enfance, par manière d'exercitation seulement, comme sujet vulgaire et tracassé en mille endroits des livres. Je ne fais nul doute qu'il ne crût ce qu'il écrivait, car il était assez consciencieux pour ne mentir pas même en se jouant. Et sais davantage que, s'il eût eu à choisir, il eût mieux aimé être né à Venise qu'à Sarlat; et avec raison. Mais il avait une autre maxime souverainement empreinte en son âme, d'obéir et de se soumettre très religieusement aux lois sous lesquelles il était né. Il ne fut jamais un meilleur citoyen, ni plus affectionné au repos de son pays, ni plus ennemi des remuements et nouvelletés de son temps. Il eût bien plutôt employé sa suffisance à les éteindre, qu'à leur fournir de quoi les émouvoir davantage. Il avait son esprit moulé au patron d'autres siècles que ceux-ci.

Or, en échange de cet ouvrage sérieux, j'en substituerai un autre, produit en cette même saison de son âge, plus gaillard et plus enjoué. Ce sont 29 sonnets que le sieur de Poiferré, homme d'affaires et d'entendement, qui le connaissait longtemps avant moi, a retrouvés par fortune chez lui, et me les vient d'envoyer: de quoi je lui suis très obligé, et souhaiterais que d'autres qui détiennent plusieurs lopins de ses écrits, par-ci, par-là, en fissent de même.

Des cannibales (I, 31)

Quand le roi Pyrrhus passa en Italie, après qu'il eut reconnu l'ordonnance de l'armée que les Romains lui envoyaient au-devant: «Je ne sais, dit-il, quels barbares sont ceux-ci (car les Grecs appelaient ainsi toutes les nations étrangères), mais la disposition de cette armée que

> *Will I never, brother dearer than life,*
> *see you again? But surely I'll always love you.*[15]

But let's hear a little from that boy of sixteen.[16]

Because I discovered that that work has since been published, and for a bad purpose, by those who seek to disrupt and alter our form of government, without caring whether they'll improve it, and that they've inserted it among other writings of the type *they* produce, I've changed my mind about including it here. And in order that its author's memory not be wronged in the mind of those who were unable to learn his opinions and deeds at close hand, I remind them that he handled that subject while a child, merely as an exercise, it being a common topic treated in a thousand passages in books. I have no doubt that he believed what he wrote, because he was so conscientious that he wouldn't lie even when not fully serious. And I also know that if he could have chosen, he'd have preferred Venice to Sarlat as his birthplace, and rightly so. But he had another maxim deeply imprinted in his mind, to obey and submit most scrupulously to the laws of his native land. There was never a better citizen, or one more desirous of his country's repose, or one more hostile to the upheavals and changes during his lifetime. He would rather have used his talents to quell them than to give them fuel for further unrest. His spirit was cast in the mold of other times than these.

Now, as a replacement for that serious work, I'll print another, written in the same period of his life, but more jolly and playful. It is a group of twenty-nine sonnets which M. de Poiferré, a man of affairs and understanding, who knew him long before I did, has found at home by chance and has just sent to me; for which I am most obliged to him; and I wish that others here and there who possess some bits of his writings would do the same.[17]

On the Cannibals (I, 31)

When King Pyrrhus crossed into Italy, after observing the arrangement of the army the Romans were sending against him, he said: "I don't know what barbarians these are" (for the Greeks gave that name to all foreign peoples), "but the organization of this army I see is in no

---

15. Catullus.   16. At this point the *Voluntary Servitude* was going to be quoted.
17. In some editions, these 29 sonnets comprise I, 29; in others, I, 29 consists merely of a foreword to the collection of sonnets.

je vois n'est aucunement barbare.» Autant en dirent les Grecs de celle que Flaminius fit passer en leur pays et Philippe, voyant d'un tertre l'ordre et distribution du camp romain en son royaume, sous Publius Sulpicius Galba. Voilà comment il se faut garder de s'attarder aux opinions vulgaires, et les faut juger par la voix de la raison, non par la voix commune.

J'ai eu longtemps avec moi un homme qui avait demeuré dix ou douze ans en cet autre monde, qui a été découvert en notre siècle, en l'endroit où Villegagnon prit terre, qu'il surnomma la France Antarctique. Cette découverte d'un pays infini semble être de considération. Je ne sais si je me puis répondre qu'il ne s'en fasse à l'avenir quelqu'autre, tant de personnages plus grands que nous ayant été trompés en celle-ci. J'ai peur que nous ayons les yeux plus grands que le ventre, et plus de curiosité que nous n'avons de capacité. Nous embrassons tout, mais n'étreignons que du vent. Platon introduit Solon racontant avoir appris des prêtres de la ville de Saïs, en Égypte, que, jadis et avant le déluge, il y avait une grande île, nommée Atlantide, droit à la bouche du détroit de Gibraltar, qui tenait plus de pays que l'Afrique et l'Asie toutes deux ensemble, et que les rois de cette contrée-là, qui ne possédaient pas seulement cette île, mais s'étaient étendus dans la terre ferme si avant qu'ils tenaient de la largeur d'Afrique jusques en Égypte, et de la longueur de l'Europe jusques en la Toscane, entreprirent d'enjamber jusques sur l'Asie et subjuguer toutes les nations qui bordent la mer Méditerranée jusques au golfe de la mer Majour; et, pour cet effet, traversèrent les Espagnes, la Gaule, l'Italie, jusques en la Grèce, où les Athéniens les soutinrent; mais que, quelque temps après, et les Athéniens, et eux, et leur île furent engloutis par le déluge. Il est bien vraisemblable que cet extrême ravage d'eaux ait fait des changements étranges aux habitations de la terre, comme on tient que la mer a retranché la Sicile d'avec l'Italie,

> *Hæc loca, vi quondam et vasta convulsa ruina,*
> *Dissiluisse ferunt, cum protinus utraque tellus*
> *Una foret,*

Chypre d'avec la Syrie, l'île de Négrepont de la terre ferme de la Béotie; et joint ailleurs les terres qui étaient divisées, comblant de limon et de sable les fossés d'entre-deux,

> *sterilisque diu palus aptaque remis*
> *Vicinas urbes alit, et grave sentit aratrum.*

way barbaric." The same was said by the Greeks about the one that Flaminius brought to their country, and by Philip when he viewed from a hillock the order and disposition of the Roman camp in his kingdom under Publius Sulpicius Galba. That's how important it is not to abide by ordinary opinions, and to judge of things by the voice of reason, not the voice of the common herd.

For a long time I had with me a man who had spent ten or twelve years in that new world which has been discovered in our century, at the spot where Villegagnon landed, and which he called Antarctic France. That discovery of an infinite land seems to be quite important. I don't know whether I can promise myself that no other such discovery will be made in the future, since so many people greater than we were wrong about this one. I'm afraid our eyes are bigger than our stomach, and our curiosity greater than our capacity. We embrace everything, but hug only wind. Plato introduces Solon telling how he heard from priests in the city of Saïs in Egypt that, long ago, before the flood, there was a large island called Atlantis right at the mouth of the Strait of Gibraltar which exceeded in area Africa and Asia put together, and that the kings of that land, who possessed not only that island, but had reached so far into the mainland that they controlled the breadth of Africa up to Egypt and the length of Europe as far as Tuscany, tried to cross over into Asia, as well, and subdue all the nations bordering the Mediterranean Sea up to the gulf of the Black Sea, and, with this in mind, traversed the provinces of Spain, as well as Gaul and Italy, until they reached Greece, where the Athenians stopped them; but that, some time later, both the Athenians and they and their island were engulfed by the flood. It's quite likely that that extreme watery devastation caused odd changes in the inhabited parts of the earth, just as the sea is considered to have cut off Sicily from Italy

> (*These places, in the past, convulsed by the force of a vast collapse,*
> *are said to have split apart, whereas earlier both shores*
> *were joined*),[1]

Cyprus from Syria, and the island of Euboea from the Boeotian mainland; and elsewhere to have joined lands that were separate by filling the channels between them with mud and sand,

> *and the long-barren marsh, which had to be rowed through,*
> *nourishes nearby cities, feeling the heavy plow.*[2]

---

1. Vergil.   2. Horace.

Mais il n'y a pas grande apparence que cette île soit ce monde nouveau que nous venons de découvrir; car elle touchait quasi l'Espagne, et ce serait un effet incroyable d'inondation de l'en avoir reculée, comme elle est, de plus de douze cents lieues; outre ce que les navigations des modernes ont déjà presque découvert que ce n'est point une île, ains terre ferme et continente avec l'Inde orientale d'un côté, et avec les terres qui sont sous les deux pôles d'autre part; ou, si elle en est séparée, que c'est d'un si petit détroit et intervalle qu'elle ne mérite pas d'être nommée île pour cela. Il semble qu'il y ait des mouvements, naturels les uns, les autres fiévreux, en ces grands corps comme aux nôtres. Quand je considère l'impression que ma rivière de Dordogne fait de mon temps vers la rive droite de sa descente, et qu'en vingt ans elle a tant gagné, et dérobé le fondement à plusieurs bâtiments, je vois bien que c'est une agitation extraordinaire; car, si elle fût toujours allée à ce train, ou dût aller à l'avenir, la figure du monde serait renversée. Mais il leur prend des changements: tantôt elles s'épandent d'un côté, tantôt d'un autre; tantôt elles se contiennent. Je ne parle pas des soudaines inondations de quoi nous manions les causes. En Médoc, le long de la mer, mon frère, sieur d'Arsac, voit une sienne terre ensevelie sous les sables que la mer vomit devant elle; le faîte d'aucuns bâtiments paraît encore; ces rentes et domaines se sont échangés en pacages bien maigres. Les habitants disent que, depuis quelque temps, la mer se pousse si fort vers eux qu'ils ont perdu quatre lieues de terre. Ces sables sont ses fourriers; et voyons des grandes mont-joies d'arène mouvante qui marchent d'une demi-lieue devant elle, et gagnent pays.

L'autre témoignage de l'Antiquité, auquel on veut rapporter cette découverte, est dans Aristote, au moins si ce petit livret *Des merveilles inouïes* est à lui. Il raconte là que certains Carthaginois, s'étant jetés au travers de la mer Atlantique, hors le détroit de Gibraltar, et navigué longtemps, avaient découvert enfin une grande île fertile, toute revêtue de bois et arrosée de grandes et profondes rivières, fort éloignée de toutes terres fermes; et qu'eux, et autres depuis, attirés par la bonté et fertilité du terroir, s'y en allèrent avec leurs femmes et enfants, et commencèrent à s'y habituer. Les seigneurs de Carthage, voyant que leur pays se dépeuplait peu à peu, firent défense expresse, sur peine de mort, que nul n'eût plus à aller là, et en chassèrent ces nouveaux habitants, craignant, à ce que l'on dit, que par succession de temps ils ne vinssent à multiplier tellement qu'ils les supplantassent eux-mêmes et ruinassent leur État. Cette narration d'Aristote n'a non plus d'accord avec nos terres neuves.

But it's not very likely that that island is this new world we have just discovered; because it almost touched Spain, and the inundation would have had to be incredibly strong to push it back over twelve hundred leagues, where this new world is; besides, modern navigators have already practically discovered that it isn't an island, but a mainland adjoining eastern India on one side and the lands at the two poles on another; or else, if it *is* detached from them, it's only by a strait and interval so small that it doesn't deserve to be called an island for that. It seems there are movements, some natural, some hectic, in these large bodies just as there are in ours. When I consider the pressure my local river Dordogne has been putting on its right bank in my day in its descent, having gained so much on the land in twenty years, washing away the foundations of numerous buildings, I see clearly that it's an extraordinary agitation; for if it had always gone at this pace, or were to do so in the future, the shape of the world would be overturned. But changes come over rivers: sometimes they expand on one side, sometimes on another; sometimes they contain themselves. I'm not speaking of those sudden inundations whose causes we know. In Médoc, along the sea, my brother M. d'Arsac finds a property of his buried under the sand that the sea spews forth; the tops of some buildings still show; those profitable domains have been converted into very thin pasturage. The inhabitants say that for some time the sea has been pushing so hard in their direction that they've lost four leagues of land. That sand is its harbinger; and we see great dunes of shifting sand proceeding half a league before it, and swallowing up land.

The other testimony from antiquity with which this discovery has been associated is in Aristotle, at least if that short book *On Unusual Wonders* is by him. There he tells how certain Carthaginians, having pushed into the Atlantic past the Strait of Gibraltar and having sailed for some time, had finally discovered a large, fertile island all covered with forest and watered by large, deep rivers, an island far from any mainland; and how they, and later others, allured by the goodness and fertility of the soil, went there with their wives and children and began to put down roots there. The rulers of Carthage, seeing their homeland gradually losing population, issued an express prohibition, on pain of death, for anyone to go there anymore, and drove out those new settlers, fearing (it is said) lest in the course of time they should come to multiply so much that they would supplant those at home and destroy their state. This story of Aristotle's isn't related to our new territory, either.

Cet homme que j'avais, était homme simple et grossier, qui est une condition propre à rendre véritable témoignage; car les fines gens remarquent bien plus curieusement et plus de choses, mais ils les glosent; et, pour faire valoir leur interprétation et la persuader, ils ne se peuvent farder d'altérer un peu l'Histoire; ils ne vous représentent jamais les choses pures, ils les inclinent et masquent selon le visage qu'ils leur ont vu; et, pour donner crédit à leur jugement et vous y attirer, prêtent volontiers de ce côté-là à la matière, l'allongent et l'amplifient. Ou il faut un homme très fidèle, ou si simple qu'il n'ait pas de quoi bâtir et donner de la vraisemblance à des inventions fausses, et qui n'ait rien épousé. Le mien était tel; et, outre cela, il m'a fait voir à diverses fois plusieurs matelots et marchands qu'il avait connus en ce voyage. Ainsi je me contente de cette information, sans m'enquérir de ce que les cosmographes en disent.

Il nous faudrait des topographes qui nous fissent narration particulière des endroits où ils ont été. Mais, pour avoir cet avantage sur nous d'avoir vu la Palestine, ils veulent jouir de ce privilège de nous conter nouvelles de tout le demeurant du monde. Je voudrais que chacun écrivît ce qu'il sait, et autant qu'il en sait, non en cela seulement, mais en tous autres sujets: car tel peut avoir quelque particulière science ou expérience de la nature d'une rivière ou d'une fontaine, qui ne sait au reste que ce que chacun sait. Il entreprendra toutefois, pour faire courir ce petit lopin, d'écrire toute la physique. De ce vice sourdent plusieurs grandes incommodités.

Or je trouve, pour revenir à mon propos, qu'il n'y a rien de barbare et de sauvage en cette nation, à ce qu'on m'en a rapporté, sinon que chacun appelle barbarie ce qui n'est pas de son usage; comme de vrai, il semble que nous n'avons autre mire de la vérité et de la raison que l'exemple et idée des opinions et usances du pays où nous sommes. Là est toujours la parfaite religion, la parfaite police, parfait et accompli usage de toutes choses. Ils sont sauvages, de même que nous appelons sauvages les fruits que nature, de soi et de son progrès ordinaire, a produits: là où, à la vérité, ce sont ceux que nous avons altérés par notre artifice et détournés de l'ordre commun, que nous devrions appeler plutôt sauvages. En ceux-là sont vives et vigoureuses les vraies et plus utiles et naturelles vertus et propriétés, lesquelles nous avons abâtardies en ceux-ci, et les avons seulement accommodées au plaisir de notre goût corrompu. Et si pourtant, la saveur même et délicatesse se trouve à notre goût excellente, à l'envi des nôtres, en divers fruits de ces contrées-là sans culture. Ce n'est pas raison que l'art gagne le point d'honneur sur notre grande et puissante mère Nature. Nous

This man I mentioned was a simple, rough man, with the right sort of nature to give a truthful report; because refined people are much more careful observers and see more things, but they put a spin on them; and to make their interpretation hold and persuade people of it, they can't refrain from changing history a little; they never convey to you exactly as things are, they bend them and disguise them to fit the image they've had of them; and, to lend credence to their opinion and make you share it, they readily add to the subject in that direction, lengthening and amplifying it. You need either a very trustworthy man or one so simple that he has no material for constructing false inventions and making them sound probable; a man who has espoused no cause. My fellow was like that; besides, at various times he introduced me to a number of sailors and merchants he had met on that voyage. Therefore I'm satisfied with his information, without inquiring what the cosmographers say about it.

We need topographers who'd bring us individual reports on the places they've been to. But because they have the advantage over us of having seen the Holy Land, they want to enjoy the privilege of telling us tales about all the rest of the world. I'd like each man to write about what he knows, and only as much as he knows, not merely in this area but on every subject: because one man may have some special knowledge or experience of the nature of a river or spring though otherwise he knows only what everyone knows. All the same, to make this little shred circulate, he'll try to write a whole natural history. Several great drawbacks stem from that vice.

Now, to get back to my subject, I find that there's nothing barbarous or wild in that nation, to judge by what I've been told; it's only that everyone gives the name of barbarism to whatever he's unaccustomed to; just as, in reality, it seems we have no other gauge of truth and reasonableness than the example and notion of the opinions and customs of the land we live in. *There* you'll always find the perfect religion, the perfect form of government, a perfect, thorough practice in all matters. *They* are wild, just as we give the name of wild to the fruits that Nature has produced by herself in her usual course: whereas, in reality, it's those we have altered artificially, and whose original nature we've changed, that we ought to call wild, instead. The former still retain, alive and vigorous, the true and more useful and natural powers and properties, which we have debased in the latter, having merely adapted them to the pleasure of our corrupt taste. And therefore, we find the very flavor and delicacy of various uncultivated fruits of those lands just as excellent as ours. It's wrong for artifice to win the honors

avons tant rechargé la beauté et richesse de ses ouvrages par nos inventions que nous l'avons du tout étouffée. Si est-ce que, partout où sa pureté reluit, elle fait une merveilleuse honte à nos vaines et frivoles entreprises,

> *Et veniunt ederæ sponte sua melius,*
> *Surgit et in solis formosior arbutus antris,*
> *Et volucres nulla dulcius arte canunt.*

Tous nos efforts ne peuvent seulement arriver à représenter le nid du moindre oiselet, sa contexture, sa beauté et l'utilité de son usage, non pas la tissure de la chétive araignée. Toutes choses, dit Platon, sont produites par la nature ou par la fortune, ou par l'art; les plus grandes et plus belles, par l'une ou l'autre des deux premières; les moindres et imparfaites, par la dernière.

Ces nations me semblent donc ainsi barbares, pour avoir reçu fort peu de leçon de l'esprit humain, et être encore fort voisines de leur naïveté originelle. Les lois naturelles leur commandent encore, fort peu abâtardies par les nôtres; mais c'est en telle pureté, qu'il me prend quelquefois déplaisir de quoi la connaissance n'en soit venue plus tôt, du temps qu'il y avait des hommes qui en eussent su mieux juger que nous. Il me déplaît que Lycurgue et Platon ne l'aient eue; car il me semble que ce que nous voyons par expérience en ces nations-là, surpasse non seulement toutes les peintures de quoi la poésie a embelli l'âge doré et toutes ses inventions à feindre une heureuse condition d'hommes, mais encore la conception et le désir même de la philosophie. Ils n'ont pu imaginer une naïveté si pure et simple, comme nous la voyons par expérience; ni n'ont pu croire que notre société se peut maintenir avec si peu d'artifice et de soudure humaine. C'est une nation, dirais-je à Platon, en laquelle il n'y a aucune espèce de trafic; nulle connaissance de lettres; nulle science de nombres; nul nom de magistrat, ni de supériorité politique; nuls usages de service, de richesse ou de pauvreté; nuls contrats; nulles successions; nuls partages; nulles occupations qu'oisives; nul respect de parenté que commun; nuls vêtements; nulle agriculture; nul métal; nul usage de vin ou de blé. Les paroles mêmes qui signifient le mensonge, la trahison, la dissimulation, l'avarice, l'envie, la détraction, le pardon, inouïes. Combien trouverait-il la république qu'il a imaginée éloignée de cette perfection: «*viri a diis recentes*».

> *Hos natura modos primum dedit.*

over our great, powerful mother Nature. We have so heavily burdened
the beauty and richness of her products with our inventions that we
have completely stifled her. And yet, wherever her purity shines
through, she hugely shames our vain, frivolous attempts,

> And ivy sprouts better of its own accord,
> and arbutus grows more beautifully in solitary caves,
> and the birds sing more sweetly without artifice.[3]

All our efforts can't even manage to reproduce the nest of the small-
est bird, its texture, beauty, and practicality, let alone the web of the
puny spider. All things, Plato says, are produced by either nature,
chance, or art; the greatest and most beautiful, by one or the other of
the first two; the lesser and imperfect, by the last-named.

Thus, those nations seem so barbarous to me because they have
received very few lessons from the human mind and are still very
close to their original simplicity. They are still governed by the laws
of nature, very little debased by ours; but with such purity that I
sometimes grieve that they weren't discovered sooner, at the time
when there were men better able to judge of them than we are.
I'm sorry Lycurgus and Plato didn't know about them, because I
think that what we see by experience in those nations surpasses not
only all the depictions with which poetry has embellished the
golden age and all of its attempts to imagine a happy life for
mankind, but also the conceptions and the very desires of philosophy. They were unable to picture a simplicity as pure and unadorned as we see by experience, and they couldn't believe that
our society can be maintained with so little artifice and human
welding. It's a nation, I'd say to Plato, in which there's no kind of
trade; no knowledge of letters; no science of numbers; no name of
magistrate or political hierarchy; no notions of servants, rich men,
or poor men; no contracts; no testamentary successions; no divisions of property; no occupations but easygoing ones; only a community sense of relationship; no clothing; no agriculture; no metal;
no use of wine or wheat. Even words meaning lie, treason, dissimulation, greed, slander, forgiveness are unknown. How far off from
this perfection he'd find the republic he envisioned: "men newly
sprung from the gods."[4]

> These manners Nature first gave.[5]

---

3. Propertius.   4. Seneca.   5. Vergil.

Au demeurant, ils vivent en une contrée de pays très plaisante et bien tempérée; de façon qu'à ce que m'ont dit mes témoins, il est rare d'y voir un homme malade; et m'ont assuré n'en y avoir vu aucun tremblant, chassieux, édenté, ou courbé de vieillesse. Ils sont assis le long de la mer, et fermés du côté de la terre de grandes et hautes montagnes, ayant, entre-deux, cent lieues ou environ d'étendue en large. Ils ont grande abondance de poissons et les mangent sans autre artifice que de les cuire, de chairs qui n'ont aucune ressemblance aux nôtres. Le premier qui y mena un cheval, quoiqu'il les eût pratiqués à plusieurs autres voyages, leur fit tant d'horreur en cette assiette, qu'ils le tuèrent à coups de trait, avant que le pouvoir reconnaître. Leurs bâtiments sont fort longs, et capables de deux ou trois cents âmes, étoffés d'écorce de grands arbres, tenant à terre par un bout et se soutenant et appuyant l'un contre l'autre par le faîte, à la mode d'aucunes de nos granges, desquelles la couverture pend jusques à terre, et sert de flanc. Ils ont du bois si dur qu'ils en coupent, et en font leurs épées et des grils à cuire leur viande. Leurs lits sont d'un tissu de coton, suspendus contre le toit, comme ceux de nos navires, à chacun le sien; car les femmes couchent à part des maris. Ils se lèvent avec le soleil, et mangent soudain après s'être levés, pour toute la journée; car ils ne font autre repas que celui-là. Il ne boivent pas lors, comme Suidas dit de quelques autres peuples d'Orient, qui buvaient hors du manger; ils boivent à plusieurs fois sur jour, et d'autant. Leur breuvage est fait de quelque racine, et est de la couleur de nos vins clairets. Ils ne le boivent que tiède; ce breuvage ne se conserve que deux ou trois jours; il a le goût un peu piquant, nullement fumeux, salutaire à l'estomac, et laxatif à ceux qui ne l'ont accoutumé; c'est une boisson très agréable à qui y est duit. Au lieu du pain, ils usent d'une certaine matière blanche, comme du coriandre confit. J'en ai tâté: le goût en est doux et un peu fade. Toute la journée se passe à danser. Les plus jeunes vont à la chasse des bêtes à tout des arcs. Une partie des femmes s'amusent cependant à chauffer leur breuvage, qui est leur principal office. Il y a quelqu'un des vieillards qui, le matin, avant qu'ils se mettent à manger, prêche en commun toute la grangée, en se promenant d'un bout à l'autre et redisant une même clause à plusieurs fois, jusques à ce qu'il ait achevé le tour (car ce sont bâtiments qui ont bien cent pas de longueur). Il ne leur recommande que deux choses: la vaillance contre les ennemis et l'amitié à leurs femmes. Et ne faillent jamais de remarquer cette obligation, pour leur refrain, que ce sont elles qui leur maintiennent leur boisson tiède et assaisonnée. Il se voit en plusieurs lieux, et entre autres chez moi, la

In addition, they live in a very pleasant and temperate land; so that, from what my informants told me, it's rare to see a sick man there; and they assured me they saw no one there trembling, rheumy-eyed, toothless, or stooped with age. They're situated by the sea and shut in on the landward side by large, high mountains, with an area a hundred leagues or so wide in between. They have a great abundance of fish, which they eat with no other artifice than cooking them, and with kinds of meat totally unlike ours. The first man who rode a horse there, though they had met him on several of his earlier voyages, terrified them so badly in that situation that they killed him with arrows before they could recognize him. Their lodges are very long and can hold two or three hundred people; they're covered with the bark of tall trees, the strips touching the ground on one end and resting against, and supporting, one another at the top, as in some of our barns; the roofing material hangs down to the ground and serves as siding. They have wood so hard that they cut with it and make from it their swords and grills for cooking their food. Their beds are of woven cotton and hang from the roof, like those on our ships, each person having his own (because husbands and wives sleep apart). They get up with the sun, and eat right after getting up, a meal to last the day, because it's the only one they eat. They don't drink at that time, just as Suidas says about some other Oriental peoples that they drank separately from their meals; they drink several times a day, and drink their fill. Their beverage is made from some root and is the color of our clarets. They only drink it warm; that beverage can be kept only two or three days; its flavor is a little spicy, it's not at all heady, and it's good for the stomach, acting as a laxative if you're not used to it; it's a very pleasant drink, if you *are* used to it. Instead of bread they use a certain white substance like preserved coriander. I've tried some: it has a sweet but somewhat insipid taste. They spend the whole day dancing. The younger men hunt animals with bow and arrow. Part of the women occupy their time meanwhile in heating their beverage; this is their chief duty. One of the old men, in the morning, before they start eating, preaches a sermon to the whole lodge, walking from one end to the other repeating the same speech over and over until he has completed the circuit (because those buildings are a good hundred paces long). He enjoins only two things upon them: valor against the enemy and kindness to their wives. And the old men never fail, as a refrain, to remind them of their obligation because the women keep their drink warm and seasoned. One can see in several places, including my own home, the manner of

forme de leurs lits, de leur cordons, de leurs épées et bracelets de bois de quoi ils couvrent leurs poignets aux combats, et des grandes cannes, ouvertes par un bout, par le son desquelles ils soutiennent la cadence en leur danser. Ils sont ras partout, et se font le poil beaucoup plus nettement que nous, sans autre rasoir que de bois ou de pierre. Ils croient les âmes éternelles, et celles qui ont bien mérité des dieux, être logées à l'endroit du ciel où le soleil se lève; les maudites, du côté de l'Occident.

Ils ont je ne sais quels prêtres et prophètes, qui se présentent bien rarement au peuple, ayant leur demeure aux montagnes. A leur arrivée, il se fait une grande fête et assemblée solennelle de plusieurs villages (chaque grange, comme je l'ai décrite, fait un village, et sont environ à une lieue française l'une de l'autre). Ce prophète parle à eux en public, les exhortant à la vertu et à leur devoir; mais toute leur science éthique ne contient que ces deux articles, de la résolution à la guerre et affection à leurs femmes. Celui-ci leur pronostique les choses à venir et les événements qu'ils doivent espérer de leurs entreprises, les achemine ou détourne de la guerre; mais c'est par tel si que, où il faut à bien deviner, et s'il leur advient autrement qu'il ne leur a prédit, il est haché en mille pièces s'ils l'attrapent, et condamné pour faux prophète. A cette cause, celui qui s'est une fois mécompté, on ne le voit plus.

C'est don de Dieu que la divination; voilà pourquoi ce devrait être une imposture punissable d'en abuser. Entre les Scythes, quand les devins avaient failli de rencontre, on les couchait, enforgés de pieds et de mains, sur des chariotes pleines de bruyère, tirées par des bœufs, en quoi on les faisait brûler. Ceux qui manient les choses sujettes à la conduite de l'humaine suffisance, sont excusables d'y faire ce qu'ils peuvent. Mais ces autres, qui nous viennent pipant des assurances d'une faculté extraordinaire qui est hors de notre connaissance, faut-il pas les punir de ce qu'ils ne maintiennent l'effet de leur promesse, et de la témérité de leur imposture?

Ils ont leurs guerres contre les nations qui sont au-delà de leurs montagnes, plus avant en la terre ferme, auxquelles ils vont tout nus, n'ayant autres armes que des arcs ou des épées de bois, apointées par un bout, à la mode des langues de nos épieux. C'est chose émerveillable que de la fermeté de leurs combats, qui ne finissent jamais que par meurtre et effusion de sang; car, de déroutes et d'effroi, ils ne savent que c'est. Chacun rapporte pour son trophée la tête de l'ennemi qu'il a tué, et l'attache à l'entrée de son logis. Après avoir longtemps bien traité leurs prisonniers, et de toutes les commodités dont ils se

their hammocks, braided bands, and swords, and the wooden bracelets they put on their wrists in battle, as well as the large cane tubes, open at one end, with which they beat out the rhythm for their dances. They're clean-shaven all over, and shave much more thoroughly than we do, with only a wooden or stone razor. They believe that souls are eternal and that those which have deserved well of the gods live in that part of the sky where the sun rises; accursed souls go to the west.

They have some sort of priests and prophets, who appear very seldom to the people, since they reside in the mountains. When they show up there's a big celebration and a solemn gathering of several villages (each of the longhouses I've described comprises a village, and they're located about a French league apart). This prophet addresses them in public, exhorting them to be virtuous and dutiful; but their entire code of ethics contains only these two articles: firmness in war and affection for their wives. He foretells things to come and the results they should expect from their undertakings; he encourages them to make war, or discourages them; but there's a condition attached: if he guesses wrong and the outcome is different from his prediction, he's chopped into a thousand pieces if they catch him, and condemned as a false prophet. For that reason, a man who has miscalculated once is never seen again.

Divination is a gift from God; that's why the abuse of it ought to be considered a punishable imposture. Among the Scythians, when soothsayers had made a mistake, they were chained hand and foot and laid on carts filled with briar and drawn by oxen, on which they were burned. Those who deal with things in the domain of human competence can be excused if they do only as much as they can. But those others, who come to us with deceptive assurances that they possess an unusual faculty beyond our knowledge—shouldn't they be punished for not achieving what they promised, and for being such rash impostors?

They wage war with tribes living beyond their mountains, further into the mainland; they go to these wars naked, armed only with bows and arrows or wooden swords pointed at one end, like the tips of our boar spears. It's amazing to see how dogged their battles are, never ending without murder and bloodshed; because they don't know the meaning of routs or fear. Each man brings back as a trophy the head of the enemy he killed and hangs it up at the entrance to his own dwelling. After treating their prisoners well for quite a

peuvent aviser, celui qui en est le maître, fait une grande assemblée de ses connaissants; il attache une corde à l'un des bras du prisonnier, par le bout de laquelle il le tient éloigné de quelques pas, de peur d'en être offensé, et donne au plus cher de ses amis l'autre bras à tenir de même; et eux deux, en présence de toute l'assemblée, l'assomment à coups d'épée. Cela fait, ils le rôtissent et en mangent en commun et en envoient des lopins à ceux de leurs amis qui sont absents. Ce n'est pas, comme on pense, pour s'en nourrir, ainsi que faisaient anciennement les Scythes; c'est pour représenter une extrême vengeance. Et qu'il soit ainsi, ayant aperçu que les Portugais, qui s'étaient ralliés à leurs adversaires, usaient d'une autre sorte de mort contre eux, quand ils les prenaient, qui était de les enterrer jusques à la ceinture, et tirer au demeurant du corps force coups de trait, et les pendre après, ils pensèrent que ces gens ici de l'autre monde, comme ceux qui avaient semé la connaissance de beaucoup de vices parmi leur voisinage, et qui étaient beaucoup plus grands maîtres qu'eux en toute sorte de malice, ne prenaient pas sans occasion cette sorte de vengeance, et qu'elle devait être plus aigre que la leur, commencèrent de quitter leur façon ancienne pour suivre celle-ci. Je ne suis pas marri que nous remarquons l'horreur barbaresque qu'il y a en une telle action, mais oui bien de quoi, jugeant bien de leurs fautes, nous soyons si aveugles aux nôtres. Je pense qu'il y a plus de barbarie à manger un homme vivant qu'à le manger mort, à déchirer par tourments et par gênes un corps encore plein de sentiment, le faire rôtir par le menu, le faire mordre et meurtrir aux chiens et aux pourceaux (comme nous l'avons non seulement lu, mais vu de fraîche mémoire, non entre des ennemis anciens, mais entre des voisins et concitoyens, et, qui pis est, sous prétexte de piété et de religion), que de le rôtir et manger après qu'il est trépassé.

Chrysippe et Zénon, chefs de la secte stoïque, ont bien pensé qu'il n'y avait aucun mal de se servir de notre charogne à quoi que ce fût pour notre besoin, et d'en tirer de la nourriture; comme nos ancêtres, étant assiégés par César en la ville de Alésia, se résolurent de soutenir la faim de ce siège par les corps des vieillards, des femmes et d'autres personnes inutiles au combat.

> *Vascones, fama est, alimentis talibus usi*
> *Produxere animas.*

Et les médecins ne craignent pas de s'en servir à toute sorte d'usage

while, with all the comforts they can think of, whoever is a captor of one calls a large assembly of his acquaintances; he ties a rope to one of the prisoner's arms, keeping him a few paces away at the end of it, for fear of being attacked by him, and gives his dearest friend the other arm to hold in the same way; and the two of them, in the presence of everyone gathered there, kill him with sword blows. Then they roast him and make a community meal of him, sending small portions to those friends of theirs who are absent. This isn't done, as some people think, for nourishment, which was the purpose of the ancient Scythians; it's the sign of ultimate revenge. This proves it: after observing that the Portuguese, who had become allies of their enemies, used a different method of killing them when they captured them—burying them to the waist and shooting many arrows at the exposed part of their bodies, then hanging them—they came to believe that these people from another world, who had sown the knowledge of many vices among their neighbors and were much greater masters than they of all kinds of maliciousness, didn't take that kind of revenge without a reason, and that it must be harsher than theirs, and therefore they began to abandon their old style in favor of this new one. I'm not upset when we remark on the barbaric horror inherent in such acts, but I *am* upset when, judging *their* faults correctly, we're so blind to ours. I think it's more barbarous to eat a living man than a dead one, to lacerate with tortures and torments a body that still has all its sensations, to roast it by slow degrees, to have it bitten and bruised by dogs and pigs (as we've not only read about but seen in recent memory, not between long-standing enemies, but between neighbors and fellow townsmen and, what's worse, on the pretext of piety and religion), than to roast and eat the man after he's dead.

Chrysippus and Zeno, leaders of the Stoic school, were right to think that there was no harm in using our corpses for any needs of ours whatsoever, and to derive nourishment from them, just as our ancestors the Gauls, besieged by Caesar in the town of Alesia, resolved to combat the hunger caused by that siege by consuming the old men, the women, and other persons unfit for combat.

> The Basques, the story goes, using such food,
> prolonged their lives.[6]

And doctors aren't afraid to use corpses in all sorts of ways to cure us,

---

6. Juvenal.

pour notre santé; soit pour l'appliquer au-dedans ou au-dehors; mais il ne se trouva jamais aucune opinion si déréglée qui excusât la trahison, la déloyauté, la tyrannie, la cruauté, qui sont nos fautes ordinaires.

Nous les pouvons donc bien appeler barbares, eu égard aux règles de la raison, mais non pas eu égard à nous, qui les surpassons en toute sorte de barbarie. Leur guerre est toute noble et généreuse, et a autant d'excuse et de beauté que cette maladie humaine en peut recevoir; elle n'a autre fondement parmi eux que la seule jalousie de la vertu. Ils ne sont pas en débat de la conquête de nouvelles terres, car ils jouissent encore de cette uberté naturelle qui les fournit sans travail et sans peine de toutes choses nécessaires, en telle abondance qu'ils n'ont que faire d'agrandir leurs limites. Ils sont encore en cet heureux point, de ne désirer qu'autant que leurs nécessités naturelles leur ordonnent; tout ce qui est au-delà est superflu pour eux. Ils s'entr'appellent généralement, ceux de même âge, frères; enfants, ceux qui sont au-dessous; et les vieillards sont pères à tous les autres. Ceux-ci laissent à leurs héritiers en commun cette possession de biens par indivis, sans autre titre que celui tout pur que nature donne à ses créatures, les produisant au monde. Si leurs voisins passent les montagnes pour les venir assaillir, et qu'ils emportent la victoire sur eux, l'acquêt du victorieux, c'est la gloire, et l'avantage d'être demeuré maître en valeur et en vertu; car autrement ils n'ont que faire des biens des vaincus, et s'en retournent à leur pays, où ils n'ont faute d'aucune chose nécessaire, ni faute encore de cette grande partie, de savoir heureusement jouir de leur condition et s'en contenter. Autant en font ceux-ci à leur tour. Ils ne demandent à leurs prisonniers autre rançon que la confession et reconnaissance d'être vaincus; mais il ne s'en trouve pas un, en tout un siècle, qui n'aime mieux la mort que de relâcher, ni par contenance, ni de parole un seul point d'une grandeur de courage invincible; il ne s'en voit aucun qui n'aime mieux être tué et mangé, que de requérir seulement de ne l'être pas. Ils les traitent en toute liberté, et leur fournissent de toutes les commodités de quoi ils se peuvent aviser, afin que la vie leur soit d'autant plus chère; et les entretiennent communément des menaces de leur mort future, des tourments qu'ils y auront à souffrir, des apprêts qu'on dresse pour cet effet, du détranchement de leurs membres et du festin qui se fera à leurs dépens. Tout cela se fait pour cette seule fin d'arracher de leur bouche quelque parole molle ou rabaissée, ou de leur donner envie de s'enfuir, pour gagner cet avantage de les avoir épouvantés, et d'avoir fait force à leur constance. Car aussi, à le bien prendre, c'est en ce seul point que consiste la vraie victoire:

whether taken internally or externally; but there's never been an opinion so disordered as to excuse treason, disloyalty, tyranny, and cruelty, which are our everyday faults.

Thus, we can rightly call them barbarians, with regard to the rules of reason, but not with regard to ourselves, since we outdo them in all kinds of barbarism. Their warfare is altogether noble and high-minded, and can be found as excusable and beautiful as that human malady can be; it has no other basis among them than sheer zeal for virtue. They don't fight to conquer new territory, because they still enjoy that natural plenty which provides them with all necessary things without labor and travail, in such abundance that they have no need to extend their boundaries. They're still at that happy point where they desire only so much as their natural needs demand of them; anything beyond that is superfluous for them. Those of the same age generally call one another brothers; they call those younger, children; and the old men are fathers to all the others. The aged bequeath to their heirs the joint possession of their undivided property, with no other deed than that plain one Nature bestows on her creations when she gives birth to them. If their neighbors cross the mountains to attack them and are victorious over them, the prize of victory is fame and the advantage of retaining the mastery in valor and virtue; because they have no other concern with the property of the defeated enemy, and return to their homeland, where they have no lack of any necessity, or any lack of that wonderful trait: knowing how to enjoy their circumstances happily and being contented with them. These local Indians do the same in their turn. They demand no other ransom of their prisoners than the admission and realization that they were defeated; but there isn't one in a whole century who doesn't prefer to die rather than budge an inch, either in looks or in words, from their invincible stoutness of heart; not one is seen who doesn't prefer to be killed and eaten rather than merely ask not to be. They're treated very freely and supplied with every comfort their captors can think of, so that their life may be all the dearer to them; and they're generally harangued with threats of their coming death and the sufferings they'll then have to undergo, about the preparations being made for that purpose, the dismemberment of their limbs, and the feast that will be held at their expense. All this is done with the sole aim of snatching from their lips one word indicative of weakness or humility, or of giving them a desire to escape, to gain the advantage of having frightened them and having done violence to their fortitude. Because, when correctly viewed, true victory consists in that alone:

victoria nulla est
Quam quæ confessos animo quoque subjugat hostes.

Les Hongres, très belliqueux combattants, ne poursuivaient jadis leur pointe, outre avoir rendu l'ennemi à leur merci. Car, en ayant arraché cette confession, ils le laissaient aller sans offense, sans rançon, sauf, pour le plus, d'en tirer parole de ne s'armer dès lors en avant contre eux.

Assez d'avantages gagnons-nous sur nos ennemis, qui sont avantages empruntés, non pas nôtres. C'est la qualité d'un portefaix, non de la vertu, d'avoir les bras et les jambes raides; c'est une qualité morte et corporelle que la disposition; c'est un coup de la fortune de faire broncher notre ennemi et de lui éblouir les yeux par la lumière du soleil; c'est un tour d'art et de science, et qui peut tomber en une personne lâche et de néant, d'être suffisant à l'escrime. L'estimation et le prix d'un homme consiste au cœur et en la volonté; c'est là où gît son vrai honneur; la vaillance, c'est la fermeté non pas des jambes et des bras, mais du courage et de l'âme; elle ne consiste pas en la valeur de notre cheval, ni de nos armes, mais en la nôtre. Celui qui tombe obstiné en son courage, *«si succiderit, de genu pugnat»*; qui, pour quelque danger de la mort voisine, ne relâche aucun point de son assurance; qui regarde encore, en rendant l'âme, son ennemi d'une vue ferme et dédaigneuse, il est battu non pas de nous, mais de la fortune; il est tué, non pas vaincu.

Les plus vaillants sont parfois les plus infortunés.

Aussi y a-t-il des pertes triomphantes à l'envi des victoires. Ni ces quatre victoires sœurs, les plus belles que le soleil ait onques vues de ses yeux, de Salamine, de Platées, de Mycale, de Sicile, osèrent onques opposer toute leur gloire ensemble à la gloire de la déconfiture du roi Léonidas et des siens, au pas des Thermopyles.

Qui courut jamais d'une plus glorieuse envie et plus ambitieuse au gain d'un combat, que le capitaine Ischolas à la perte? Qui plus ingénieusement et curieusement s'est assuré de son salut, que lui de sa ruine? Il était commis à défendre certain passage du Péloponnèse contre les Arcadiens. Pour quoi faire, se trouvant du tout incapable, vu la nature du lieu et inégalité des forces, et se résolvant que tout ce qui se présenterait aux ennemis, aurait la nécessité à y demeurer; d'autre part, estimant indigne et de sa propre vertu et magnanimité et du nom lacédémonien de faillir à sa charge, il prit entre ces deux extrémités un moyen parti, de telle sorte. Les plus jeunes et dispos de

there is no real victory
but the one that also subdues the enemy by making them admit it.[7]

The Hungarians, very bellicose fighters, never used to push their objective past complete victory over their enemies; for, having wormed that admission out of them, they'd let them go unharmed and without ransom; except that, at the outside, they'd make them swear not to take up arms against them afterward.

We gain many advantages over our enemies that are borrowed advantages, not really ours. It's the characteristic of a street porter, not of a virtuous man, to have strong arms and legs; suppleness is a dead, physical endowment; it's a matter of good luck to make our enemy stumble and to dazzle his eyes with the sunlight; to be good at fencing is a feat of art and science which can be accomplished by a weak, worthless person. The worth and value of a man are in his heart and will; that's where his true honor lies; valor isn't the strength of his arms and legs, but that of his heart and mind; it lies not in the worth of our horse or weapons, but in our own. The man who falls, obstinate in his courage, "fights on his knees if he falls."[8] No danger of looming death makes him yield a jot of his self-confidence; while giving up the ghost, he still gazes at his enemy with steady, scornful eyes; he's beaten not by us but by bad luck; he's killed, not defeated.

The most brave are sometimes the most unfortunate.

Thus, there are defeats as triumphant as victories. And those four associated victories, the finest the sun ever beheld, Salamis, Plataea, Mycale, and Sicily, never dared match all their combined glory against the glory of the defeat of King Leonidas and his men at the pass of Thermopylae.

Who ever dashed into battle with a more glorious and ambitious desire to win than Captain Ischolas did, to lose? Who assured himself more cleverly and carefully of his safety than *he* did of his destruction? He was committed to defending a certain crossing in the Peloponnese against the Arcadians. Finding himself altogether unable to do so because the place was unsuited to it and he didn't have enough men, and realizing that whoever faced up to the enemy would have to remain there and die; but, on the other hand, deeming it unworthy of his own valor and nobleness, and of the name of Sparta, to fail in his duty, he chose a middle course between those two extremes, in this way: He preserved the youngest and most able-bodied in his troop for the safe-

---

7. Claudian.   8. Seneca.

sa troupe, il les conserva à la tuition et service de leur pays, et les y renvoya; et avec ceux desquels le défaut était moindre, il délibéra de soutenir ce pas, et, par leur mort, en faire acheter aux ennemis l'entrée la plus chère qu'il lui serait possible: comme il advint. Car, étant tantôt environné de toutes parts par les Arcadiens, après en avoir fait une grande boucherie, lui et les siens furent tous mis au fil de l'épée. Est-il quelque trophée assigné pour les vainqueurs, qui ne soit mieux dû à ces vaincus? Le vrai vaincre a pour son rôle l'estour; non pas le salut; et consiste l'honneur de la vertu à combattre, non à battre.

Pour revenir à notre histoire, il s'en faut tant que ces prisonniers se rendent, pour tout ce qu'on leur fait, qu'au rebours, pendant ces deux ou trois mois qu'on les garde, ils portent une contenance gaie; ils pressent leurs maîtres de se hâter de les mettre en cette épreuve; ils les défient, les injurient, leur reprochent leur lâcheté et le nombre des batailles perdues contre les leurs. J'ai une chanson faite par un prisonnier, où il y a ce trait: qu'ils viennent hardiment trétous et s'assemblent pour dîner de lui; car ils mangeront quant et quant leurs pères et leurs aïeux, qui ont servi d'aliment et de nourriture à son corps. «Ces muscles, dit-il, cette chair et ces veines, ce sont les vôtres, pauvres fols que vous êtes; vous ne reconnaissez pas que la substance des membres de vos ancêtres s'y tient encore: savourez-les bien, vous y trouverez le goût de votre propre chair.» Invention qui ne sent aucunement la barbarie. Ceux qui les peignent mourants, et qui représentent cette action quand on les assomme, ils peignent le prisonnier crachant au visage de ceux qui le tuent et leur faisant la moue. De vrai, ils ne cessent jusques au dernier soupir de les braver et défier de parole et de contenance. Sans mentir, au prix de nous, voilà des hommes bien sauvages; car, ou il faut qu'ils le soient bien à bon escient, ou que nous le soyons; il y a une merveilleuse distance distance entre leur forme et la nôtre.

Les hommes y ont plusieurs femmes, et en ont d'autant plus grand nombre qu'ils sont en meilleure réputation de vaillance; c'est une beauté remarquable en leurs mariages, que la même jalousie que nos femmes ont pour nous empêcher de l'amitié et bienveillance d'autres femmes, les leurs l'ont toute pareille pour la leur acquérir. Étant plus soigneuses de l'honneur de leurs maris que de toute autre chose, elles cherchent et mettent leur sollicitude à avoir le plus de compagnes qu'elles peuvent, d'autant que c'est un témoignage de la vertu du mari.

Les nôtres crieront au miracle; ce ne l'est pas; c'est une vertu proprement matrimoniale; mais du plus haut étage. Et, en la Bible, Lia, Rachel, Sara et les femmes de Jacob fournirent leurs belles servantes à leurs maris; et Livie seconda les appétits d'Auguste, à son intérêt; et la femme du roi

guard and service of their country, and sent them home; and with those whose lack would count for less, he resolved to defend that spot, their death making the enemy buy the access to it as dearly as possible; which is what happened. For soon being surrounded by the Arcadians on all sides, after making a great slaughter of them, he and his men were all put to the sword. Is there any trophy assigned to victors that isn't rather owed to these defeated men? True victory has combat for its role, not safety; and the honor of virtue is in fighting, not in winning.

To come back to our topic, those prisoners are so far from yielding, despite everything done to them, that, on the contrary, during the two or three months they're kept there, their deportment is cheerful; they urge their captors to put them to that test promptly; they defy them, insult them, reproach them for their cowardice and the number of battles they lost against the prisoners' tribe. I possess a song written by a prisoner, which contains this passage: Let them all come boldly and assemble to dine off him, because at the same time they'll be eating their fathers and grandfathers, who served as food and nutriment to his body. "These muscles," he says, "this flesh and these veins, are yours, poor fools that you are; you don't realize that the substance of your ancestors' limbs is still in them: enjoy their flavor, you'll find the taste of your own flesh in them." An idea that in no way smacks of barbarity. Those who depict them dying, and portraying their actions when being killed, show the prisoners spitting in the face of their killers and grimacing at them. Indeed, to their last breath they never stop defying and challenging them with words and mien. It's no lie: compared to us, they're truly wild men; because either they must necessarily be thoroughly so, or *we* must be; there's an amazing distance between their ways and ours.

The men there have several wives, the number of them being in proportion to their reputation for valor; a remarkably admirable thing about their marriages is that the same zeal our wives display to keep us from feeling friendship and benevolence for other women, their wives display for making them acquire this. Being more concerned with their husbands' honor than with anything else, they solicitously try their best to have as many female companions as they can, inasmuch as it's a testimony to their husbands' valor.

Our wives will call this miraculous; it's not; it's a truly matrimonial virtue, but at the highest level. And in the Bible, Leah, Rachel, Sarah, and Jacob's wives handed over their beautiful maidservants to their husbands; and Livia abetted the appetites of Augustus, to her own

Dejotarus, Stratonique, prêta non seulement à l'usage de son mari une fort belle jeune fille de chambre qui la servait, mais en nourrit soigneusement les enfants, et leur fit épaule à succéder aux états de leur père.

Et, afin qu'on ne pense point que tout ceci se fasse par une simple et servile obligation à leur usance et par l'impression de l'autorité de leur ancienne coutume, sans discours et sans jugement, et pour avoir l'âme si stupide que de ne pouvoir prendre autre parti, il faut alléguer quelques traits de leur suffisance. Outre celui que je viens de réciter de l'une de leurs chansons guerrières, j'en ai une autre, amoureuse, qui commence en ce sens:

«Couleuvre, arrête-toi; arrête-toi, couleuvre, afin que ma sœur tire sur le patron de ta peinture la façon et l'ouvrage d'un riche cordon que je puisse donner à m'amie: ainsi soit en tout temps ta beauté et ta disposition préférée à tous les autres serpents.»

Ce premier couplet, c'est le refrain de la chanson. Or j'ai assez de commerce avec la poésie pour juger ceci, que non seulement il n'y a rien de barbare en cette imagination, mais qu'elle est tout à fait anacréontique. Leur langage, au demeurant, c'est un doux langage et qui a le son agréable, retirant aux terminaisons grecques.

Trois d'entre eux, ignorant combien coûtera un jour à leur repos et à leur bonheur la connaissance des corruptions de deçà, et que de ce commerce naîtra leur ruine, comme je présuppose qu'elle soit déjà avancée, bien misérables de s'être laissé piper au désir de la nouvelleté, et avoir quitté la douceur de leur ciel pour venir voir le nôtre, furent à Rouen, du temps que le feu roi Charles neuvième y était. Le Roi parla à eux longtemps; on leur fit voir notre façon, notre pompe, la forme d'une belle ville. Après cela, quelqu'un en demanda leur avis, et voulut savoir d'eux ce qu'ils y avaient trouvé de plus admirable; ils répondirent trois choses, d'où j'ai perdu la troisième, et en suis bien marri; mais j'en ai encore deux en mémoire. Ils dirent qu'ils trouvaient en premier lieu fort étrange que tant de grands hommes, portant barbe, forts et armés, qui étaient autour du Roi (il est vraisemblable qu'ils parlaient des Suisses de sa garde), se soumissent à obéir à un enfant, et qu'on ne choisisse plutôt quelqu'un d'entre eux pour commander; secondement (ils ont une façon de leur langage telle, qu'ils nomment les hommes moitié les uns des autres) qu'ils avaient aperçu qu'il y avait parmi nous des hommes pleins et gorgés de toutes sortes de commodités, et que leurs moitiés étaient mendiants à leurs portes, décharnés de faim et de pauvreté; et trouvaient étrange comme ces moitiés ici nécessiteuses pouvaient souffrir une telle injustice, qu'ils ne prissent les autres à la gorge, ou missent le feu à leurs maisons.

detriment; and Stratonice, the wife of King Deiotarus, not only lent a very lovely young chambermaid of hers for her husband's use, but carefully brought up that woman's children, helping them succeed to their father's estates.

And, so that no one will think that all this is done out of the Indians' simple, servile devotion to their customs and the weight of authority of their traditional ways, without reasoning or judgment, because their mind is too dull not to make other decisions, I must cite some examples of their ability. Besides what I have just quoted from one of their martial songs, I possess another, a love song, which begins as follows:

"Snake, halt! Halt, snake, so that my sister may draw from the pattern on your skin the design and working of a rich band that I can give my beloved: and so, may your beauty and suppleness be forever preferred to those of all other serpents!"

This first couplet is the refrain of the song. Now, I have enough acquaintance with poems to judge of this one, and I say that not only is there nothing barbaric in this conception, but it's altogether like Anacreon. Furthermore, their language is a very sweet one, with a pleasant sound, and reminiscent of Greek word-endings.

Three of these people, unaware of how much their repose and happiness will suffer some day from their knowledge of our corrupt ways, or of how this acquaintance with us will lead to their ruin (which I imagine is already far advanced, and they're very wretched because they let themselves be fooled by a yearning for novelty and because they left the gentleness of their clime to come and see ours), were at Rouen when the late king Charles IX was there. The king spoke with them at length; they were shown our ways, our pomp, the aspect of a beautiful city. After that, someone asked their opinion of it, and wanted to hear from them what they had found most admirable there; they gave three answers, the third of which I've forgotten, for which I'm very sorry; but I still remember two. They said that, first of all, they found it very strange that so many great men, bearded, strong, and armed, who were around the king (they probably meant the Swiss among his guards), submitted to obeying a child, and that one of them wasn't chosen as commander, instead; secondly (in their phraseology, they speak of men as being halves of one another), they said they had noticed that there were among us men who were replete and gorged with comforts, while their "other halves" were beggars at their doors, emaciated with hunger and poverty; and they found it strange that these needy halves could abide such injustice, and didn't seize the others by the throat or set fire to their houses.

Je parlai à l'un d'eux fort longtemps; mais j'avais un truchement qui me suivait si mal et qui était si empêché à recevoir mes imaginations par sa bêtise, que je n'en pus tirer guère de plaisir. Sur ce que je lui demandai quel fruit il recevait de la supériorité qu'il avait parmi les siens (car c'était un capitaine, et nos matelots le nommaient roi), il me dit que c'était marcher le premier à la guerre; de combien d'hommes il était suivi, il me montra une espèce de lieu, pour signifier que c'était autant qu'il en pourrait en une telle espace, ce pouvait être quatre ou cinq mille hommes; si, hors la guerre, toute son autorité était expirée, il dit qu'il lui en restait cela que, quand il visitait les villages qui dépendaient de lui, on lui dressait des sentiers au travers des haies de leurs bois, par où il pût passer bien à l'aise.

Tout cela ne va pas trop mal: mais quoi, ils ne portent point de hauts-de-chausse!

De juger de la mort d'autrui (II, 13)

Quand nous jugeons de l'assurance d'autrui en la mort, qui est sans doute la plus remarquable action de la vie humaine, il se faut prendre garde d'une chose: que mal aisément on croit être arrivé à ce point. Peu de gens meurent résolus que ce soit leur heure dernière, et n'est endroit où la piperie de l'espérance nous amuse plus. Elle ne cesse de corner aux oreilles: «D'autres ont bien été plus malades sans mourir; l'affaire n'est pas si désespérée qu'on pense; et, au pis aller, Dieu a bien fait d'autres miracles.» Et advient cela de ce que nous faisons trop de cas de nous. Il semble que l'université des choses souffre aucunement de notre anéantissement et qu'elle soit compassionnée à notre état. D'autant que notre vue altérée se représente les choses de même; et nous est avis qu'elles lui faillent à mesure qu'elle leur faut: comme ceux qui voyagent en mer, à qui les montagnes, les campagnes, les villes, le ciel et la terre vont même branle, et quant et quant eux,

Provehimur portu, terræque urbesque recedunt.

Qui vit jamais vieillesse qui ne louât le temps passé et ne blamât le présent, chargeant le monde et les mœurs des hommes de sa misère et de son chagrin?

I spoke to one of them for quite a while, but my interpreter followed me so badly, his stupidity preventing him from conveying my thoughts, that I could derive hardly any pleasure from it. When I asked the Indian what benefit he derived from being a leader among his people (for he was a captain, and our sailors called him king), he said it was having the right to walk ahead of the others on the warpath; to indicate how many men followed him, he pointed to an open area, meaning that as many followed him as could fit into a space of that size, which might be four or five thousand; when I asked whether his authority expired when the war was over, he said he still had this much left: when he visited the villages under his jurisdiction, the people would beat paths across the thickets in their forests through which he could pass in complete comfort.

All that isn't too bad—but, alas, they don't wear trunk hose!

On Judging the Death of Others (II, 13)

When we form an opinion about other people's fortitude when dying, which is without doubt the most noteworthy act in human life, we must watch out for one thing: it's very hard for people to believe they've reached that point. Few people die with the certainty that their last hour has come, and nowhere else do deceptive hopes hoodwink us more. Hope never ceases to din into our ears: "Others have been more ill and didn't die; the situation isn't as desperate as we think; and, if worse comes to worst, God has performed many other miracles." This occurs because we lend too much importance to ourselves. We feel that the universe will suffer to some extent from our extinction, and that it pities our condition. Inasmuch as, when our vision is impaired, we imagine that all other things are likewise flawed, and we believe that *they* are failing *it* in proportion as *it's* failing *them:* just like people on a ship, in whose eyes the mountains, fields, towns, sky, and earth are moving along with them:

We move out of the harbor, and the land and cities recede.[1]

Who ever saw old people who didn't praise the past and find fault with the present, blaming the world and the ways of men for their wretchedness and chagrin?

1. Vergil.

Jamque caput quassans grandis suspirat arator,
Et cum tempora temporibus præsentia confert
Præteritis, laudat fortunas sæpe parentis,
Et crepat antiquum genus ut pietate repletum.

Nous entraînons tout avec nous.

D'où il s'ensuit que nous estimons grande chose notre mort, et qui ne passe pas si aisément, ni sans solennelle consultation des astres, «*tot circa unum caput tumultuantes deos*». Et le pensons d'autant plus que plus nous nous prisons. Comment? tant de science se perdrait-elle avec tant de dommage, sans particulier souci des destinées? Une âme si rare et exemplaire ne coûte-t-elle non plus à tuer qu'une âme populaire et inutile? Cette vie, qui en couvre tant d'autres, de qui tant d'autres vies dépendent, qui occupe tant de monde par son usage, remplit tant de places, se déplace-t-elle comme celle qui tient à son simple nœud?

Nul de nous ne pense assez n'être qu'un.

De là viennent ces mots de César à son pilote, plus enflés que la mer qui le menaçait:

Italiam si, cælo authore, recusas,
Me pete: sola tibi causa hæc est justa timoris,
Vectorem non nosse tuum . . .
                                    perrumpe procellas
Tutela secure mei.

Et ceux-ci:

credit jam digna pericula Cæsar
Fatis esse suis: Tantusque, evertere, dixit,
Me superis labor est, parva quem puppe sedentem
Tam magno petiere mari.

Et cette rêverie publique, que le soleil porta en son front, tout le long d'un an, le deuil de sa mort:

Ille etiam, extincto miseratus Cæsare Romam,
Cum caput obscura nitidum ferrugine texit;

et mille semblables, de quoi le monde se laisse si aisément piper, estimant que nos intérêts altèrent le Ciel, et que son infinité se formalise de nos menues distinctions: «*Non tanta cælo societas nobiscum est, ut nostro fato mortalis sit ille quoque siderum fulgor.*»

> *And now, shaking his head, the aging plowman sighs*
> *and compares times present with times*
> *past, often praising his father's good fortune*
> *and repeating how full of piety people were long ago.*[2]

We haul all things after us.

From which it follows that we consider our death very important; it doesn't pass by so easily, nor without a solemn consultation of the heavenly bodies, "so many gods in agitation about one person."[3] And we think this more, the more we value ourselves. What? Is so much knowledge to be lost, so detrimentally, without the Fates being especially concerned? Doesn't it cost more to kill so rare and exemplary a soul than a common, useless one? Is this life, which protects so many others, on which so many other lives depend, which occupies so many people who come into contact with it and fills so many offices, to be brushed away like one that's attached merely by a simple knot?

None of us is sufficiently aware that he's just one person.

Hence those words of Caesar's to his ship's pilot, words more swollen than the sea that menaced him:

> *"If you refuse to reach Italy even though heaven authorizes you,*
> *look to me: your only proper reason to be afraid*
> *is not knowing your passenger . . .*
> > *Burst through the storms,*
> *secure in my protection."*[4]

And these words:

> *By now Caesar believed the dangers were*
> *worthy of his destiny. And he said: "The gods have so much*
> *toil to overthrow me that, though I sit on a small vessel,*
> *they have assailed me with such heavy seas!"*[5]

And that public daydream, that the sun wore mourning on its brow for him an entire year:

> *It, too, pitying Rome on the death of Caesar,*
> *when it covered its gleaming head with dark rust;*[6]

and a thousand other conceits with which the world lets itself be deceived so readily, thinking that our injuries trouble heaven, and that its infinity is concerned about our slight changes of state: "There isn't such a great alliance between us and heaven that, at our death, that glow of the heavenly bodies is also mortal."[7]

---

2. Lucretius.   3. Seneca.   4. Lucan.   5. Lucan.   6. Vergil.   7. Pliny the Elder.

Or, de juger la résolution et la constance en celui qui ne croit pas encore certainement être au danger, quoiqu'il y soit, ce n'est pas raison; et ne suffit pas qu'il soit mort en cette démarche, s'il ne s'y était mis justement pour cet effet. Il advient à la plupart de roidir leur contenance et leurs paroles pour en acquérir réputation, qu'ils espèrent encore jouir vivants. D'autant que j'en ai vu mourir, la fortune a disposé les contenances, non leur dessein. Et de ceux mêmes qui se sont anciennement donné la mort, il y a bien à choisir si c'est une mort soudaine, ou mort qui ait du temps. Ce cruel empereur romain disait de ses prisonniers qu'il leur voulait faire sentir la mort; et si quelqu'un se défaisait en prison: «Celui-là m'est échappé», disait-il. Il voulait étendre la mort, et la faire sentir par les tourments:

> *Vidimus et toto quamvis in corpore cæso*
> *Nil animæ letale datum, moremque nefandæ*
> *Durum sævitiæ pereuntis parcere morti.*

De vrai ce n'est pas si grande chose d'établir, tout sain et tout rassis, de se tuer; il est bien aisé de faire le mauvais avant que de venir aux prises: de manière que le plus efféminé homme du monde, Héliogabale, parmi ses plus lâches voluptés, desseignait bien de se faire mourir délicatement où l'occasion l'en forcerait; et, afin que sa mort ne démentît point le reste de sa vie, avait fait bâtir exprès une tour somptueuse, le bas et le devant de laquelle était planché d'ais enrichis d'or et de pierrerie pour se précipiter; et aussi fait faire des cordes d'or et de soie cramoisie pour s'étrangler; et battre une épée d'or pour s'enferrer; et gardait du venin dans des vaisseaux d'émeraude et de topaze pour s'empoisonner, selon que l'envie lui prendrait de choisir de toutes ces façons de mourir:

> *Impiger et fortis virtute coacta.*

Toutefois, quant à celui-ci, la mollesse de ses apprêts rend plus vraisemblable que le nez lui eût saigné, qui l'en eût mis au propre. Mais de ceux mêmes qui, plus vigoureux, se sont résolus à l'exécution, il faut voir (dis-je) si ç'a été d'un coup qui ôtât le loisir d'en sentir l'effet: car c'est à deviner, à voir écouler la vie peu à peu, le sentiment du corps se mêlant à celui de l'âme, s'offrant le moyen de se repentir, si la constance s'y fût trouvée et l'obstination en une si dangereuse volonté.

Now, it's wrong to ascribe resolve and fortitude to someone who does not yet fully believe he's in danger, even if he is; nor is it enough that he died in that exploit, if he hadn't undertaken it for that specific purpose. Most people, as things go, show a stiff upper lip and speak bravely to gain a repute thereby which they hope they'll live to enjoy. Of all those I've seen die, it was luck that made their faces look brave, not their intentions. And even with regard to those who killed themselves in former times, one must discern whether it was a sudden or a lingering death. That cruel Roman emperor said that he wanted his prisoners to taste their death; if one of them killed himself in prison, he'd say: "That one got away from me." He wanted to prolong death and make it felt by tortures:

> And we saw that, though the body was riddled with wounds,
> none lethal to the soul had been inflicted, and a harsh mode
> of wicked cruelty was withholding the dying man's death.[8]

In truth, it isn't so wonderful to decide, when completely sound and calm, to kill oneself; it's quite easy to act like a hardened character before you come to actual grips: so that the most effeminate man in the world, Heliogabalus, amid his vilest sensuality, planned to have himself die daintily whenever he was compelled to; and, in order to have his death correspond to the rest of his life, he had had specially constructed a sumptuous tower, the lower and front parts of which were planked with boards adorned with gold and precious stones, to jump from; he had also had cords made of gold and of crimson silk to strangle himself with, and a golden sword forged to pierce himself with; and he kept poison in emerald and topaz containers to poison himself with, to allow for any desire he might have to choose among all these ways to die:

> Brave and valiant by necessity.[9]

Nevertheless, with regard to *him,* the womanish nature of his preparations makes it more likely that he would have gotten a nosebleed if anyone had confronted him with the real thing. But even among those who have resolved more firmly on carrying out such plans, one must see (I say) whether it was by a blow that deprived them of the leisure to feel its effect: because it can only be guessed, on seeing life run out gradually, while the sensations of the body are mingling with those of the soul, and there are still ways of changing one's mind, whether fortitude played a part in it, and firmness of will, in such peril.

---

8. Lucan.   9. Lucan.

Aux guerres civiles de César, Lucius Domitius, pris en la Prusse, s'étant empoisonné, s'en repentit après. Il est advenu de notre temps que tel, résolu de mourir, et de son premier essai n'ayant donné assez avant, la démangeaison de la chair lui repoussant le bras, se reblessa bien fort à deux ou trois fois après, mais ne put jamais gagner sur lui d'enfoncer le coup. Pendant qu'on faisait le procès à Plautius Silvanus, Urgulania, sa mère-grand, lui envoya un poignard, duquel n'ayant pu venir à bout de se tuer, il se fit couper les veines à ses gens. Albucilla, du temps de Tibère, s'étant pour se tuer frappée trop mollement, donna encore à ses parties moyen de l'emprisonner et faire mourir à leur mode. Autant en fit le capitaine Démosthène après sa route en la Sicile. Et C. Fimbria, s'étant frappé trop faiblement, impétra de son valet de l'achever. Au rebours, Ostorius, lequel, ne se pouvant servir de son bras, dédaigna d'employer celui de son serviteur à autre chose qu'à tenir le poignard droit et ferme, et, se donnant le branle, porta lui-même sa gorge à l'encontre, et la transperça. C'est une viande, à la vérité, qu'il faut engloutir sans mâcher, qui n'a le gosier ferré à glace; et pourtant l'empereur Adrien fit que son médecin marquât et circonscrît en son tétin justement l'endroit mortel où celui eut à viser, à qui il donna la charge de le tuer. Voilà pourquoi César, quand on lui demandait quelle mort il trouvait la plus souhaitable: «La moins préméditée, répondit-il, et la plus courte.»

Si César l'a osé dire, ce ne m'est plus lâcheté de le croire.

Une mort courte, dit Pline, est le souverain heur de la vie humaine. Il leur fâche de le reconnaître. Nul ne se peut dire être résolu à la mort, qui craint à la marchander, qui ne peut la soutenir les yeux ouverts. Ceux qu'on voit aux supplices courir à leur fin, et hâter l'exécution et la presser, ils ne le font pas de résolution: ils se veulent ôter le temps de la considérer. L'être mort ne les fâche pas, mais oui bien le mourir, *Emori nolo, sed me esse mortuum nihili æstimo.* C'est un degré de fermeté auquel j'ai expérimenté que je pourrais arriver, ainsi que ceux qui se jettent dans les dangers comme dans la mer, à yeux clos.

Il n'y a rien, selon moi, plus illustre en la vie de Socrate que d'avoir eu trente jours entiers à ruminer le décret de sa mort; de l'avoir digérée tout ce temps-là d'une très certaine espérance, sans émoi, sans altération, et d'un train d'actions et de paroles ravalé plutôt et anonchali que tendu et relevé par le poids d'une telle cogitation.

During Caesar's civil wars, Lucius Domitius, taken prisoner in the Abruzzi, poisoned himself, then repented of it. It has occurred in our day that a man, determined to die, but not having succeeded on his first try because the resistance of his flesh repelled his arm, wounded himself very badly two or three times afterward, but was never able to take it upon himself to drive home the blow. During Plautius Silvanus's court trial, his grandmother Urgulania sent him a dagger, with which, not having succeeded in killing himself, he had his servants open his veins. Albucilla, in Tiberius's day, having struck herself too weakly to kill herself, thus made it still possible for her adversaries to jail her and do away with her in their fashion. The same thing happened to Captain Demosthenes after his defeat in Sicily. And C. Fimbria, having struck himself too weakly, got his servant to finish him off. On the other hand, Ostorius, who, unable to use his arm, scorned to use his servant's for anything but to hold the dagger straight and steady, set himself in motion and himself ran his throat against the blade, which pierced it. In truth, this is a food that must be swallowed unchewed unless your gullet is steeled to it; but nevertheless Emperor Hadrian had his doctor indicate and circle on his nipple the exact mortal spot which that man had to aim at whom he gave the duty of killing him. That's why, when Caesar was asked which death he found most desirable, he replied: "The least premeditated and the quickest."

If Caesar dared to say this, it's no longer cowardly of me to hold the same opinion.

A quick death, Pliny says, is the supreme good fortune in a man's life. But men are vexed to acknowledge this. No one can be said to face death firmly if he's afraid to deal with it and can't face it with eyes wide open. Those whom we see hastening to their end when being executed, hurrying the fatal moment along and urging it on, don't do this out of firmness: they want to have no time to think about it. It isn't being dead that bothers them, but dying: "I don't want to die, but my being dead I count as nothing."[10] That's a degree of resolve which I know from experience I could arrive at, like those who hurl themselves into dangers as if into the sea, with their eyes shut.

In my opinion, there's nothing finer in Socrates's life than his spending a full thirty days mulling over his death sentence; his having faced it all that time with a very certain expectation, without emotion, without dismay, and in a course of actions and speeches rather low-key and carefree than strained and heightened by the weight of such a meditation.

---

10. Epicharmus, translated by Cicero.

Ce Pomponius Atticus à qui Cicéron écrit, étant malade, fit appeler Agrippa son gendre, et deux ou trois autres de ses amis, et leur dit qu'ayant essayé qu'il ne gagnait rien à se vouloir guérir, et que tout ce qu'il faisait pour allonger sa vie, allongeait aussi et augmentait sa douleur, il était délibéré de mettre fin à l'un et à l'autre, les priant de trouver bonne sa délibération et, au pis aller, de ne perdre point leur peine à l'en détourner. Or, ayant choisi de se tuer par abstinence, voilà sa maladie guérie par accident: ce remède qu'il avait employé pour se défaire, le remet en santé. Les médecins et ses amis, faisant fête d'un si heureux événement et s'en réjouissant avec lui, se trouvèrent bien trompés; car il ne leur fut possible pour cela de lui faire changer d'opinion, disant qu'ainsi comme ainsi lui fallait-il un jour franchir ce pas, et qu'en étant si avant, il se voulait ôter la peine de recommencer une autre fois. Celui-ci, ayant reconnu la mort tout à loisir, non seulement ne se décourage pas au joindre, mais il s'y acharne; car, étant satisfait en ce pourquoi il était entré en combat, il se pique par braverie d'en voir la fin. C'est bien loin au-delà de ne craindre point la mort, que de la vouloir tâter et savourer.

L'histoire du philosophe Cléanthe est fort pareille. Les gencives lui étaient enflées et pourries; les médecins lui conseillèrent d'user d'une grande abstinence. Ayant jeûné deux jours, il est si bien amendé qu'ils lui déclarent sa guérison et permettent de retourner à son train de vivre accoutumé. Lui, au rebours, goûtant déjà quelque douceur en cette défaillance, entreprend de ne se retirer plus arrière et franchit le pas qu'il avait si fort avancé.

Tullius Marcellinus, jeune homme romain, voulant anticiper l'heure de sa destinée pour se défaire d'une maladie qui le gourmandait plus qu'il ne voulait souffrir, quoique les médecins lui en promissent guérison certaine, sinon si soudaine, appela ses amis pour en délibérer. Les uns, dit Sénèque, lui donnaient le conseil que par lâcheté ils eussent pris pour eux-mêmes; les autres, par flatterie, celui qu'ils pensaient lui devoir être plus agréable. Mais un Stoïcien lui dit ainsi: «Ne te travaille pas, Marcellinus, comme si tu délibérais de chose d'importance: ce n'est pas grand-chose que vivre; tes valets et les bêtes vivent; mais c'est grand-chose de mourir honnêtement, sagement et constamment. Songe combien il y a que tu fais même chose: manger, boire, dormir; boire, dormir et manger. Nous rouons sans cesse en ce cercle; non seulement les mauvais accidents et insupportables, mais la satiété même de vivre donne envie de la mort.»

When that Pomponius Atticus, Cicero's correspondent, was ill, he sent for his son-in-law Agrippa and two or three other friends of his, and told them that, having found that he was gaining nothing by trying to get well, but that everything he was doing to prolong his life was also prolonging and increasing his pain, he was determined to put an end to both; he asked them to give their approval of his decision and, when things came to the worst, not to waste their efforts trying to make him change his mind. Now, having chosen to kill himself by fasting, his illness was accidentally cured: the means he had selected for doing away with himself restored his health. His doctors and friends, celebrating so happy an event and telling him how glad it made them, found that they were very wrong; because, despite all this, they couldn't possibly make him change his mind; he said that, one way or another, he had to cross that threshold some day, and that, being so close to it, he wanted to rid himself of the trouble of starting all over again. This man, having reconnoitered death at full leisure, not only wasn't disheartened when face to face with it, but insisted on going through with it; because, satisfied with his reasons for having joined battle, he bravely prided himself on seeing it through. Not to have any fear of death is far surpassed by the wish to experience and savor it.

The story of the philosopher Cleanthes is very similar. His gums were swollen and rotten; his doctors advised him to be very abstemious. After fasting for two days, he made such an improvement that they declared him cured and allowed him to return to his ordinary way of life. But he, on the contrary, already deriving some pleasure from that lapse in health, decided not to go backward any longer, and he took the last step toward which he had proceeded so far.

Tullius Marcellinus, a young Roman, desirous of hastening the hour of his end to rid himself of a malady that was ravaging him more than he wanted to endure, even though his doctors promised him a definite recovery, but not so prompt, summoned his friends to consult with him. Some, Seneca tells us, gave him the advice which, out of cowardice, they would have followed themselves; the others, in flattery, the advice they thought must be more agreeable to him. But one Stoic told him: "Don't get worked up, Marcellinus, as if you were deliberating on something important: living isn't such a great thing. Your servants are alive, and so are the animals; what *is* great is to die honorably, wisely, and with fortitude. Think about how long you've been doing the same thing: eating, drinking, and sleeping; drinking, sleeping, and eating. We turn around endlessly in this circle; not only unpleasant, unbearable events, but the very satiety of living makes us

Marcellinus n'avait besoin d'homme qui le conseillât, mais d'homme qui le secourût. Les serviteurs craignaient de s'en mêler, mais ce philosophe leur fit entendre que les domestiques sont soupçonnés, lors seulement qu'il est en doute si la mort du maître a été volontaire; autrement, qu'il serait d'aussi mauvais exemple de l'empêcher que de le tuer, d'autant que

Invitum qui servat idem facit occidenti.

Après il avertit Marcellinus qu'il ne serait pas messéant, comme le dessert des tables se donne aux assistants, nos repas faits, aussi la vie finie, de distribuer quelque chose à ceux qui en ont été les ministres.

Or était Marcellinus de courage franc et libéral: il fit départir quelque somme à ses serviteurs, et les consola. Au reste, il n'y eut besoin de fer ni de sang; il entreprit de s'en aller de cette vie, non de s'enfuir; non d'échapper à la mort, mais de l'essayer. Et, pour se donner loisir de la marchander, ayant quitté toute nourriture, le troisième jour après, s'étant fait arroser d'eau tiède, il défaillit peu à peu, et non sans quelque volupté, à ce qu'il disait. De vrai, ceux qui ont eu ces défaillances de cœur qui prennent par faiblesse, disent n'y sentir aucune douleur, voire plutôt quelque plaisir, comme d'un passage au sommeil et au repos.

Voilà des morts étudiées et digérées.

Mais, afin que le seul Caton pût fournir à tout exemple de vertu, il semble que son bon destin lui fit avoir mal en la main de quoi il se donna le coup, pour qu'il eût loisir d'affronter la mort et de la colleter, renforçant le courage au danger, au lieu de l'amollir. Et si c'eût été à moi à le représenter en sa plus superbe assiette, c'eût été déchirant tout ensanglanté ses entrailles, plutôt que l'épée au poing, comme firent les statuaires de son temps. Car ce second meurtre fut bien plus furieux que le premier.

De la liberté de conscience (II, 19)

Il est ordinaire de voir les bonnes intentions, si elles sont conduites sans modération, pousser les hommes à des effets très vicieux. En ce débat par lequel la France est à présent agitée de guerres civiles, le

wish for death." Marcellinus didn't need a man to advise him, but a man to help him. His servants were afraid to interfere, but that philosopher made them understand that servants are under suspicion only when there's a doubt as to whether their master's death was voluntary; in this case, it would serve as just as bad an example to prevent him as to kill him, seeing that

he who saves an unwilling man does the same as he who kills him.[11]

Afterward he informed Marcellinus that it wouldn't be inappropriate, just as leftovers from the table are given to the attendants when our meals are over, to distribute something, at the end of his life, to those who served him during it.

Now, Marcellinus was of an open and generous nature: he had a certain sum divided among his servants, and he consoled them. As for the rest, there was no need for steel or blood; he decided to leave this life, not to flee it; not to escape death, but experience it. And, to give himself time to deal with it, having abstained from all food, on the third day following, after having himself sprinkled with lukewarm water, he faded away gradually, not without some sensory pleasure, as he reported. It's true, those who have had those swoonings of the heart which attack us when we're run down say it gives them no pain, but indeed some pleasure, like a transition into slumber and rest.

Those are carefully prepared, assimilated deaths.

But, in order for the one man Cato to be able to provide every example of virtue, it seems that his happy fate made him feel pain in the hand with which he stabbed himself, so that he might have time to face up to death and seize it by the collar, strengthening his courage by danger, instead of enfeebling it. And, had it been up to me to depict him in his most superb situation, it would have been when, all bloodied, he was tearing apart his vitals, rather than sword in hand, as the sculptors of his day showed him. Because that second slaying was much more ardent than the first.

On Freedom of Conscience (II, 19)

It is commonly seen that good intentions, when carried out immoderately, urge men on to very evil results. In this struggle of civil wars by which France is now shaken, the better and saner side is without a

---

11. Horace.

meilleur et le plus sain parti est sans doute celui qui maintient et la religion et la police anciennes du pays. Entre les gens de bien toutefois
qui le suivent (car je ne parle point de ceux qui s'en servent de prétexte pour, ou exercer leurs vengeances particulières, ou fournir à leur
avarice, ou suivre la faveur des princes; mais de ceux qui le font par
vrai zèle envers leur religion, et sainte affection à maintenir la paix et
l'état de leur patrie), de ceux-ci, dis-je, il s'en voit plusieurs que la passion pousse hors les bornes de la raison, et leur fait parfois prendre
des conseils injustes, violents et encore téméraires.

Il est certain qu'en ces premiers temps que notre religion com-
mença de gagner autorité avec les lois, le zèle en arma plusieurs contre toute sorte de livres païens, de quoi les gens de lettres souffrent
une merveilleuse perte. J'estime que ce désordre ait plus porté de
nuisance aux lettres que tous les feux des barbares. Cornelius Tacite
en est un bon témoin: car, quoique l'empereur Tacite, son parent, en
eût peuplé par ordonnances expresses toutes les librairies du monde,
toutefois un seul exemplaire entier n'a pu échapper la curieuse
recherche de ceux qui désiraient l'abolir pour cinq ou six vaines
clauses contraires à notre créance. Ils ont aussi eu ceci, de prêter aisément des louanges fausses à tous les empereurs qui faisaient pour
nous, et condamner universellement toutes les actions de ceux qui
nous étaient adversaires, comme il est aisé à voir en l'empereur Julien,
surnommé l'Apostat.

C'était, à la vérité, un très grand homme et rare, comme celui qui
avait son âme vivement teinte des discours de la philosophie, auxquels
il faisait profession de régler toutes ses actions; et, de vrai, il n'est aucune sorte de vertu de quoi il n'ait laissé de très notables exemples. En
chasteté (de laquelle le cours de sa vie donne bien clair témoignage),
on lit de lui un pareil trait à celui d'Alexandre et de Scipion, que de
plusieurs très belles captives il n'en voulut pas seulement voir une,
étant en la fleur de son âge; car il fut tué par les Parthes âgé de trente
et un ans seulement. Quant à la justice, il prenait lui-même la peine
d'ouïr les parties; et encore que par curiosité il s'informât à ceux qui
se présentaient à lui de quelle religion ils étaient, toutefois l'inimitié
qu'il portait à la nôtre ne donnait aucun contrepoids à la balance. Il fit
lui-même plusieurs bonnes lois, et retrancha une grande partie des
subsides et impositions que levaient ses prédécesseurs.

Nous avons deux bons historiens témoins oculaires de ses actions:
l'un desquels, Ammien Marcellin, reprend aigrement en divers lieux
de son histoire cette sienne ordonnance par laquelle il défendit l'école
et interdit l'enseigner à tous les rhétoriciens et grammairiens chré-

doubt the one which is upholding the country's old religion and government. Nevertheless, among the right-minded people who follow this course (for I'm not speaking of those who use it as a pretext for wreaking personal vengeance, sating their greed, or currying the favor of princes, but of those who do so out of true zeal for their religion and pious love of preserving their homeland's peace and condition), among these, I say, many can be seen whom passion urges on beyond the limits of reason, at times leading them to make unjust, violent, and even foolhardy decisions.

It's certain that in those earliest days when our religion began to be countenanced by law, zeal armed many against all kinds of pagan books, so that literary men have suffered a tremendous loss. I calculate that that disorder did more harm to literature than all the fires set by the barbarians. Cornelius Tacitus is a good example of this: for even though the emperor Tacitus, his relative, had stocked all the libraries in the world with his books by express decrees, nevertheless not one intact copy was able to escape the careful searching of those who wished to stamp him out because of five or six idle sentences contrary to our creed. The early Christians also erred in readily heaping false praise on all the emperors who favored us, while universally damning all the actions of those who opposed us; this can readily be seen in the case of Emperor Julian, dubbed the Apostate.

In reality, he was a very great and unusual man, one whose mind was deeply imbued with the reasonings of philosophy, by which he professed to regulate all his actions; and indeed there's no kind of virtue of which he didn't leave behind some very remarkable examples. With regard to chastity (to which the course of his life bears very clear witness), we read that he performed an action similar to Alexander's and Scipio's: having several very beautiful female captives, he refused to see even one, though he was in the prime of life; for he was only thirty-one when killed by the Parthians. As for justice, he himself took the trouble to listen to both sides in lawsuits; and even if out of curiosity he asked those who appeared before him what their religion was, nevertheless his hostility to ours didn't weigh against us in the balance. He himself promulgated a number of good laws, and he abolished many of the subsidies and taxes his predecessors had imposed.

We have two good historians who were eye witnesses of his deeds: one of them, Ammianus Marcellinus, lashes out severely in various passages of his history against that decree of his whereby he prohibited our schools and forbade all Christian rhetoricians and grammari-

tiens, et dit qu'il souhaiterait cette sienne action être ensevelie sous le silence. Il est vraisemblable, s'il eût fait quelque chose de plus aigre contre nous, qu'il ne l'eût pas oublié, étant bien affectionné à notre parti. Il nous était âpre, à la vérité, mais non pourtant cruel ennemi; car nos gens mêmes récitent de lui cette histoire, que, se promenant un jour autour de la ville de Chalcédoine, Maris, évêque du lieu, osa bien l'appeler méchant traître à Christ, et qu'il n'en fit autre chose, sauf lui répondre: «Va, misérable, pleure la perte de tes yeux.» A quoi l'évêque encore répliqua: «Je rends grâces à Jésus-Christ de m'avoir ôté la vue, pour ne voir ton visage impudent»; affectant, disent-ils, en cela une patience philosophique. Tant y a que ce fait-là ne se peut pas bien rapporter aux cruautés qu'on le dit avoir exercées contre nous. Il était (dit Eutrope, mon autre témoin) ennemi de la Chrétienté, mais sans toucher au sang.

Et, pour revenir à sa justice, il n'est rien qu'on y puisse accuser que les rigueurs de quoi il usa, au commencement de son empire, contre ceux qui avaient suivi le parti de Constance, son prédécesseur. Quant à sa sobriété, il vivait toujours un vivre soldatesque, et se nourrissait en pleine paix comme celui qui se préparait et accoutumait à l'austérité de la guerre. La vigilance était telle en lui qu'il départait la nuit à trois ou à quatre parties, dont la moindre était celle qu'il donnait au sommeil; le reste, il l'employait à visiter lui-même en personne l'état de son armée et ses gardes, ou à étudier; car, entre autres siennes rares qualités, il était très excellent en toute sorte de littérature. On dit d'Alexandre le Grand, qu'étant couché, de peur que le sommeil ne le débauchât de ses pensements et de ses études, il faisait mettre un bassin doignant son lit, et tenait l'une de ses mains au-dehors avec une boulette de cuivre, afin que, le dormir le surprenant et relâchant les prises de ses doigts, cette boulette, par le bruit de sa chute dans le bassin, le réveillât. Celui-ci avait l'âme si tendue à ce qu'il voulait, et si peu empêchée de fumées par sa singulière abstinence, qu'il se passait bien de cet artifice. Quant à la suffisance militaire, il fut admirable en toutes les parties d'un grand capitaine; aussi fut-il quasi toute sa vie en continuel exercice de guerre, et la plupart avec nous en France contre les Allemands et Francons. Nous n'avons guère mémoire d'homme qui ait vu plus de hasards, ni qui ait plus souvent fait preuve de sa personne. Sa mort a quelque chose de pareil à celle d'Épaminondas; car il fut frappé d'un trait, et essaya de l'arracher, et l'eût fait sans ce que, le trait étant tranchant, il se coupa et affaiblit sa main. Il demandait incessamment qu'on le rapportât en ce même état en la mêlée pour y encourager ses soldats, lesquels con-

ans to teach; he says he wishes that that action of his could be buried
in oblivion. Probably if he had taken any more severe actions against
us, this historian, very partial to our side, wouldn't have omitted them.
Julian was harsh to us, true, but not therefore a cruel enemy; for even
our writers recount this story about him: while he was making a circuit of the city of Chalcedon one day, Maris, the local bishop, had the
daring to call him a wicked traitor to Christ, but Julian did nothing
more than to reply: "Get along with you, wretch, and bemoan the loss
of your eyes!" To which the bishop still retorted: "I thank Jesus Christ
for having deprived me of sight so I can't see your impudent face";
thereby, they say, Julian was affecting a philosophical patience. And
yet that incident can't be rightly brought into line with the cruelties
he's said to have inflicted on us. He was (says Eutropius, my other witness) an enemy of Christianity, but not to the extent of bloodshed.

And, to revert to his justice, the only blameworthy action one can
find is his harsh treatment, at the beginning of his reign, of those who
had taken the side of his predecessor Constantius. As for his sobriety,
he always lived a soldier's life, and in the midst of peace ate and drank
like a man preparing for and inuring himself to the rigors of war. He
was so wakeful that he divided the night into three or four parts, the
shortest of which he devoted to sleep; he spent the rest personally in-
specting the state of his army and his guards, or studying; for, among
other rare qualities of his, he excelled highly in all literary pursuits. It
is told of Alexander the Great that, when in bed, for fear lest sleep
should lure him away from his meditation and study, he used to put a
basin next to his bed and keep one of his hands outside the bedclothes
with a copper pellet so that, if sleep overtook him, relaxing his fingers'
hold, that pellet would awaken him with the noise of its fall into the
basin. Julian's mind was so set on what he wanted, and so little
clouded by the fumes of wine thanks to his unusual abstinence, that
he had no need of that artifice. As for his military ability, he was admirable in every quality of a great captain; also he waged war constantly nearly all his life, mostly alongside us in France against the
Germans and Franks. We have scarcely any record of a man who en-
countered more danger or who gave more frequent proof of his personal bravery. His death is in a way similar to that of Epaminondas; for
he was struck by an arrow and tried to pull it out; he would have done
so, except that, the point being sharp, he cut and weakened his hand.
He kept on asking to be carried back to the fray in that condition to
encourage his soldiers, who fought that battle very bravely without
him until night separated the armies. He owed to philosophy his un-

testèrent cette bataille sans lui, très courageusement, jusques à ce que la nuit séparât les armées. Il devait à la philosophie un singulier mépris en quoi il avait sa vie et les choses humaines. Il avait ferme créance de l'éternité des âmes.

En matière de religion, il était vicieux partout; on l'a surnommé «Apostat» pour avoir abandonné la nôtre; toutefois cette opinion me semble plus vraisemblable, qu'il ne l'avait jamais eue à cœur, mais que, pour l'obéissance des lois, il s'était feint jusques à ce qu'il tînt l'Empire en sa main. Il fut si superstitieux en la sienne que ceux mêmes qui en étaient de son temps, s'en moquaient; et, disait-on, s'il eût gagné la victoire contre les Parthes, qu'il eût fait tarir la race des bœufs au monde pour satisfaire à ses sacrifices; il était aussi embabouiné de la science divinatrice, et donnait autorité à toute façon de pronostics. Il dit entre autres choses, en mourant, qu'il savait bon gré aux dieux et les remerciait de quoi ils ne l'avaient pas voulu tuer par surprise, l'ayant de longtemps averti du lieu et heure de sa fin, ni d'une mort molle ou lâche, mieux convenable aux personnes oisives et délicates, ni languissante, longue et douloureuse; et qu'ils l'avaient trouvé digne de mourir de cette noble façon, sur le cours de ses victoires et en la fleur de sa gloire. Il avait eu une pareille vision à celle de Marcus Brutus, qui premièrement le menaça en Gaule et depuis se représenta à lui en Perse sur le point de sa mort.

Ce langage qu'on lui fait tenir, quand il se sentit frappé: «Tu as vaincu, Nazaréen», ou, comme d'autres: «Contente-toi, Nazaréen», n'eût été oublié, s'il eût été cru par mes témoins, qui étant présents en l'armée, ont remarqué jusques aux moindres mouvements et paroles de sa fin, non plus que certains autres miracles qu'on y attache.

Et, pour venir au propos de mon thème, il couvait, dit Marcellin, de longtemps en son cœur le paganisme; mais, parce que toute son armée était de chrétiens, il ne l'osait découvrir. Enfin, quand il se vit assez fort pour oser publier sa volonté, il fit ouvrir les temples des dieux, et s'essaya par tous moyens de mettre sus l'idolâtrie. Pour parvenir à son effet, ayant rencontré en Constantinople le peuple décousu avec les prélats de l'Église chrétienne divisés, les ayant fait venir à lui au palais, les admonesta instamment d'assoupir ces dissensions civiles, et que chacun sans empêchement et sans crainte servît à sa religion. Ce qu'il sollicitait avec grand soin, pour l'espérance que cette licence augmenterait les parts et les brigues de la division, et empêcherait le peuple de se réunir et de se fortifier par conséquent contre lui par leur concorde et unanime intelligence; ayant essayé par la cruauté d'aucuns chrétiens qu'il n'y a point de bête au monde tant à craindre à l'homme que l'homme.

usual disdain for his life and for human affairs. He believed firmly in the immortality of the soul.

In matters of religion, he was completely vice-ridden; he has been dubbed "apostate" for abandoning ours; and yet I rather lean toward the opinion that he had never taken it to heart but, to obey the law, had merely pretended to until the empire was in his hands. He was so superstitious in his own religion that even his coreligionists at the time laughed at him; it was said that if he had been victorious over the Parthians, he would have made the ox species extinct throughout the world by sacrificing so many; he was also besotted with the art of divination, lending weight to all sorts of prophecies. While dying he said, among other things, that he was grateful to the gods and thanked them for not having killed him by surprise (they had long before informed him of the time and place of his end), and not by an effeminate or cowardly death, better suited to delicate idlers, nor by a long, lingering, and painful one: they had found him worthy to die in that noble way, on a victorious path and at the peak of his fame. He had had a vision similar to Marcus Brutus's, which first threatened him in Gaul and later appeared to him in Persia when he was about to die.

Those words people put in his mouth when he was struck by the arrow—"You have conquered, Nazarean," or, according to others, "Be satisfied, Nazarean"—wouldn't have been omitted by those witnesses I rely on, if they had thought he really uttered them: they were present in the army, and they observed even his slightest movements and words as he lay dying. Nor would they have kept silent about certain other miracles related about his demise.

And, to come to the meat of my subject, Marcellinus tells us that he had long cherished paganism in his heart, but because his whole army was Christian, he hadn't dared reveal this. Finally, when he found himself powerful enough to make his desires public, he had the temples of the gods reopened and tried in every way to revive idolatry. To gain his end, having found the populace of Constantinople divided by the disputes between the prelates of the Christian Church, he summoned the prelates to his palace and urged them warmly to calm those civil dissensions, each man serving his religion without hindrance or fear. This he sought with great pains, hoping that such permissiveness would increase the divisive factions and intrigues, preventing the populace from uniting and therefore gaining strength against him through concord and harmonious cooperation; since he had learned from the cruelty of some Christians that there's no beast in the world so much to be feared by man as man himself.

Voilà ses mots à peu près: en quoi cela est digne de considération, que l'empereur Julien se sert, pour attiser le trouble de la dissension civile, de cette même recette de liberté de conscience que nos rois viennent d'employer pour l'éteindre. On peut dire, d'un côté, que de lâcher la bride aux parts d'entretenir leur opinion, c'est épandre et semer la division; c'est prêter quasi la main à l'augmenter, n'y ayant aucune barrière ni coercition des lois qui bride et empêche sa course. Mais, d'autre côté, on dirait aussi que de lâcher la bride aux parts d'entretenir leur opinion, c'est les amollir et relâcher par la facilité et par l'aisance, et que c'est émousser l'aiguillon qui s'affine par la rareté, la nouvelleté et la difficulté. Et si, crois mieux, pour l'honneur de la dévotion de nos rois, c'est que, n'ayant pu ce qu'ils voulaient, ils ont fait semblant de vouloir ce qu'ils pouvaient.

De l'utile et de l'honnête (III, 1)

Personne n'est exempt de dire des fadaises. Le malheur est de les dire curieusement.

> *Næ iste magno conatu magnas nugas dixerit.*

Cela ne me touche pas. Les miennes m'échappent aussi nonchalamment qu'elles le valent. D'où bien leur prend. Je les quitterais soudain, à peu de coût qu'il y eût. Et ne les achète, ni les vends que ce qu'elles pèsent. Je parle au papier comme je parle au premier que je rencontre. Qu'il soit vrai, voici de quoi.

A qui ne doit être la perfidie détestable, puisque Tibère la refusa à si grand intérêt. On lui manda d'Allemagne que, s'il le trouvait bon, on le déferait d'Arminius par poison; (c'était le plus puissant ennemi que les Romains eussent, qui les avait si vilainement traités sous Varus, et qui seul empêchait l'accroissement de sa domination en ces contrées-là). Il fit réponse: «Que le peuple romain avait accoutumé de se venger de ses ennemis par voie ouverte, les armes en main, non par fraude et en cachette.» Il quitta l'utile pour l'honnête. «C'était, me direz-vous, un affronteur.» Je le crois; ce n'est pas grand miracle à gens de sa profession. Mais la confession de la vertu ne porte pas moins en la bouche de celui qui la hait. D'autant que la vérité la lui

Those are his words more or less; in this matter it's worthy of note that Emperor Julian, in order to kindle the turmoil of civil dissension, was using the same recipe—freedom of conscience—that our own kings have just employed to eliminate it. It can be said, on one hand, that to give factions free rein to entertain their opinions is to spread and disseminate division; it's practically lending a hand to foment it, there being no barrier or coercion of law to rein in and hinder its runaway course. But, on the other hand, it could also be said that to give factions free rein to entertain their opinions is to soften and weaken them by facility and ease, blunting the point that's sharpened by rarity, novelty, and difficulty. And so I prefer to believe, for the honor of our kings' piety, that, unable to do what they wished, they pretended to want what they were able to do.

On Expediency and Uprightness (III, 1)

No one is exempt from saying foolish things. The misfortune is to say them with studious forethought:

Yea, this fellow is going to spout great trifles at great effort.[1]

That's not a fault of mine. My trifles escape me as carelessly as they deserve. Good for them! I'd give them up on the spot, they cost me so little. And I don't buy them, nor do I sell them except for what they're worth. I speak to my writing paper the way I speak to the first man I come across. That this is true, the following will serve to show.

Who must not find treachery hateful, if Tiberius rejected it with such detriment to himself! He received word from Germany that, if he consented, someone could rid him of Arminius by poison (that was the most powerful enemy the Romans had, the one who had treated them most vilely by defeating Varus, and who singlehandedly impeded the extension of the emperor's domain in that region). Tiberius replied: "The Roman people are accustomed to avenge themselves on their enemies openly, weapon in hand, not by deceit or clandestinely." He gave up expediency in favor of uprightness. You'll tell me, "He was a hypocrite." I believe it; that's no wonder in men of his line of work. But the acknowledgment of virtue is no less meaningful on the lips of

---

1. Terence.

arrache par force, et que, s'il ne la veut recevoir en soi, au moins il s'en couvre pour s'en parer.

Notre bâtiment, et public et privé, est plein d'imperfection. Mais il n'y a rien d'inutile en nature; non pas l'inutilité même; rien ne s'est ingéré en cet univers, qui n'y tienne place opportune. Notre être est cimenté de qualités maladives; l'ambition, la jalousie, l'envie, la vengeance, la superstition, le désespoir, logent en nous d'une si naturelle possession que l'image s'en reconnaît aussi aux bêtes; voire et la cruauté, vice si dénaturé; car, au milieu de la compassion, nous sentons au-dedans je ne sais quelle aigre-douce pointe de volupté maligne à voir souffrir autrui; et les enfants le sentent;

> Suave, mari magno, turbantibus æquora ventis,
> E terra magnum alterius spectare laborem.

Desquelles qualités qui ôterait les semences en l'homme, détruirait les fondamentales conditions de notre vie. De même, en toute police, il y a des offices nécessaires, non seulement abjects, mais encore vicieux; les vices y trouvent leur rang et s'emploient à la couture de notre liaison, comme les venins à la conservation de notre santé. S'ils deviennent excusables, d'autant qu'ils nous font besoin et que la nécessité commune efface leur vraie qualité, il faut laisser jouer cette partie aux citoyens plus vigoureux et moins craintifs qui sacrifient leur honneur et leur conscience, comme ces autres anciens sacrifièrent leur vie pour le salut de leur pays; nous autres, plus faibles, prenons des rôles et plus aisés et moins hasardeux. Le bien public requiert qu'on trahisse et qu'on mente et qu'on massacre; résignons cette commission à gens plus obéissants et plus souples.

Certes, j'ai eu souvent dépit de voir des juges attirer par fraude et fausses espérances de faveur ou pardon le criminel à découvrir son fait, et y employer la piperie et l'impudence. Il servirait bien à la justice, et à Platon même, qui favorise cet usage, de me fournir d'autres moyens plus selon moi. C'est une justice malicieuse; et ne l'estime pas moins blessée par soi-même que par autrui. Je répondis, n'y a pas longtemps, qu'à peine trahirais-je le prince pour un particulier, qui serais très marri de trahir aucun particulier pour le Prince; et ne hais pas seulement à piper, mais je hais aussi qu'on se pipe en moi. Je n'y veux pas seulement fournir de matière et d'occasion.

a man who hates it. Inasmuch as candor pries it out of him by force and, even if he refuses to harbor it personally, at least he cloaks himself with it as an adornment.

Our system, both public and private, is full of imperfections. But there's nothing useless in nature, not even uselessness itself; nothing has found a way into this universe that doesn't have a fitting place in it. Our lives are held together by unwholesome traits: ambition, jealousy, envy, revenge, superstition, and despair reside in us with such a natural right of possession that their reflection can be recognized in animals, too; even cruelty, so debased a vice; for, mingled with our pity, we feel inside us some sort of bittersweet pang of malicious pleasure when we see other people suffer—even children feel it—

> It's sweet, when seas run high and winds churn up the deep,
> to watch from the land the great travail of others.[2]

Whoever eliminated the seeds of these traits in man would destroy the basic conditions of our life. Likewise, in every government there are necessary posts which are not only vile but also vice-ridden; the vices find their place there and are employed to hold our society together, just as poisons are used to preserve our health. If they become excusable, inasmuch as we need them and common necessity expunges their true nature, those roles must be granted to the more vigorous and less timorous citizens, who sacrifice their honor and conscience just as some men of antiquity sacrificed their lives for the welfare of their country; we, the weaker ones, assume roles that are both easier and less dangerous. The public weal demands betrayals, falsehoods, and massacres; let's yield that commission to more obedient and pliant men.

Certainly, I've often been vexed to see judges use guile or hold out false hopes of favor or pardon to induce a criminal to confess his deed, employing deceit and impudence. It would be very helpful to the law, and to Plato himself, who favors that practice, to supply me with other means more in accordance with my nature. This is a perfidious justice; and I find it injured by itself no less than by others. Not long ago, I declared that I'd hardly betray my sovereign in favor of a private man, seeing that I'd be very grieved to betray any private man to serve my lord; I not only hate to deceive anyone, I also hate seeing anyone deceived in me. I don't even want to furnish the wherewithal and occasion for it.

---

2. Lucretius.

En ce peu que j'ai eu à négocier entre nos Princes, en ces divisions et subdivisions qui nous déchirent aujourd'hui, j'ai curieusement évité qu'ils se méprissent en moi et s'enferrassent en mon masque. Les gens du métier se tiennent les plus couverts et se présentent et contrefont les plus moyens et les plus voisins qu'ils peuvent. Moi, je m'offre par mes opinions les plus vives et par la forme plus mienne. Tendre négociateur et novice, qui aime mieux faillir à l'affaire qu'à moi! Ç'a été pourtant jusques à cette heure avec tel heur (car certes la fortune y a principale part) que peu ont passé de main à autre avec moins de soupçon, plus de faveur et de privauté. J'ai une façon ouverte, aisée à s'insinuer et à se donner crédit aux premières accointances. La naïveté et la vérité pure, en quelque siècle que ce soit, trouvent encore leur opportunité et leur mise. Et puis, de ceux-là est la liberté peu suspecte et peu odieuse, qui besognent sans aucun leur intérêt et qui peuvent véritablement employer la réponse de Hypéride aux Athéniens, se plaignant de l'âpreté de son parler: «Messieurs, ne considérez pas si je suis libre, mais si je le suis sans rien prendre et sans amender par là mes affaires.» Ma liberté m'a aussi aisément déchargé du soupçon de feintise par sa vigueur, n'épargnant rien à dire pour pesant et cuisant qu'il fût, je n'eusse pu dire pis, absent, et qu'elle a une montre apparente de simplesse et de nonchalance. Je ne prétends autre fruit en agissant, que d'agir, et n'y attache longues suites et propositions; chaque action fait particulièrement son jeu: porte s'il peut!

Au demeurant, je ne suis pressé de passion ou haineuse ou amoureuse envers les grands; ni n'ai ma volonté garrottée d'offense ou obligation particulière. Je regarde nos rois d'une affection simplement légitime et civile, ni émue, ni démue par intérêt privé. De quoi je me sais bon gré. La cause générale et juste ne m'attache non plus que modérément et sans fièvre. Je ne suis pas sujet à ces hypothèques et engagements pénétrants et intimes; la colère et la haine sont au-delà du devoir de la justice et sont passions servant seulement à ceux qui ne tiennent pas assez à leur devoir par la raison simple; toutes intentions légitimes et équitables sont d'elles-mêmes égales et tempérées, sinon elles s'altèrent en séditieuses et illégitimes. C'est ce qui me fait marcher partout la tête haute, le visage et le cœur ouverts.

A la vérité, et ne crains point de l'avouer, je porterais facilement au besoin une chandelle à saint Michel, l'autre à son serpent, suivant le dessein de la vieille. Je suivrai le bon parti jusques au feu, mais exclusivement si je puis. Que Montaigne s'engouffre quant et la ruine

In my small experience of negotiating between our princes, amid those divisions and subdivisions that are rending us apart today, I have sedulously avoided having them be fooled by me and caught on a hook because I was wearing a mask. Professional diplomats behave with most secrecy, presenting themselves in the guise of the most moderate and most accommodating people possible. As for me, I acknowledge my most strongly felt opinions, in my most personal manner. What a softhearted, immature negotiator I am, preferring to fail in my mission rather than belie myself! Therefore, up to now, I've done this with such good luck (because fortune surely has the biggest share in such things) that few men have been sent from one faction to the other with less suspicion and more favor and intimacy. I have a frank manner, promptly ingratiating and believable even at first meetings. In any era whatsoever, naturalness and unalloyed truthfulness will still find their opportunity and their proper place. And then, those men's freedom of speech is little suspicious or hateful who toil without any self-interest and can truly adopt Hyperides's reply to the Athenians when they complained about the harshness of his words: "Gentlemen, don't pay attention to my speaking freely, but see whether I do so without taking anything and thereby mending my fortunes." My frankness has also, by its vigor, absolved me of suspicions of dissimulation; holding back no words, however grievous and painful they may be, I couldn't have said worse even if I weren't present; it openly displays my simple, carefree nature. In my actions, I seek no other profit than merely to act, and I don't append lists of consequences and plans to my negotiations; every procedure plays its individual part: may it succeed if it can!

Besides, I'm not burdened with a passion either of hate or love for highly placed people; nor is my will garrotted by any private offense or obligation. I look on our kings with an affection that is purely legitimate and civic, neither stirred nor stifled by personal interest. For which I'm grateful to myself. General, just causes claim only a moderate, levelheaded adherence from me. I'm not bound by mortgages or commitments that are deepseated or that affect me powerfully; anger and hatred go beyond the call of justice and are passions useful only to those who don't sufficiently stick to their duty out of pure reason; all legitimate, fair intentions are in themselves steady and temperate, otherwise they become seditious and illegitimate. That's what makes me walk everywhere with my head held high, with an open face and heart.

In truth, and I'm not afraid to admit it, I would readily, if I needed to, light one candle for Saint Michael and another one for his dragon, as the old lady in the tale planned to do. I'll follow the good cause all the way to the fire, but not into it, if I can help it. Let my domain of

publique, si besoin est; mais, s'il n'est pas besoin, je saurai bon gré à la fortune qu'il se sauve; et autant que mon devoir me donne de corde, je l'emploie à sa conservation. Fut-ce pas Atticus, lequel se tenant au juste parti, et au parti qui perdit, se sauva par sa modération en cet universel naufrage du monde, parmi tant de mutations et diversités?

Aux hommes, comme lui, privés, il est plus aisé; et en telle sorte de besogne, je trouve qu'on peut justement n'être pas ambitieux à s'ingérer et convier soi-même. De se tenir chancelant et métis, de tenir son affection immobile et sans inclination aux troubles de son pays et en une division publique, je ne le trouve ni beau ni honnête. *«Ea non media, sed nulla via est, velut eventum expectantium quo fortunæ consilia sua applicent.»*

Cela peut être permis envers les affaires des voisins; et Gélon, tyran de Syracuse, suspendit ainsi son inclination en la guerre des Barbares contre les Grecs, tenant une ambassade à Delphes, à tout des présents, pour être en échauguette à voir de quel côté tomberait la fortune, et prendre l'occasion à point pour le concilier au victorieux. Ce serait une espèce de trahison de le faire aux propres et domestiques affaires, auxquelles nécessairement il faut prendre parti par application de dessein. Mais de ne s'embesogner point, à l'homme qui n'a ni charge, ni commandement exprès qui le presse, je le trouve plus excusable (et si ne pratique pour moi cette excuse) qu'aux guerres étrangères, desquelles pourtant, selon nos lois, ne s'empêche qui ne veut. Toutefois ceux encore qui s'y engagent tout à fait, le peuvent avec tel ordre et attrempance que l'orage devra couler par-dessus leur tête sans offense. N'avions-nous pas raison de l'espérer ainsi du feu évêque d'Orléans, sieur de Morvilliers? Et j'en connais, entre ceux qui y ouvrent valeureusement à cette heure, de mœurs ou si égales ou si douces qu'ils seront pour demeurer debout, quelque injurieuse mutation et chute que le ciel nous apprête. Je tiens que c'est aux rois proprement de s'animer contre les rois, et me moque de ces esprits qui de gaieté de cœur se présentent à querelles si disproportionnées; car on ne prend pas querelle particulière avec un prince pour marcher contre lui ouvertement et courageusement pour son honneur et selon son devoir; s'il n'aime un tel personnage, il fait mieux, il l'estime. Et notamment la cause des lois et défense de l'ancien état a toujours cela que ceux mêmes, qui pour leur dessein particulier le troublent, en excusent les défenseurs, s'ils ne les honorent.

Montaigne be engulfed as part of a general debacle, if need be; but, if it isn't necessary, I'll be grateful to Fortune if it's saved; and whatever opportunity I have, consistent with my duty, I'll use to preserve it. Wasn't it Atticus who, adhering to the just faction, the one that lost, saved himself by his moderation amid that total shipwreck of the world, amid so many diverse changes of fortune?

For private men like him it's easier; and in that sort of difficulty I find that a man may rightly not be eager to involve himself voluntarily. But to remain on the fence, a neutral, to have unmoved, impartial feelings amid national turmoils and public schisms, I find neither fine nor honorable. "That path isn't a middle path, it's none at all, like that of men awaiting the outcome by which they may link their own devices to fortune."[3]

That may be permitted with regard to one's neighbor's affairs; and Gelo, tyrant of Syracuse, thus adopted a wait-and-see policy in the war of the barbarians versus the Greeks, maintaining an embassy at Delphi, and giving presents, in order to watch and see which side fortune would favor and take the right opportunity to play up to the winner. It would be a sort of treachery to do this with regard to one's own domestic affairs, in which one must of necessity take sides with diligent purpose. But if a man without rank, or specific orders urging him on, fails to participate, I find this more excusable (though I don't use that excuse for myself) than in the case of foreign wars, even if, according to our laws, no one needs to get involved in those unless he wants to. Nevertheless, men who become completely involved in war, anyway, can do so with such great order and temperance that the storm can pass over their head without harming them. Weren't we right to expect this of the late bishop of Orléans, M. de Morvilliers? And I know some men, among those bravely engaged in combat at this moment, whose tempers are either so even or so sweet that they'll land on their feet no matter what baleful change or defeat heaven has in store for us. I hold that it's up to kings to take arms against kings, and I laugh at those men who blithely expose themselves to such disproportionate disputes; for to march against a prince openly and bravely, for one's own honor and in accordance with one's own duty, is not the same as picking a personal quarrel with him; if he doesn't love you for doing so, he does more: he esteems you. And, as is well known, the defense of the law and protection of the status quo always has this in its favor: even those who disrupt it for their private purposes forgive its defenders, if they don't actually honor them.

---

3. Livy.

Mais il ne faut pas appeler devoir (comme nous faisons tous les jours) une aigreur et âpreté intestine qui naît de l'intérêt et passion privée; ni courage, une conduite traîtresse et malicieuse. Ils nomment zèle leur propension vers la malignité et violence; ce n'est pas la cause qui les échauffe, c'est leur intérêt; ils attisent la guerre non parce qu'elle est juste, mais parce que c'est guerre.

Rien n'empêche qu'on ne se puisse comporter commodément entre des hommes qui se sont ennemis, et loyalement; conduisez-vous-y d'une, sinon partout égale affection (car elle peut souffrir différentes mesures), mais au moins tempérée, et qui ne vous engage tant à l'un qu'il puisse tout requérir de vous; et vous contentez aussi d'une moyenne mesure de leur grâce et de couler en eau trouble sans y vouloir pêcher.

L'autre manière, de s'offrir de toute sa force à ceux-là et à ceux-ci, tient encore moins de la prudence que de la conscience. Celui envers qui vous en trahissez un, duquel vous êtes pareillement bien venu, sait-il pas que de soi vous en faites autant à son tour? Il vous tient pour un méchant homme; cependant il vous oit, et tire de vous, et fait ses affaires de votre déloyauté; car les hommes doubles sont utiles en ce qu'ils apportent, mais il se faut garder qu'ils n'emportent que le moins qu'on peut.

Je ne dis rien à l'un que je ne puisse dire à l'autre, à son heure, l'accent seulement un peu changé; et ne rapporte que les choses ou indifférentes ou connues, ou qui servent en commun. Il n'y a point d'utilité pour laquelle je me permette de leur mentir. Ce qui a été fié à mon silence, je le cèle religieusement, mais je prends à celer le moins que je puis; c'est une importune garde, du secret des princes, à qui n'en a que faire. Je présente volontiers ce marché, qu'ils me fient peu, mais qu'ils se fient hardiment de ce que je leur apporte. J'en ai toujours plus su que je n'ai voulu.

Un parler ouvert ouvre un autre parler et le tire hors, comme fait le vin et l'amour.

Philippidès répondit sagement au roi Lyzimaque, qui lui disait: «Que veux-tu que je te communique de mes biens?—Ce que tu voudras, pourvu que ce ne soit de tes secrets.» Je vois que chacun se mutine si on lui cache le fond des affaires auxquelles on l'emploie et si on lui en a dérobé quelque arrière-sens. Pour moi, je suis content qu'on ne m'en die non plus qu'on veut que j'en mette en besogne, et ne désire pas que ma science outrepasse et contraigne ma parole. Si je dois servir d'instrument de tromperie, que ce soit au moins sauve ma conscience. Je ne veux être tenu serviteur ni si affectionné, ni si

But the name of duty shouldn't be given (as we do daily) to a deepseated bitterness and harshness arising from personal interest and passion; nor that of courage, to treacherous, malicious conduct. They call "zeal" their propensity for malice and violence; it isn't the cause that excites them, it's their interest; they kindle war not because it's just, but because it's war.

Nothing prevents us from being able to behave correctly and honestly to our enemies; in that situation, be guided by feelings which, if not always level (because they can assume different degrees), are at least tempered, and which don't commit you to one side so fully that it can ask anything at all of you; also, be contented with a moderate measure of its favor and with wading in muddied waters without trying to fish in them.

The other approach, to give oneself with all one's might to one side or the other, is even less prudent than it is conscientious. The man for whose sake you betray another by whom you're equally well favored—isn't he aware you'll do the same to him when his turn comes? He considers you a wicked man; meanwhile he listens to you, uses you for his advantage, and profits by your disloyalty; because double dealers are useful for what they bring, but they must be prevented from taking anything but the least that's possible.

I say nothing to one side that I can't say to the other when the time comes, merely altering the emphasis a little; and I report only immaterial or already known things, or things useful to both sides. There is no expediency for the sake of which I permit myself to tell them lies. Whatever has been told me in secrecy, I conceal scrupulously, but I accept as few secrets as possible; princes' secrets are a nuisance to keep, if you have no business with them. I gladly offer this arrangement: let them confide little in me, but let them boldly trust what I bring them. I've always known more secrets than I wanted to.

Openness of speech elicits further speech and draws it out, as wine and love do.

Philippides, when King Lysimachus asked him, "Which of my treasures shall I share with you?," gave the wise reply, "Whichever you like, so long as it's not your secrets." I see everyone taking offense if he's not let into the secret of the business he's employed on and if some hidden purpose has been kept from him. For my part, I'm contented to have them tell me no more than what they want me to make use of; I don't want my knowledge to go beyond, and hamper, my words. If I must serve as an instrument of deceit, at least let it be with a clear conscience. I don't want to be considered a servant or so lov-

loyal, qu'on me trouve bon à trahir personne. Qui est infidèle à soi-même, l'est excusablement à son maître.

Mais ce sont princes qui n'acceptent pas les hommes à moitié et méprisent les services limités et conditionnés. Il n'y a remède; je leur dis franchement mes bornes; car esclave, je ne le dois être que de la raison, encore ne puis-je bien en venir à bout. Et eux aussi ont tort d'exiger d'un homme libre telle sujétion à leur service et telle obligation que de celui qu'ils ont fait et acheté, ou duquel la fortune tient particulièrement et expressément à la leur. Les lois m'ont ôté de grand'peine; elles m'ont choisi parti et donné un maître; toute autre supériorité et obligation doit être relative à celle-là et retranchée. Si n'est pas à dire, quand mon affection me porterait autrement, qu'incontinent j'y portasse la main. La volonté et les désirs se font loi eux-mêmes; les actions ont à la recevoir de l'ordonnance publique.

Tout ce mien procédé est un peu bien dissonnant à nos formes; ce ne serait pas pour produire grands effets, ni pour y durer; l'innocence même ne saurait ni négocier entre nous sans dissimulation, ni marchander sans menterie. Aussi ne sont aucunement de mon gibier les occupations publiques; ce que ma profession en requiert, je l'y fournis, en la forme que je puis la plus privée. Enfant, on m'y plongea jusques aux oreilles, et il succédait; si m'en dépris-je de belle heure. J'ai souvent depuis évité de m'en mêler, rarement accepté, jamais requis; tenant le dos tourné à l'ambition; mais sinon comme les tireurs d'aviron qui s'avancent ainsi à reculons, tellement toutefois que, de ne m'y être point embarqué, j'en suis moins obligé à ma résolution qu'à ma bonne fortune; car il y a des voies moins ennemies de mon goût et plus conformes à ma portée, par lesquelles si elle m'eût appelé autrefois au service public et à mon avancement vers le crédit du monde, je sais que j'eusse passé par-dessus la raison de mes discours pour la suivre.

Ceux qui disent communément contre ma profession que ce que j'appelle franchise, simplesse et naïveté en mes mœurs, c'est art et finesse et plutôt prudence que bonté, industrie que nature, bon sens que bonheur, me font plus d'honneur qu'ils ne m'en ôtent. Mais certes ils font ma finesse trop fine, et qui m'aura suivi et épié de près, je lui donnerai gagné, s'il ne confesse qu'il n'y a point de règle en leur école, qui sût rapporter ce naturel mouvement et maintenir une apparence de liberté et de licence si pareille et inflexible parmi des routes si tortues et diverses, et que toute leur attention et engin ne les y saurait conduire. La voie de la vérité est une et simple, celle du profit particulier et de la commodité des affaires qu'on a en charge,

ing or loyal that they find me good for betraying anyone. The man who's unfaithful to himself is excusably so to his master.

But there are princes who don't accept men halfway and scorn limited, conditional service. There's no help for it; I tell them my limits frankly; because if I'm to be a slave, it's only to reason, and even so I can't fully succeed. And they are also wrong to demand of a free man the same subjection to their service and the same obligation as they demand of a man they've created and bought, or whose fortunes depend specially and expressly on theirs. The laws have saved me from great difficulty; they've chosen a side for me and given me a master; every other superiority and obligation must be relative to that, and eliminated. Which isn't to say, however, that if my feelings led me elsewhere, I'd immediately set my hand to it. One's will and desires create a law unto themselves; one's deeds must be governed by the public statute.

All this behavior of mine is surely somewhat at variance with our ways; it isn't apt to produce great or lasting results; innocence itself couldn't negotiate in France without dissimulation, or bargain without falsehoods. Also, public employment is in no way to my liking; as much of it as my profession requires, I supply, in the most private form I can. When I was a child, I was immersed in it up to the ears, and that succeeded; but I got myself out of it early on. Since then, I've often avoided getting involved in it, and seldom accepted it, never asked for it; my back is turned to ambition; but if not like rowers, who advance backwards in that manner, nevertheless in such a way that I'm less indebted to my resolve than to my good luck for not having embarked on it; for there are paths less uncongenial to my taste and more in conformity with my behavior by which, if Fortune had called me in the past to serve my country and advance in public esteem, I know I'd have passed beyond my philosophical reasonings and would have followed her.

Those who generally berate my profession, saying that what I call frankness, simplicity, and naturalness in my manners is artifice and cunning, prudence rather than goodness, craft rather than nature, good sense rather than good luck, bestow more honor on me than they take away. But surely they paint my shrewdness too shrewd; if anyone follows me and studies me closely, I'll pronounce him the winner if he doesn't admit that there's no regulation in their school that can reproduce that natural behavior and maintain an appearance of freedom and absence of constraint so equal to itself and unbending on paths so tortuous and diverse, and that all their attention and intelligence couldn't bring them to it. The path of truth is one and indivisi-

double, inégale et fortuite. J'ai vu souvent en usage ces libertés contrefaites et artificielles, mais le plus souvent sans succès. Elles sentent volontiers, à l'âne d'Ésope, lequel, par émulation du chien, vint à se jeter tout gaiement à deux pieds sur les épaules de son maître; mais autant que le chien recevait de caresses de pareille fête le pauvre âne en reçut deux fois autant de bastonnades. «*Id maxime quemque decet quod est cujusque suum maxime.*» Je ne veux pas priver la tromperie de son rang, ce serait mal entendre le monde; je sais qu'elle a servi souvent profitablement, et qu'elle maintient et nourrit la plupart des vacations des hommes. Il y a des vices légitimes, comme plusieurs actions, ou bonnes ou excusables, illégitimes.

La justice en soi, naturelle et universelle, est autrement réglée, et plus noblement, que n'est cette autre justice, spéciale, nationale, contrainte au besoin de nos polices: «*Veri juris germanæque justitiæ solidam et expressam effigiem nullam tenemus; umbra et imaginibus utimur*»; si que le sage Dandamys, oyant réciter les vies de Socrate, Pythagore, Diogène, les jugea grands personnages en toute autre chose, mais trop asservis à la révérence des lois, pour lesquelles autoriser et seconder, la vraie vertu a beaucoup à se démettre de sa vigueur originelle; et non seulement par leur permission plusieurs actions vicieuses ont lieu, mais encore à leur suasion: «*Ex senatusconsultis plebisquescitis scelera exercentur.*» Je suis le langage commun, qui fait différence entre les choses utiles et les honnêtes; si que d'aucunes actions naturelles, non seulement utiles, mais nécessaires, il les nomme déshonnêtes et sales.

Mais continuous notre exemple de la trahison. Deux prétendants au royaume de Thrace étaient tombés en débat de leurs droits. L'empereur les empêcha de venir aux armes; mais l'un d'eux, sous couleur de conduire un accord amiable par leur entrevue, ayant assigné son compagnon pour le festoyer en sa maison, le fit emprisonner et tuer. La justice requérait que les Romains eussent raison de ce forfait; la difficulté en empêchait les voies ordinaires; ce qu'ils ne purent légitimement sans guerre et sans hasard, ils entreprirent de le faire par trahison. Ce qu'ils ne purent honnêtement, ils le firent utilement. A quoi se trouva propre un Pomponius Flaccus; celui-ci, sous feintes paroles et assurances, ayant attiré cet homme dans ses rets, au lieu de l'honneur et faveur qu'il lui promettait, l'envoya pieds et poings liés à Rome. Un traître y trahit l'autre, contre l'usage commun;

ble; that of private gain, and advantage from the matters one has in charge, is double, uneven, and random. I've often seen those counterfeit, artificial freedoms in practice, but most of the time unsuccessfully. They tend to resemble that donkey in Aesop which, imitating the dog, put its two front feet merrily on its master's shoulders; but for every caress the dog received for such a show of affection, the poor donkey received twice as many beatings. "That particularly befits each man which is particularly natural to him."[4] I don't want to deprive treachery of its rank, which would be misunderstanding the world; I know it has often been of profitable use, and that it fosters and nurtures most human occupations. There are lawful vices, just as many actions either good or pardonable are unlawful.

Justice in itself, natural and universal, is regulated differently, and more nobly, than that other justice, which is special, national, and tied to the needs of our governments: "We have no authentic, exact effigy of true law and real justice; we make use of their shadow and reflections."[5] So that the sage Dandamis, hearing recited the lives of Socrates, Pythagoras, and Diogenes, deemed them great men in all other respects, but too servile in their reverence for the law; to authorize and second the law, true virtue must remit much of its original vigor; many wrongful actions take place not merely with the law's permission, but even by its persuasion. "Crimes are committed in accordance with decrees of the senate and plebiscites."[6] I follow everyday parlance, which differentiates between expedient and honorable things, branding certain natural actions which are not merely useful but necessary as dishonest and dirty.

But let's continue our example of treachery. Two claimants to the throne of Thrace had come to grips over their rights. The emperor prevented them from resorting to arms; but one of them, on the pretext of bringing about a friendly agreement if they met in person, assigned a friend to feast his rival at his home and had him imprisoned and killed. Justice demanded that the Romans exact a penalty for that crime; the usual channels were too difficult; what they were unable to do legally without war and danger, they undertook to do by treachery. What they were unable to do honorably, they did expediently. A certain Pomponius Flaccus was the tool for this; having lured that man into his toils with false words and assurances, instead of honoring and favoring him as he had promised, he sent him to Rome tied hand and foot. One traitor betrayed another in that matter, contrary to normal practice; because such men are extremely distrustful, and it's hard to

---

4. Cicero.   5. Cicero.   6. Seneca.

car ils sont pleins de défiance, et est malaisé de les surprendre par leur art; témoin la pesante expérience que nous venons d'en sentir.

Sera Pomponius Flaccus qui voudra, et en est assez qui le voudront; quant à moi, et ma parole et ma foi sont, comme le demeurant, pièces de ce commun corps; leur meilleur effet, c'est le service public; je tiens cela pour présupposé. Mais comme, si on me commandait que je prisse la charge du Palais et des plaids, je répondrais: «Je n'y entends rien»; ou la charge de conducteur de pionniers, je dirais: «Je suis appelé à un rôle plus digne»; de même qui me voudrait employer à mentir, à trahir et à me parjurer pour quelque service notable, non que d'assassiner ou empoisonner, je dirais: «Si j'ai volé ou dérobé quelqu'un, envoyez-moi plutôt en galère.»

Car il est loisible à un homme d'honneur de parler ainsi que firent les Lacédémoniens, ayant été défaits par Antipater, sur le point de leurs accords: «Vous nous pouvez commander des charges pesantes et dommageables autant qu'il vous plaira; mais de honteuses et déshonnêtes, vous perdrez votre temps de nous en commander.» Chacun doit avoir juré à soi-même ce que les rois d'Égypte faisaient solennellement jurer à leurs juges: qu'ils ne se dévoieraient de leur conscience pour quelque commandement qu'eux-mêmes leur en fissent. A telles commissions, il y a note évidente d'ignominie et de condamnation; et qui vous la donne, vous accuse, et vous la donne, si vous l'entendez bien, en charge et en peine; autant que les affaires publiques s'amendent de votre exploit, autant s'en empirent les vôtres; vous y faites d'autant pis que mieux vous y faites. Et ne sera pas nouveau, ni à l'aventure sans quelque air de justice, que celui même vous en châtie, qui vous aura mis en besogne. La perfidie peut être en quelque cas excusable; lors seulement elle l'est, qu'elle s'emploie à punir et trahir la perfidie.

Il se trouve assez de trahisons non seulement refusées, mais punies par ceux en faveur desquels elles avaient été entreprises. Qui ne sait la sentence de Fabricius à l'encontre du médecin de Pyrrhus? Mais ceci encore se trouve, que tel l'a commandée qui l'a vengée rigoureusement sur celui qu'il y avait employé, refusant un crédit et pouvoir si effréné, et désavouant un servage et une obéissance si abandonnée et si lâche.

Jaropelc, duc de Russie, pratiqua un gentilhomme de Hongrie pour trahir le roi de Pologne Boleslas en le faisant mourir, ou donnant aux

catch them off guard by using their own ploys; see, for example, the grievous experience of that sort we've just had.[7]

Let whoever will, be a Pomponius Flaccus; there are plenty of people who'll want to; but for me, both my word and my promise are, like all the rest, parts of my allover makeup; their best effect is public service; I take that to be understood. But since, if I were ordered to take charge of the Palace of Justice and its law cases, I'd say I knew nothing about it, or if asked to lead a company of army engineers, I'd say I was cut out for a more dignified role; in the same way, if anybody wanted to employ me as a liar, betrayer, and perjurer in some noteworthy exploit, let alone as an assassin or poisoner, I'd say: "If I've stolen or I've robbed anyone, send me to the galleys instead."

For it's permissible for a man of honor to speak as the Spartans did when defeated by Antipater and a treaty was being drawn up: "You can order us to be given as many heavy, damaging burdens as you like, but you'd be wasting your time to impose shameful and dishonorable ones on us." Each man ought to have sworn to himself what the kings of Egypt made their judges swear solemnly: that they wouldn't disavow their conscience no matter what orders the kings themselves gave them with such a tendency. Such commands contain an evident tinge of ignominy and condemnation; whoever gives you one is accusing you and, if you understand rightly, is giving it to you as a burden and a penalty; to the extent that public affairs are improved by your actions, your own suffer correspondingly; you make things the worse for yourself than you make things better for your country. And it won't be anything new, nor perhaps without some air of justice, if the same man who imposed the task on you punishes you for it. Perfidy may be pardonable in some instances, but it's only so when it's used to punish and betray perfidy.

There are many acts of treachery which were not only turned down, but even punished, by those for whose benefit they had been undertaken. Who is ignorant of Fabricius's condemnation of Pyrrhus's physician?[8] But this, too, occurs: that a man who has ordered such an act has taken stern vengeance for it on the man he had used for it, rejecting so frantic an authority and power, and disavowing so reckless and cowardly a servitude and obedience.

Jaropelc, duke of Russia, bribed a Hungarian nobleman to betray the Polish king Boleslaus by causing his death or giving the Russians

7. Unexplained reference. 8. When the physician told the Romans he could kill Pyrrhus, a powerful enemy.

Russiens moyen de lui faire quelque notable dommage. Celui-ci s'y porta en galant homme, s'adonna plus que devant au service de ce roi, obtint d'être de son conseil et de ses plus féaux. Avec ses avantages et choisissant à point l'opportunité de l'absence de son maître, il trahit aux Russiens Vislicza, grande et riche cité, qui fut entièrement saccagée et arse par eux, avec occision totale non seulement des habitants d'icelle de tout sexe et âge, mais de grand nombre de noblesse de là autour qu'il y avait assemblé à ces fins. Jaropelc, assouvi de sa vengeance et de son courroux, qui pourtant n'était pas sans titre (car Boleslas l'avait fort offensé et en pareille conduite), et saoul du fruit de cette trahison, venant à en considérer la laideur nue et seule, et la regarder d'une vue saine et non plus troublée par sa passion, le prit à un tel remords et contre-cœur, qu'il en fit crever les yeux et couper la langue et les parties honteuses à son exécuteur.

Antigone persuada les soldats Argyraspides de lui trahir Eumène, leur capitaine général, son adversaire; mais l'eut-il fait tuer, après qu'ils le lui eurent livré, il désira être lui-même commissaire de la Justice divine pour le châtiment d'un forfait si détestable et les consigna entre les mains du gouverneur de la province, lui donnant très exprès commandement de les perdre et mettre à malefin, en quelque manière que ce fût. Tellement que, de ce grand nombre qu'ils étaient, aucun ne vit onques puis l'air de Macédoine. Mieux il en avait été servi, d'autant le jugea-t-il avoir été plus méchamment et punissablement.

L'esclave qui trahit la cachette de P. Sulpicius, son maître, fut mis en liberté, suivant la promesse de la proscription de Sylla; mais suivant la promesse de la raison publique, tout libre, il fut précipité du roc Tarpéien. Ils les font pendre avec la bourse de leur paiement au col. Ayant satisfait à leur seconde foi et spéciale, ils satisfont à la générale et première. Mahomet second, se voulant défaire de son frère, pour la jalousie de la domination, suivant le style de leur race, y employa l'un de ses officiers, qui le suffoqua, l'engorgeant de quantité d'eau prise trop à coup. Cela fait, il livra pour l'expiation de ce meurtre le meurtrier entre les mains de la mère du trépassé (car ils n'étaient frères que de père); elle, en sa présence, ouvrit à ce meurtrier l'estomac, et, tout chaudement, de ses mains fouillant et arrachant son cœur, le jeta à manger aux chiens. Et notre roi Clovis fit pendre les trois serviteurs de Cannacre après qu'ils lui eurent trahi leur maître; à quoi il les avait pratiqués.

Et à ceux même qui ne valent rien, il est si doux, ayant tiré l'usage d'une action vicieuse, y pouvoir hormais coudre en toute sûreté

the means to inflict serious harm on him. The Hungarian, behaving gallantly and devoting himself more than before to that king's service, managed to join his council as one of his most trusted servants. With his advantages, making apt use of his master's absence, he betrayed to the Russians the large, rich city of Wieliczka, which was completely sacked and burned by them, with the total slaughter not only of its inhabitants of both sexes and all ages, but of numerous noblemen of the vicinity whom he had summoned there for that purpose. Jaropelc, having slaked his revenge and wrath, which wasn't baseless (because Boleslaus had grievously offended him by similar conduct), and sated with the fruit of that betrayal, came to consider its naked ugliness alone and look at it with sound eyes no longer dimmed by his passion; he became so remorseful and disgusted that he had the eyes of the perpetrator put out, and his tongue and genitals cut off.

Antigonus persuaded the Argyraspid soldiers to betray his opponent, their general Eumenes, to him; but after having him killed, once they had handed him over, he himself wished to be the agent of divine justice for the punishment of so detestable a crime, and placed the soldiers in the hands of the governor of the province, giving him strict orders to destroy and execute them, no matter by what method. And so, among their great number not one ever saw the skies of Macedonia again. The better they had served him, the more wicked and punishable he deemed their service to have been.

The slave who revealed the hiding place of P. Sulpicius, his master, was emancipated in accordance with the promise announced in Sulla's proscription; but, though he was now a freedman, in accordance with the promise inherent in reasons of state he was hurled from the Tarpeian Rock. They had such men hanged with the purse containing their reward around their neck. Having made good on their secondary, special promise, they made good on the primary, universal one. Mohammed II, wishing to be rid of his brother in his lust for the throne, in the way customary to those rulers, hired one of his officers, who drowned him by making him swallow too much water at once. Thereupon, to expiate that murder, the sultan handed over the murderer to the dead man's mother (for they were only half-brothers, with the same father); in his presence she opened that murderer's stomach and, burrowing in it with her hands while it was still hot, she tore out his heart and threw it to the dogs to eat. And our King Clovis had the three servants of Cannacre hanged after they betrayed their master to him, for which he had bribed them.

And even for those of no degree it's very sweet, after bringing about an evil deed, to be able, in complete safety, to attach some act of good-

quelque trait de bonté et de justice, comme par compensation et correction consciencieuse.

Joint qu'ils regardent les ministres de tels horribles maléfices comme gens qui les leur reprochent. Et cherchent par leur mort d'étouffer la connaissance et témoignage de telles menées.

Or, si par fortune on vous en récompense pour ne frustrer la nécessité publique de cet extrême et désespéré remède, celui qui le fait ne laisse pas de vous tenir, s'il ne l'est lui-même, pour un homme maudit et exécrable; et vous tient plus traître que ne fait celui contre qui vous l'êtes; car il touche la malignité de votre courage par vos mains, sans désaveu, sans objet. Mais il vous y emploie, tout ainsi qu'on fait les hommes perdus, aux exécutions de la haute justice, charge autant utile comme elle est peu honnête. Outre la vilité de telles commissions, il y a de la prostitution de conscience. La fille à Sejan, ne pouvant être punie à mort en certaine forme de jugement à Rome, d'autant qu'elle était vierge, fut, pour donner passage aux lois, forcée par le bourreau avant qu'il l'étranglât; non sa main seulement, mais son âme est esclave à la commodité publique.

Quand le premier Amurath, pour aigrir la punition contre ses sujets, qui avaient donné support à la parricide rébellion de son fils contre lui, ordonna que leurs plus proches parents prêteraient la main à cette exécution, je trouve très honnête à aucuns d'avoir choisi plutôt être iniquement tenus coupables du parricide d'un autre, que de servir la justice de leur propre parricide. Et où, en quelques bicoques forcées de mon temps, j'ai vu des coquins, pour garantir leur vie, accepter de pendre leurs amis et consorts, je les ai tenus de pire condition que les pendus. On dit que Vuitolde, prince des Lithuaniens, fit autrefois cette loi que les criminels condamnés eussent à exécuter eux-mêmes de leurs mains la sentence capitale contre eux donnée, trouvant étrange qu'un tiers, innocent de la faute, fût employé et chargé d'un homicide.

Le prince, quand une urgente circonstance et quelque impétueux et inopiné accident du besoin de son état lui fait gauchir sa parole et sa foi, ou autrement le jette hors de son devoir ordinaire, doit attribuer cette nécessité à un coup de la verge divine; vice n'est-ce pas, car il a quitté sa raison à une plus universelle et puissante raison, mais certes c'est malheur. De manière qu'à quelqu'un qui me demandait: «Quel remède?—Nul remède, fis-je: s'il fut véritablement gêné entre ces deux extrêmes, («*sed videat ne quæratur latebra perjurio.*») il le

ness and justice to it thenceforth, as if by compensation and conscientious amendment.

Besides, they look on their tools in such horrible misdeeds as people who reproach them for it. And they seek by their death to smother the knowledge and testimony of such devious practices.

Now, if by chance you're rewarded for not cheating the public weal out of that extreme, desperate remedy, the man who rewards you nevertheless takes you to be an accursed, execrable person (if he isn't one himself), and deems you more of a traitor than does the man you actually betrayed; because he can judge of the wickedness of your heart by your hands, which show no disavowal or objection. But he uses you for it, just as godforsaken men are made public executioners, a post as useful as it is ignoble. Besides the baseness of such commissions, they entail the prostitution of one's conscience. When Sejanus's daughter couldn't be executed by due process of law in Rome because she was a virgin, in order to let the law take its course she was raped by the executioner before he strangled her; not merely his hand, but his soul, too, was the slave of the public weal.

When Amurath I, to make more bitter the punishment of those subjects who had supported his son's parricidal rebellion against him, commanded that their closest relatives set their hand to execute them, I find it very honorable in some to have chosen instead to be wrongly held guilty of someone else's parricide than to serve justice with a parricide of their own. And when, in my day, in some captured hovels, I've seen rascals, to save their lives, consent to hang their friends and companions, I've considered them worse men than those they hanged. It's said that Vitold, prince of the Lithuanians, once issued a decree that condemned criminals were themselves, with their own hands, to carry out the death sentences handed down to them, since he found it strange for a third party, innocent of the crime, to be so employed and burdened with a homicide.

When some urgent circumstance or sudden, unforeseen event imperiling his realm makes a prince swerve from his word and promise, or otherwise deflects him from his normal duty, he must ascribe that necessity to a blow from the divine rod; it's not a vice, because his reason has yielded to a more universal and powerful reason, but it certainly is a misfortune. So that, when someone asked me what help there was for it, I replied: "None: if he was truly troubled to find himself between those two extremes ('but let him be sure he's not seeking

fallait faire; mais s'il le fit sans regret, s'il ne lui greva de le faire, c'est signe que sa conscience est en mauvais termes.»

Quand il s'en trouverait quelqu'un de si tendre conscience, à qui nulle guérison ne semblât digne d'un si pesant remède, je ne l'en estimerais pas moins. Il ne se saurait perdre plus excusablement et décemment. Nous ne pouvons pas tout. Ainsi comme ainsi, nous faut-il souvent, comme à la dernière ancre, remettre la protection de notre vaisseau à la pure conduite du ciel. A quelle plus juste nécessité se réserve-t-il? Que lui est-il moins possible à faire que ce qu'il ne peut faire qu'aux dépens de sa foi et de son honneur, choses qui à l'aventure lui doivent être plus chères que son propre salut, oui, et que le salut de son peuple? Quand, les bras croisés, il appellera Dieu simplement à son aide, n'aura-t-il pas à espérer que la divine bonté n'est pour refuser la faveur de sa main extraordinaire à une main pure et juste?

Ce sont dangereux exemples, rares et maladives exceptions à nos règles naturelles. Il y faut céder, mais avec grande modération et circonspection; aucune utilité privée n'est digne pour laquelle nous fassions cet effort à notre conscience; la publique, bien, lorsqu'elle est et très apparente et très importante.

Timoléon se garantit à propos de l'étrangeté de son exploit par les larmes qu'il rendit, se souvenant que c'était d'une main fraternelle qu'il avait tué le tyran; et cela pinça justement sa conscience, qu'il eût été nécessité d'acheter l'utilité publique à tel prix de l'honnêteté de ses mœurs. Le Sénat même, délivré de servitude par son moyen, n'osa rondement décider d'un si haut fait et déchiré en deux si pesants et contraires visages. Mais les Syracusains ayant tout à point, à l'heure même, envoyé requérir les Corinthiens de leur protection et d'un chef digne de rétablir leur ville en sa première dignité et nettoyer la Sicile de plusieurs tyranneaux qui l'oppressaient, il y députa Timoléon avec cette nouvelle défaite et déclaration que, selon ce qu'il se porterait bien ou mal en sa charge, leur arrêt prendrait parti à la faveur du libérateur de son pays ou à la défaveur du meurtrier de son frère. Cette fantastique conclusion a pourtant quelque excuse sur le danger de l'exemple et importance d'un fait si divers. Et firent bien d'en décharger leur jugement ou de l'appuyer ailleurs et en des considérations tierces. Or les déportements de Timoléon en ce voyage rendirent bientôt sa cause plus claire, tant il s'y porta dignement et vertueusement en toutes façons; et le bonheur qui l'accompagna aux

excuses for his perjury'),[9] he had to do it; but if he did it without regret, if it didn't grieve him to do it, that's a sign his conscience is in a bad way."

If a man were found whose conscience was so sensitive that no cure seemed worthy to him of so drastic a remedy, I wouldn't think less of him for that. He couldn't ruin himself more pardonably and decently. We can't do everything. As it is, we must often, as when casting the last anchor, commit the protection of our ship to heaven's guidance alone. For what more just necessity is he saving himself? What is less possible for him to do than what he can do only at the cost of his word and honor, things that perhaps must be dearer to him than his own welfare (yes!) and the welfare of his people? When, his arms crossed, he simply calls upon God for help, won't he be able to hope that divine mercy won't deny the favor of its extraordinary hand to a pure and just hand?

These are dangerous examples, rare and tainted exceptions to our natural rules. We must give in to them, but with great moderation and circumspection; no personal need is worth our putting such a strain on our conscience; the public need, perhaps, when it's both very clear and very urgent.

Timoleon palliated the bizarre nature of his deed by weeping over it, recalling that he had slain the tyrant with a brother's hand; it rightly pained his conscience that he had had to purchase the public good at so high a cost to the uprightness of his character. Even the Senate, freed from servitude through him, didn't dare issue a clearcut declaration about so exceptional a deed, one torn between two such grievous and contrary faces. But the Syracusans having opportunely, at the very moment, sent to the Corinthians requesting their protection and a leader worthy to restore their city to its earlier dignity and cleanse Sicily of several petty tyrants who were oppressing it, the Senate deputed Timoleon, using a new subterfuge: the declaration that, accordingly as he filled his post well or badly, its decree would be favorable to the liberator of his country or unfavorable to the murderer of his brother. Nevertheless, that peculiar decision can be excused with regard to the danger of the example and the magnitude of so unusual a deed. And they did well to unburden their judgment in that way, or to shift it elsewhere, onto a third choice of expedients. Now, Timoleon's behavior on that journey soon made his cause appear better, because he conducted himself so worthily and virtuously in every

---

9. Cicero.

âpretés qu'il eut à vaincre en cette noble besogne, sembla lui être envoyé par les Dieux conspirants et favorables à sa justification.

La fin de celui-ci est excusable, si aucune le pouvait être. Mais l'utilité de l'augmentation du revenu public qui servit de prétexte au Sénat romain à cette orde conclusion que je m'en vais réciter, n'est pas assez forte pour mettre à garant une telle injustice. Certaines cités s'étaient rachetées à prix d'argent et remises en liberté, avec l'ordonnance et permission du Sénat, des mains de L. Sylla. La chose étant tombée en nouveau jugement, le Senat les condamne à être taillables comme auparavant et que l'argent qu'elles avaient employé pour se racheter, demeurerait perdu pour elles. Les guerres civiles produisent souvent ces vilains exemples, que nous punissons les privés de ce qu'ils nous ont cru quand nous étions autres; et un même magistrat fait porter la peine de son changement à qui n'en peut mais; le maître fouette son disciple de sa docilité; et le guide, son aveugle. Horrible image de justice! Il y a des règles en la philosophie et fausses et molles. L'exemple qu'on nous propose, pour faire prévaloir l'utilité privée à la foi donnée, ne reçoit pas assez de poids par la circonstance qu'ils y mêlent. Des voleurs vous ont pris; ils vous ont remis en liberté, ayant tiré de vous serment du paiement de certaine somme; on a tort de dire qu'un homme de bien sera quitte de sa foi sans payer, étant hors de leurs mains. Il n'en est rien. Ce que la crainte m'a fait une fois vouloir, je suis tenu de le vouloir encore sans crainte; et quand elle n'aura forcé que ma langue sans la volonté, encore suis-je tenu de faire la maille bonne de ma parole. Pour moi, quand parfois elle a inconsidérément devancé ma pensée, j'ai fait conscience de la désavouer pourtant. Autrement, de degré en degré, nous viendrons à renverser tout le droit qu'un tiers prend de nos promesses et serments. «*Quasi vero forti viro vis possit adhiberi.*» Et ceci seulement a loi l'intérêt privé, de nous excuser de faillir à notre promesse, si nous avons promis chose méchante et inique de soi; car le droit de la vertu doit prévaloir le droit de notre obligation.

J'ai autrefois logé Épaminondas au premier rang des hommes excellents, et ne m'en dédis pas. Jusques où montait-il la considération de son particulier devoir! qui ne tua jamais homme qu'il eût vaincu; qui, pour ce bien inestimable de rendre la liberté à son pays, faisait conscience de tuer un tyran ou ses complices sans les formes de la justice; et qui jugeait méchant homme, quelque bon citoyen qu'il fût, celui qui, entre les ennemis et en la bataille, n'épargnait son ami et

way; and the good luck that accompanied him in the difficulties he had to overcome on that noble business seemed to have been sent to him by the gods, who were favorably conspiring to justify him.

That man's goal is pardonable if any can be. But the usefulness of the increase in public revenue that served as the Roman Senate's pretext for the vile decree I'm about to narrate isn't great enough to palliate such an unjust act. Certain cities had ransomed themselves with money and were set free again, with the Senate's decree and permission, from the hands of L. Sulla. The matter having been reopened, the Senate decreed that they were taxable, as before, and that the money they had paid to be free would be lost to them. Civil wars frequently give rise to such nasty examples, in which we punish individuals for believing us when we were of a different mind; and the same magistrate brings the penalty for his own change of heart to bear on those who are helpless; the master flogs his pupil for his docility; and the blind man's guide flogs the man he leads. A horrible picture of justice! There are rules in philosophy that are both false and slack. The case proposed to us for making the private good prevail over one's pledged word doesn't receive enough weight from the circumstances cited. You have been captured by robbers; they have set you free after exacting your oath to pay them a certain sum; it's wrong to say that an honorable man will be released from his promise without paying, once out of their hands. It's just not so. That which fear has once made me willing to do, I'm bound to remain willing to do, even without the pressure of fear; and even if fear only affected my tongue and not my will, I'm still bound to pay every cent I promised. As for me, when my promise at times has thoughtlessly gone beyond my real thoughts, I've nevertheless felt obliged to keep it. Otherwise, by degrees, we'll come to overturn all the rights a third party derives from our promises and oaths. "As if force could be applied to a truly brave man!"[10] Private interests are only legitimate when they give us an excuse to renege on our promise after we've promised a thing that's intrinsically wicked and iniquitous; because the right of virtue should prevail over the right of our obligation.

In the past I placed Epaminondas in the first rank of excellent men, and I haven't changed my mind. How far his regard for his personal duties went! He never killed a man he had defeated; even for the inestimable benefit of restoring his country's freedom, he still wouldn't kill a tyrant or the tyrant's accomplices without due process of law; and he considered as a wicked man one who, however good a citizen he was, didn't spare his friend or host amid his enemies in battle. There's a richly

---

10. Cicero.

son hôte. Voilà une âme de riche composition. Il mariait aux plus rudes et violentes actions humaines la bonté et l'humanité, voire la plus délicate qui se trouve en l'école de la philosophie. Ce courage si gros, enflé et obstiné contre la douleur, la mort, la pauvreté, était-ce nature ou art qui l'eût attendri jusques au point d'une si extrême douceur et débonnaireté de complexion? Horrible de fer et de sang, il va fracassant et rompant une nation invincible contre tout autre que contre lui seul, et gauchit, au milieu d'une telle mêlée, au rencontre de son hôte et de son ami. Vraiment celui-là proprement commandait bien à la guerre, qui lui faisait souffrir le mors de la bénignité sur le point de sa plus forte chaleur, ainsi enflammée qu'elle était et écumeuse de fureur et de meurtre. C'est miracle de pouvoir mêler à telles actions quelque image de justice; mais il n'appartient qu'à la roideur d'Épaminondas d'y pouvoir mêler la douceur et la facilité des mœurs les plus molles et la pure innocence. Et où l'un dit aux Mamertins que les statuts n'avaient point de mise envers les hommes armés; l'autre, au tribun du peuple, que le temps de la justice et de la guerre étaient deux; le tiers, que le bruit des armes l'empêchait d'entendre la voix des lois, celui-ci n'était pas seulement empêché d'entendre celles de la civilité et pure courtoisie. Avait-il pas emprunté de ses ennemis l'usage de sacrifier aux Muses, allant à la guerre, pour détremper par leur douceur et gaieté cette furie et âpreté martiale?

Ne craignons point, après un si grand précepteur, d'estimer qu'il y a quelque chose illicite contre les ennemis mêmes, que l'intérêt commun ne doit pas tout requérir de tous contre l'intérêt privé, «*manente memoria etiam in dissidio publicorum fœderum privati juris*»:

> *et nulla potentia vires*
> *Præstandi, ne quid peccet amicus, habet;*

et que toutes choses ne sont pas loisibles à un homme de bien pour le service de son roi ni de la cause générale et des lois. «*Non enim patria præstat omnibus officiis, et ipsi conducit pios habere cives in parentes.*» C'est une instruction propre au temps; nous n'avons que faire de durcir nos courages par ces lames de fer; c'est assez que nos épaules le soient; c'est assez de tremper nos plumes en encre, sans les tremper en sang. Si c'est grandeur de courage et l'effet d'une vertu rare et singulière de mépriser l'amitié, les obligations privées, sa parole et la parenté pour le bien commun et obéissance du magistrat,

constituted soul! With the roughest, most violent human deeds he combined kindness and humaneness, even the most delicate kindness to be
found in the teachings of philosophy. That mighty heart, so great and so
resistant to pain, death, and poverty—was it nature or artifice that made
it tender to the point of such extreme gentleness and easygoingness of
character? Awesome with steel and blood, he is breaking and shattering
a nation invincible to all but himself alone, and in the midst of such a fray
he turns aside to greet his host and friend. Truly, that man had a proper
control over war who made it submit to the snaffle of kindness when it
was raging most fiercely, inflamed as it was, and foaming with furor and
slaughter. It's unusual to be able to mingle any image of justice with such
deeds; but only the uprightness of Epaminondas could mingle with it
the gentleness and ease of the softest manners and the purest innocence. And, whereas one man told the Mamertines that statutes had no
force against armed men; a second told the tribune of the people that
the time for justice and the time for war were two different things; and
a third said that the clash of arms prevented him from hearing the voice
of the laws,[11] this man wasn't even prevented from hearing those of ci-
vility and ordinary courtesy. Hadn't he borrowed from his enemies the
practice of sacrificing to the Muses when setting out to war, in order to
dilute that martial fury and harshness with their gentleness and gaiety?

  With such a great man as a preceptor, let's not be afraid to believe
that some things are unlawful even against enemies, and that common
interest shouldn't demand everything of everyone, contrary to private
interest, "the memory of private law remaining even amid the clash of
public compacts"[12]

(and no power has the force
to authorize the sin of one friend against another),[13]

and to believe that not all things are permissible to an honorable man
serving his king or the general cause and the laws. "For one's country
doesn't outweigh every other duty, and it behooves even it to have citizens who show filial piety to their parents."[14] That's a message suitable
to these times; we have no business to harden our hearts with these
iron plates; it's enough if our shoulders are so hardened; it's enough to
dip our quills into ink, without dipping them into blood. If it shows
greatness of heart and the presence of a rare, singular virtue to scorn
friendship, personal obligations, one's pledged word, and family rela-

---

11. These speakers are Pompey, Caesar, and Marius, respectively.   12. Livy.
13. Ovid.   14. Cicero.

tionships for the common good and out of obedience to the magistrate, in order to exempt us from this it truly suffices to point out that such greatness can't reside in the greatness of heart of an Epaminondas.

I loathe the rabid exhortations of that other uncontrolled mind:

> "While weapons flash, let no image of filial piety,
> or the sight of your fathers on the opposing front line,
> distract you! Disfigure their venerable faces with your swords!"[15]

Let's deprive naturally wicked men, bloodthirsty and treacherous men, of that pretext of reason; let's abandon that terrible, insane justice, and emulate the most humane actions. How much time and example can do! In an encounter during the civil war against Cinna, one of Pompey's soldiers, having unintentionally killed his brother, who was with the opposing faction, killed himself at once out of shame and sorrow; and, a few years later, in another civil war of that same nation, a soldier requested a reward from his captains for having killed his brother.

It is wrong to deem an action honorable and beautiful because it was expedient, and it's incorrect to conclude that everyone is obliged to perform it or that it's honorable for everyone if it's expedient:

> All things are not equally suitable for everybody.[16]

If we select the most necessary and useful institution in human society, it will be matrimony; but, even so, the judgment of the saints finds the opposite status more honorable, and excludes from matrimony the most venerable human calling, just as we put less valuable horses out to stud.

---

15. Lucan, who put these words in the mouth of Caesar.   16. Propertius.

A CATALOG OF SELECTED
DOVER BOOKS
IN ALL FIELDS OF INTEREST

STICKLEY CRAFTSMAN FURNITURE CATALOGS, Gustav Stickley and L. & J. G. Stickley. Beautiful, functional furniture in two authentic catalogs from 1910. 594 illustrations, including 277 photos, show settles, rockers, armchairs, reclining chairs, bookcases, desks, tables. 183pp. 6½ x 9¼. 0-486-23838-5

AMERICAN LOCOMOTIVES IN HISTORIC PHOTOGRAPHS: 1858 to 1949, Ron Ziel (ed.). A rare collection of 126 meticulously detailed official photographs, called "builder portraits," of American locomotives that majestically chronicle the rise of steam locomotive power in America. Introduction. Detailed captions. xi+129pp. 9 x 12. 0-486-27393-8

AMERICA'S LIGHTHOUSES: An Illustrated History, Francis Ross Holland, Jr. Delightfully written, profusely illustrated fact-filled survey of over 200 American lighthouses since 1716. History, anecdotes, technological advances, more. 240pp. 8 x 10¾. 0-486-25576-X

TOWARDS A NEW ARCHITECTURE, Le Corbusier. Pioneering manifesto by founder of "International School." Technical and aesthetic theories, views of industry, economics, relation of form to function, "mass-production split" and much more. Profusely illustrated. 320pp. 6⅛ x 9¼. (Available in U.S. only.) 0-486-25023-7

HOW THE OTHER HALF LIVES, Jacob Riis. Famous journalistic record, exposing poverty and degradation of New York slums around 1900, by major social reformer. 100 striking and influential photographs. 233pp. 10 x 7⅞. 0-486-22012-5

FRUIT KEY AND TWIG KEY TO TREES AND SHRUBS, William M. Harlow. One of the handiest and most widely used identification aids. Fruit key covers 120 deciduous and evergreen species; twig key 160 deciduous species. Easily used. Over 300 photographs. 126pp. 5⅜ x 8½. 0-486-20511-8

COMMON BIRD SONGS, Dr. Donald J. Borror. Songs of 60 most common U.S. birds: robins, sparrows, cardinals, bluejays, finches, more—arranged in order of increasing complexity. Up to 9 variations of songs of each species.
Cassette and manual 0-486-99911-4

ORCHIDS AS HOUSE PLANTS, Rebecca Tyson Northen. Grow cattleyas and many other kinds of orchids—in a window, in a case, or under artificial light. 63 illustrations. 148pp. 5⅜ x 8½. 0-486-23261-1

MONSTER MAZES, Dave Phillips. Masterful mazes at four levels of difficulty. Avoid deadly perils and evil creatures to find magical treasures. Solutions for all 32 exciting illustrated puzzles. 48pp. 8¼ x 11. 0-486-26005-4

MOZART'S DON GIOVANNI (DOVER OPERA LIBRETTO SERIES), Wolfgang Amadeus Mozart. Introduced and translated by Ellen H. Bleiler. Standard Italian libretto, with complete English translation. Convenient and thoroughly portable—an ideal companion for reading along with a recording or the performance itself. Introduction. List of characters. Plot summary. 121pp. 5¼ x 8½. 0-486-24944-1

FRANK LLOYD WRIGHT'S DANA HOUSE, Donald Hoffmann. Pictorial essay of residential masterpiece with over 160 interior and exterior photos, plans, elevations, sketches and studies. 128pp. 9¼ x 10¾. 0-486-29120-0

ANIMALS: 1,419 Copyright-Free Illustrations of Mammals, Birds, Fish, Insects, etc., Jim Harter (ed.). Clear wood engravings present, in extremely lifelike poses, over 1,000 species of animals. One of the most extensive pictorial sourcebooks of its kind. Captions. Index. 284pp. 9 x 12. 0-486-23766-4

1001 QUESTIONS ANSWERED ABOUT THE SEASHORE, N. J. Berrill and Jacquelyn Berrill. Queries answered about dolphins, sea snails, sponges, starfish, fishes, shore birds, many others. Covers appearance, breeding, growth, feeding, much more. 305pp. 5¼ x 8¼. 0-486-23366-9

ATTRACTING BIRDS TO YOUR YARD, William J. Weber. Easy-to-follow guide offers advice on how to attract the greatest diversity of birds: birdhouses, feeders, water and waterers, much more. 96pp. 5³⁄₁₆ x 8¼. 0-486-28927-3

MEDICINAL AND OTHER USES OF NORTH AMERICAN PLANTS: A Historical Survey with Special Reference to the Eastern Indian Tribes, Charlotte Erichsen-Brown. Chronological historical citations document 500 years of usage of plants, trees, shrubs native to eastern Canada, northeastern U.S. Also complete identifying information. 343 illustrations. 544pp. 6½ x 9¼. 0-486-25951-X

STORYBOOK MAZES, Dave Phillips. 23 stories and mazes on two-page spreads: Wizard of Oz, Treasure Island, Robin Hood, etc. Solutions. 64pp. 8¼ x 11.
0-486-23628-5

AMERICAN NEGRO SONGS: 230 Folk Songs and Spirituals, Religious and Secular, John W. Work. This authoritative study traces the African influences of songs sung and played by black Americans at work, in church, and as entertainment. The author discusses the lyric significance of such songs as "Swing Low, Sweet Chariot," "John Henry," and others and offers the words and music for 230 songs. Bibliography. Index of Song Titles. 272pp. 6½ x 9¼. 0-486-40271-1

MOVIE-STAR PORTRAITS OF THE FORTIES, John Kobal (ed.). 163 glamor, studio photos of 106 stars of the 1940s: Rita Hayworth, Ava Gardner, Marlon Brando, Clark Gable, many more. 176pp. 8⅜ x 11¼. 0-486-23546-7

YEKL and THE IMPORTED BRIDEGROOM AND OTHER STORIES OF YIDDISH NEW YORK, Abraham Cahan. Film Hester Street based on *Yekl* (1896). Novel, other stories among first about Jewish immigrants on N.Y.'s East Side. 240pp. 5⅜ x 8½. 0-486-22427-9

SELECTED POEMS, Walt Whitman. Generous sampling from *Leaves of Grass.* Twenty-four poems include "I Hear America Singing," "Song of the Open Road," "I Sing the Body Electric," "When Lilacs Last in the Dooryard Bloom'd," "O Captain! My Captain!"—all reprinted from an authoritative edition. Lists of titles and first lines. 128pp. 5³⁄₁₆ x 8¼. 0-486-26878-0

SONGS OF EXPERIENCE: Facsimile Reproduction with 26 Plates in Full Color, William Blake. 26 full-color plates from a rare 1826 edition. Includes "The Tyger," "London," "Holy Thursday," and other poems. Printed text of poems. 48pp. 5¼ x 7.
0-486-24636-1

THE BEST TALES OF HOFFMANN, E. T. A. Hoffmann. 10 of Hoffmann's most important stories: "Nutcracker and the King of Mice," "The Golden Flowerpot," etc. 458pp. 5⅜ x 8½. 0-486-21793-0

THE BOOK OF TEA, Kakuzo Okakura. Minor classic of the Orient: entertaining, charming explanation, interpretation of traditional Japanese culture in terms of tea ceremony. 94pp. 5⅜ x 8½. 0-486-20070-1

PSYCHOLOGY OF MUSIC, Carl E. Seashore. Classic work discusses music as a medium from psychological viewpoint. Clear treatment of physical acoustics, auditory apparatus, sound perception, development of musical skills, nature of musical feeling, host of other topics. 88 figures. 408pp. 5⅜ x 8½.   0-486-21851-1

LIFE IN ANCIENT EGYPT, Adolf Erman. Fullest, most thorough, detailed older account with much not in more recent books, domestic life, religion, magic, medicine, commerce, much more. Many illustrations reproduce tomb paintings, carvings, hieroglyphs, etc. 597pp. 5⅜ x 8½.   0-486-22632-8

SUNDIALS, Their Theory and Construction, Albert Waugh. Far and away the best, most thorough coverage of ideas, mathematics concerned, types, construction, adjusting anywhere. Simple, nontechnical treatment allows even children to build several of these dials. Over 100 illustrations. 230pp. 5⅜ x 8½.   0-486-22947-5

THEORETICAL HYDRODYNAMICS, L. M. Milne-Thomson. Classic exposition of the mathematical theory of fluid motion, applicable to both hydrodynamics and aerodynamics. Over 600 exercises. 768pp. 6⅛ x 9¼.   0-486-68970-0

OLD-TIME VIGNETTES IN FULL COLOR, Carol Belanger Grafton (ed.). Over 390 charming, often sentimental illustrations, selected from archives of Victorian graphics—pretty women posing, children playing, food, flowers, kittens and puppies, smiling cherubs, birds and butterflies, much more. All copyright-free. 48pp. 9¼ x 12¼.   0-486-27269-9

PERSPECTIVE FOR ARTISTS, Rex Vicat Cole. Depth, perspective of sky and sea, shadows, much more, not usually covered. 391 diagrams, 81 reproductions of drawings and paintings. 279pp. 5⅜ x 8½.   0-486-22487-2

DRAWING THE LIVING FIGURE, Joseph Sheppard. Innovative approach to artistic anatomy focuses on specifics of surface anatomy, rather than muscles and bones. Over 170 drawings of live models in front, back and side views, and in widely varying poses. Accompanying diagrams. 177 illustrations. Introduction. Index. 144pp. 8⅜ x11¼.   0-486-26723-7

GOTHIC AND OLD ENGLISH ALPHABETS: 100 Complete Fonts, Dan X. Solo. Add power, elegance to posters, signs, other graphics with 100 stunning copyright-free alphabets: Blackstone, Dolbey, Germania, 97 more—including many lower-case, numerals, punctuation marks. 104pp. 8⅛ x 11.   0-486-24695-7

THE BOOK OF WOOD CARVING, Charles Marshall Sayers. Finest book for beginners discusses fundamentals and offers 34 designs. "Absolutely first rate . . . well thought out and well executed."—E. J. Tangerman. 118pp. 7¾ x 10⅝. 0-486-23654-4

ILLUSTRATED CATALOG OF CIVIL WAR MILITARY GOODS: Union Army Weapons, Insignia, Uniform Accessories, and Other Equipment, Schuyler, Hartley, and Graham. Rare, profusely illustrated 1846 catalog includes Union Army uniform and dress regulations, arms and ammunition, coats, insignia, flags, swords, rifles, etc. 226 illustrations. 160pp. 9 x 12.   0-486-24939-5

WOMEN'S FASHIONS OF THE EARLY 1900s: An Unabridged Republication of "New York Fashions, 1909," National Cloak & Suit Co. Rare catalog of mail-order fashions documents women's and children's clothing styles shortly after the turn of the century. Captions offer full descriptions, prices. Invaluable resource for fashion, costume historians. Approximately 725 illustrations. 128pp. 8⅜ x 11¼.
     0-486-27276-1

CATALOG OF DOVER BOOKS

HOW TO DO BEADWORK, Mary White. Fundamental book on craft from simple projects to five-bead chains and woven works. 106 illustrations. 142pp. 5⅜ x 8. 0-486-20697-1

THE 1912 AND 1915 GUSTAV STICKLEY FURNITURE CATALOGS, Gustav Stickley. With over 200 detailed illustrations and descriptions, these two catalogs are essential reading and reference materials and identification guides for Stickley furniture. Captions cite materials, dimensions and prices. 112pp. 6½ x 9¼. 0-486-26676-1

EARLY AMERICAN LOCOMOTIVES, John H. White, Jr. Finest locomotive engravings from early 19th century: historical (1804–74), main-line (after 1870), special, foreign, etc. 147 plates. 142pp. 11⅜ x 8¼. 0-486-22772-3

LITTLE BOOK OF EARLY AMERICAN CRAFTS AND TRADES, Peter Stockham (ed.). 1807 children's book explains crafts and trades: baker, hatter, cooper, potter, and many others. 23 copperplate illustrations. 140pp. 4⅝ x 6. 0-486-23336-7

VICTORIAN FASHIONS AND COSTUMES FROM HARPER'S BAZAR, 1867–1898, Stella Blum (ed.). Day costumes, evening wear, sports clothes, shoes, hats, other accessories in over 1,000 detailed engravings. 320pp. 9⅜ x 12¼. 0-486-22990-4

THE LONG ISLAND RAIL ROAD IN EARLY PHOTOGRAPHS, Ron Ziel. Over 220 rare photos, informative text document origin (1844) and development of rail service on Long Island. Vintage views of early trains, locomotives, stations, passengers, crews, much more. Captions. 8⅞ x 11¾. 0-486-26301-0

VOYAGE OF THE LIBERDADE, Joshua Slocum. Great 19th-century mariner's thrilling, first-hand account of the wreck of his ship off South America, the 35-foot boat he built from the wreckage, and its remarkable voyage home. 128pp. 5⅜ x 8½. 0-486-40022-0

TEN BOOKS ON ARCHITECTURE, Vitruvius. The most important book ever written on architecture. Early Roman aesthetics, technology, classical orders, site selection, all other aspects. Morgan translation. 331pp. 5⅜ x 8½. 0-486-20645-9

THE HUMAN FIGURE IN MOTION, Eadweard Muybridge. More than 4,500 stopped-action photos, in action series, showing undraped men, women, children jumping, lying down, throwing, sitting, wrestling, carrying, etc. 390pp. 7⅞ x 10⅝. 0-486-20204-6 Clothbd.

TREES OF THE EASTERN AND CENTRAL UNITED STATES AND CANADA, William M. Harlow. Best one-volume guide to 140 trees. Full descriptions, woodlore, range, etc. Over 600 illustrations. Handy size. 288pp. 4½ x 6⅜. 0-486-20395-6

GROWING AND USING HERBS AND SPICES, Milo Miloradovich. Versatile handbook provides all the information needed for cultivation and use of all the herbs and spices available in North America. 4 illustrations. Index. Glossary. 236pp. 5⅜ x 8½. 0-486-25058-X

BIG BOOK OF MAZES AND LABYRINTHS, Walter Shepherd. 50 mazes and labyrinths in all–classical, solid, ripple, and more–in one great volume. Perfect inexpensive puzzler for clever youngsters. Full solutions. 112pp. 8⅛ x 11. 0-486-22951-3

PIANO TUNING, J. Cree Fischer. Clearest, best book for beginner, amateur. Simple repairs, raising dropped notes, tuning by easy method of flattened fifths. No previous skills needed. 4 illustrations. 201pp. 5⅜ x 8½. 0-486-23267-0

CATALOG OF DOVER BOOKS

LIGHT AND SHADE: A Classic Approach to Three-Dimensional Drawing, Mrs. Mary P. Merrifield. Handy reference clearly demonstrates principles of light and shade by revealing effects of common daylight, sunshine, and candle or artificial light on geometrical solids. 13 plates. 64pp. 5⅜ x 8½. 0-486-44143-1

ASTROLOGY AND ASTRONOMY: A Pictorial Archive of Signs and Symbols, Ernst and Johanna Lehner. Treasure trove of stories, lore, and myth, accompanied by more than 300 rare illustrations of planets, the Milky Way, signs of the zodiac, comets, meteors, and other astronomical phenomena. 192pp. 8⅜ x 11. 0-486-43981-X

JEWELRY MAKING: Techniques for Metal, Tim McCreight. Easy-to-follow instructions and carefully executed illustrations describe tools and techniques, use of gems and enamels, wire inlay, casting, and other topics. 72 line illustrations and diagrams. 176pp. 8¼ x 10⅞. 0-486-44043-5

MAKING BIRDHOUSES: Easy and Advanced Projects, Gladstone Califf. Easy-to-follow instructions include diagrams for everything from a one-room house for bluebirds to a forty-two-room structure for purple martins. 56 plates; 4 figures. 80pp. 8¾ x 6⅜. 0-486-44183-0

LITTLE BOOK OF LOG CABINS: How to Build and Furnish Them, William S. Wicks. Handy how-to manual, with instructions and illustrations for building cabins in the Adirondack style, fireplaces, stairways, furniture, beamed ceilings, and more. 102 line drawings. 96pp. 8¾ x 6⅜. 0-486-44259-4

THE SEASONS OF AMERICA PAST, Eric Sloane. From "sugaring time" and strawberry picking to Indian summer and fall harvest, a whole year's activities described in charming prose and enhanced with 79 of the author's own illustrations. 160pp. 8¼ x 11. 0-486-44220-9

THE METROPOLIS OF TOMORROW, Hugh Ferriss. Generous, prophetic vision of the metropolis of the future, as perceived in 1929. Powerful illustrations of towering structures, wide avenues, and rooftop parks–all features in many of today's modern cities. 59 illustrations. 144pp. 8¼ x 11. 0-486-43727-2

THE PATH TO ROME, Hilaire Belloc. This 1902 memoir abounds in lively vignettes from a vanished time, recounting a pilgrimage on foot across the Alps and Apennines in order to "see all Europe which the Christian Faith has saved." 77 of the author's original line drawings complement his sparkling prose. 272pp. 5⅜ x 8½. 0-486-44001-X

THE HISTORY OF RASSELAS: Prince of Abissinia, Samuel Johnson. Distinguished English writer attacks eighteenth-century optimism and man's unrealistic estimates of what life has to offer. 112pp. 5⅜ x 8½. 0-486-44094-X

A VOYAGE TO ARCTURUS, David Lindsay. A brilliant flight of pure fancy, where wild creatures crowd the fantastic landscape and demented torturers dominate victims with their bizarre mental powers. 272pp. 5⅜ x 8½. 0-486-44198-9

Paperbound unless otherwise indicated. Available at your book dealer, online at **www.doverpublications.com**, or by writing to Dept. GI, Dover Publications, Inc., 31 East 2nd Street, Mineola, NY 11501. For current price information or for free catalogs (please indicate field of interest), write to Dover Publications or log on to **www.doverpublications.com** and see every Dover book in print. Dover publishes more than 500 books each year on science, elementary and advanced mathematics, biology, music, art, literary history, social sciences, and other areas.